가장 가난한 사람들의 아버지

소 알로이시오 신부 평전

소蘇 알로이시오 신부

| 가장 가난한 사람들의 아버지 |

평전

안동권 지음

책으로여는세상

알로이시오 신부의 3살 때 모습

가족사진. 맨 오른쪽이 알로이시오 신부. 독일계 출신의 아버지와 프랑스 이민자 출신의 어머니에게서 셋째로 태어난 알로이시오 신부는 어릴 때부터 가난한 나라의 선교 사제가 되고 싶어 했다.

성 찰스 소신학교 때의 알로이시오 신부(앞줄 팔짱 낀 학생). 만능 스포츠맨일 정도로 운동을 좋아했고, 무슨 일이든 적극적이었다. 소신학교 졸업 후 선교 사제의 꿈을 안고 메리놀회 신학교로 가게 된다.

벨기에 루뱅신학교 시절. 기숙사는 난방이 되지 않아 엄청나게 추웠고,
음식도 형편없었지만 알로이시오 신부는 누구보다 루뱅신학교를 사랑했다.
그토록 바랐던 가난한 삶을 마음껏 누릴 수 있었기 때문이다.

1957년 6월 29일 워싱턴 성 마틴 성당에서 사제 서품식 도중 엎드려 있는 알로이시오 신부
세상에서 가장 낮은 사람이 되어 하느님을 경배하겠다는 약속과 기원을 상징한다.

1964년, 알로이시오 신부는 가난한 아이들의 엄마가 되어 줄 젊은 여성 지원자를 모집한다.
전국에서 75명이 지원했고, 그 가운데 11명을 뽑아 마리아수녀회의 전신인
'마리아보모회'를 시작했다.

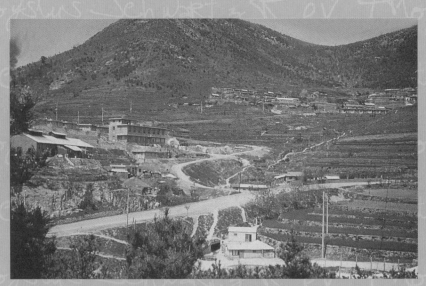

초창기 부산의 마리아수녀회 모습
훗날 이곳은 수천 명의 가난한 아이들의 삶의 보금자리로 발전하게 된다.

마리아수녀회 건물 축성식에 참석한 서정길 대주교(당시 대구 대교구장)와
김수환 추기경(당시 마산 교구장)

마리아수녀회 수도복은 초창기 검은색에
서 회색으로 바뀌었다. 알로이시오 신부
는 한국 스님들이 입고 있는 검소한 회색
옷을 보고 가난한 사람들을 위해 봉사해
야 할 마리아수녀회의 수도복을 회색으
로 바꿨다. 회색은 검소해 보이고, 검은색
에 비해 가난한 사람들이 위압감을 느끼
지 않는 색이기 때문이었다.

부산 교구에서 가장 가난한 성당 가운데 한 곳이었던 송도 성당. 신자들 가운데 반 이상이 성당 앞 산허리에 빽빽히 들어선 판잣집과 오두막에서 살았다. 알로이시오 신부는 이곳 송도 성당에서 1962년부터 1967년까지 주임신부직을 맡았다.

알로이시오 신부는 병들고 가난한 사람들을 많이 찾아다녔다.

부산 판자촌을 직접 찾아다니며 가난한 사람들을 돕기 위해 애쓰는 마리아수녀회 수녀들

구호소를 인수하기 전, 마리아수녀회는 틈나는 대로 구호소를 찾아가
환자들을 목욕시키고 먹을 것을 주고 조금이라도 인간답게 살 수 있도록 해주려고 노력했다.

부산 남부민동에 있던 가정주택. 알로이시오 신부는 초창기에 이런 작은 집을 여러 채 지어
수녀 한 사람이 대여섯 명의 아이들과 한 가족을 이루어 살게 했다.

가정주택에서 빨래를 너는 엄마 수녀와, 그 모습을 행복하게 바라보는 아이들

초기의 무료 진료소. 문을 열자 첫날부터 환자가 넘쳐났다.
의사 한 명이 하루에 150~200명의 환자를 진료해야 했다.

부산 구호병원 : 알로이시오 신부가 세운 우리나라 최초의 무료 자선
병원. 가난한 사람이라면 누구라도 치료 받을 수 있었다. 120개 병상
을 갖춘 구호병원은 언제나 가난한 환자들로 넘쳐났다.

도티기념병원 : 알로이시오 신부가 서울에 세운 무료 병원으로 골드만삭스의
대주주였던 도티 씨가 전액 기부한 돈으로 지어졌다. 도티 씨 부부는 알로이시
오 신부의 평생 후원자로, 소년의 집을 비롯해 많은 사업에 거액을 기부했다.

첫 부임지인 송도성당의 판잣집 사제관
알로이시오 신부는 이 사제관에서 1962년 8월 15일~1967년 5월 5일까지 무려 4년 9개월 동안 살았다.
외국인 신부라는 특권 없이 당시 가난한 한국 사람들과 똑같이 가난하게 살았다.

부산의 행려환자구호소를 인수한 첫날, 알로이시오 신부가 수녀들과 함께 행려환자들을 목욕시키는 모습
알로이시오 신부는 이때 환자에게 옮은 피부병으로 오랫동안 고생해야 했는데,
이를 두고 오히려 선물이라 표현했다.

부산 아미동 판잣집을 직접 찾아 다니며 아이들과 이야기를 나누는 알로이시오 신부. 알로이시오 신부는 가난한 사람들이 위압감을 느끼지 않도록 운동복 차림으로 다닐 때가 많았다.

소년의 집 아이들이 일반 학교에서 무시당하고 차별받고 있는 것을 알게 된 알로이시오 신부는 소년의 집 안에 초등학교(1973년)와 중학교(1974년), 고등학교(1976년)와 전문대학(1980년)을 세워 아이들이 고등교육을 받을 수 있도록 했다. 그는 아이들이 교육을 받아야만 가난에서 벗어나 자립할 수 있다고 믿었고, 자립은 그의 구호 사업에서 가장 중요한 가치였다.

알로이시오 신부는 여학생들에게도 똑같이 교육의 기회를 주었다.
재미있는 것은 비공인이지만 대한민국 최초로
여자 축구팀이 만들어진 곳이 바로 소년의 집이다.

평소 운동을 좋아하던 알로이시오 신부가 소년의 집 아이들과 마라톤을 하는 모습

부산 소년의 집 아이들과 운동을 즐겨했던
알로이시오 신부

초창기 부산 소년의 집
3천 명이 넘는 아이들이 알로이시오 신부와 마리아수녀회 수녀들의 도움을 받아
보통 가정의 아이들처럼 먹고 자고 학교에 가서 공부를 했다.

서울 소년의 집

부산 알로이시오 중학교

부산 알로이시오 전자기계고등학교

17

필리핀 마닐라 산타메사 소녀의 집(정원 3,500명) : 1987년 세워져 수만
명의 졸업생들을 배출한 이곳은 수질문제와 주변 소음으로 생활과 학
업에 방해가 되어 2004년 폐쇄 후 2005년 매각

산타메사 소녀의 집 아이들

필리핀 가비테 실랑 비가 소녀의 집
(정원 3,200명) : 1991년 소년의 집으
로 개원, 남학생들이 사용, 2004년
산타메사 소녀의 집 전교생 이사 옴.

필리핀 세부 탈리사이 소녀의 집 (1990년 세움, 정원 3,300명)

필리핀 세부 밍라닐라 소녀의 집 (1995년 세움, 정원 2,200명)

필리핀 가비테 아들라스 소년의 집 (2004년 세움, 정원 3,200명)

멕시코 찰코 소녀의 집(1991년 세움, 정원 2,100명)

멕시코 찰코 소녀의 집 학생들

멕시코 과달라하라 소년의 집 (1999년 세움, 정원 2,000명)

멕시코 과달라하라 소년의 집 학생들

과테말라시 소년의 집 학생들

과테말라 소나6 소년의 집 (1999년 개원, 정원 1,000명)

과테말라시 소녀의 집 학생들

과테말라 소나13 소녀의 집 (1999년 개원, 정원 1,000명)

브라질리아 산타마리아 소녀의 집(2003년 세움. 정원 1,000명)

마리아수녀회가 브라질에 세운 무료 의료시설 '마리아의원'(2002년도 세움)

브라질리아 소녀의 집(알로이시오 기념일 졸업생 방문)

온두라스 데구시갈파 소녀의 집(2012년 세움. 정원 700명)

온두라스 아마라떼까 소년의 집(2017년 세움. 정원 1,000명)

데구시갈파 소녀의 집 학생들

탄자니아 다르에스살람 소녀의 집 (2019년 세움. 정원 1,000명)

탄자니아 다르에스살람 소녀의 집 조감도 (2020년 완공예정)

다르에스살람 소녀의 집 학생들

다르에스살람 소녀의 집 학생들과 수녀님

온몸의 근육이 마비되어 소년의 집 고등학생들의 도움을 받아 계단을
내려오는 알로이시오 신부. 59세가 되던 1989년, 알로이시오 신부는
불치병인 루게릭병 진단을 받았다.

알로이시오 신부의 유해가 묻힌 경당. 그의 묘비에는 '모든 찬사와 영예와 영광과 감사를 가난한 이의 동정녀에게 바친다'라고 적혀 있다.

평생 가난한 사람들의 유익을 위해 살았던 알로이시오 신부는 1992년 3월 16일 필리핀 산타메사 소녀의 집 사제관에서 선종했다.

가난한 사람들을 향한 길

　창설 신부님께서 선종하신 지 어언 28년, 조금씩 사람들의 기억 속에서 잊힐 수 있을 시점에 가난한 사람들을 위해 삶 전부를 바친 신부님의 업적과 정신을 다시 한 번 상기시키는 책이 나오게 되어 대단히 기쁘게 생각합니다.

　무엇보다 창설 신부님의 탄생 90주기를 맞는 해에 이 책이 나오게 되어 그 의미가 더욱 깊게 느껴집니다.

　평소 존경하는 분을 멘토로 삼고 그 생애를 개인적으로 닮고 싶어 할 수는 있지만 존경하는 분의 정신을 기리고 널리 알리기 위해 책을 쓰는 것은 결코 쉽지 않은 일입니다.

몇 년 전, 자신의 원고를 조심스럽게 보내며 수녀원에서 한번 검토해 달라고 부탁했던 저자는, 라오스의 어느 시골 마을에서 원고를 마무리하던 날 눈물이 났다며 그때의 심정을 이야기한 적이 있습니다. 당시 했던 말이 아직 귀에 생생합니다.

"백 년에 한 분 날까 말까 한 고귀한 분의 평전을 쓰게 된 것에 감사하고, 신부님의 참모습을 제대로 전하지 못하는 것은 아닐까 하는 불안한 마음 등 여러 가지 생각이 교차해 주체할 수 없이 눈물이 흘렀습니다."

창설 신부님의 평전을 쓴 저자는 지난 십여 년 동안 신부님의 생애와 업적과 영성에 관한 글들을 편집해『가장 가난한 아이들의 신부님』,『조용해 다가오는 나의 죽음』,『소 알로이시오 신부님과 함께하는 영성일기』,『소 알로이시오 신부의 기도』,『소 알로이시오 신부님과의 추억』,『영혼을 깨우는 기도』라는 제목으로 세상에 책이 나올 수 있도록 노력과 정성을 다해 왔습니다.

성직자나 수도자가 아닌 평신도의 눈으로 창설 신부님께서 가장 힘없고 가난한 사람들을 위해 어떤 마음으로 일생을 헌신하셨는지 아주 이해하기 쉽게 쓴 이 글을 읽고 마리아수녀회 총원장으로서 깊은 감사의 마음을 전합니다.

모쪼록 이 책이 더 많은 사람들에게 알려져 가경자이신 창설 신부님의 시복시성이 이루어질 수 있도록, 더 많은 좋은 일들이 이 세상에 그리고 이 책을 읽는 사람들에게 일어나길 희망합니다.

끝으로, 이 평전 원고를 한 줄 한 줄 감수하며 저자와 함께 내용을 맞추어 주셨던 故김 미카엘라 수녀님께서 책이 출간되는 것을 보지 못하신 것이 큰 아쉬움으로 남습니다.

저희 마리아수녀회 수녀들은 그리스도의 사랑을 실천하기 위해 창설 신부님의 가르침대로 더 가난한 사람들을 찾아 그들의 아픔과 고통을 덜어 주기 위해 앞으로도 묵묵히 걸어갈 것입니다.

2020년 10월
마리아수녀회 총원장 조 마리아 수녀

그리스도의 가르침에 가장 충실했던 사제

"사람이 온다는 건 실은 어마어마한 일이다. 한 사람의 일생이 오기 때문이다."

서울 광화문 교보문고 건물 외벽에 이 글귀가 적힌 대형 현수막이 걸려 있었던 적이 있다. 많은 것을 생각하게 하는 이 문장은 정현종 시인의 「방문객」이란 시에 나오는 한 구절이다.

나는 이 글귀를 볼 때마다 알로이시오 신부님이 생각난다. 평생 가난한 사람들을 위해 살았던 알로이시오 신부님은 그가 돌보던 가난한 사람 한 명 한 명을 그 사람이 갖고 있는 일생의 무게감으로 대했다. 어린아이부터 죽음을 눈앞에 둔 병들고 늙은 환자에 이르기까지 단 한 사람의 예외도 없었다.

사람을 대하는 이러한 방식은 알로이시오 신부님의 타고난 품성 때문이었겠지만 한국에서 경험한 가난한 사람들의 삶을 통해 더 강화된 것이기도 했다.

초창기(1960년대) 부산에서 가난한 아이들을 위한 구호 사업을 시작할 즈음, 알로이시오 신부님은 '소년의 집' 안에서 말썽을 일으키는 아이들을 한 명 한 명 불러 그들의 이야기에 귀를 기울였다. 그때 신부님은 가슴이 찢어지는 아픔을 경험하게 된다. 어린 아이가 감당하기에는 너무나 크고 슬픈 사연들을 간직하고 있었기 때문이다.

이런 경험을 통해 알로이시오 신부님은 단순한 보육 형태로는 아이들의 상처를 치유할 수 없다는 생각을 하게 된다. 그리하여 당시로서는 파격적이라 할 수 있는, 한 사람의 엄마 수녀를 중심으로 20여 명의 아이들이 한 가정을 이뤄 살게 하는 가족 단위 형태의 보육 시설과, 세계적으로 유래가 없는 정규교육 시설을 갖춘 '소년의 집'이 탄생하게 된다.

알로이시오 신부님이 가난한 아이들과 병들고 버림받은 불쌍한 사람들을 그들이 가진 일생의 무게감으로 대했다는 것은 그들의 존엄성을 귀하게 여겼다는 말과 같다. 실제로 알로이시오 신부님이 가난한 사람들에게 구호의 손길을 내민 것은 그들의 인간적 존엄성을 보호해주기 위해서였다.

여러 가지 사성으로 다른 사람의 노움을 받아 살아가야 하는 가난한 사람들이었지만, 그들 역시 하느님의 모상을 닮은 피조물로 창조된 이상 알로이시오 신부님은 그들이 자신과 다른 사람이라고 생각하지 않았다. 살아가는 처지가 다르고 맡은 역할이 다를 뿐이라고 생각했다.

알로이시오 신부님이 처음 가졌던 그 마음으로 선종할 때까지 가난한 사람들의 유익을 위해 살아갈 수 있었던 것은 가난한 사람들을 대하는 그분의 이런 마음 때문이었는지 모른다.

나는 개인적으로 알로이시오 신부님을 지극히 존경하고 있다. 그리고 한편으로는, 적절한 표현일지 모르지만 우리나라에서 무척 저평가되어 있는 분이라고 생각한다. 알로이시오 신부님이 한국을 비롯해 필리핀과 남미 여러 나라에서 펼친 일련의 구호 사업들과 뛰어난 영성, 단 한순간의 예외도 없이 그리스도의 가르침에 충실했던 그분의 삶에 견주면 그런 생각은 시간이 지날수록 공고해져 더욱 아쉬운 생각을 갖게 한다.

나는 알로이시오 신부님이 우리나라에서 왜 저평가되어 있는지 잘 알고 있다. 한눈팔지 않고 오직 가난한 사람들을 위해서만 살았기 때문이다. 누군가의 평가를 바란 적도 없고, 누군가의 평가를 의식해 따로 애를 쓴 적이 없으니 당연한 결과라고도 할 수 있지만 신부님이 어떤 삶을 살다가 가셨는지 알면 알수록 안타까운 마음은 더하기만 하다. 하지만 그렇기 때문에 알로이시오 신부님의 삶이 더욱 고결해 보이는지도 모른다.

알로이시오 신부님은 선종하셨지만, 신부님의 정신을 이어받은 마리아수녀회는 지금 이 순간에도 가장 낮은 자세로 가장 가난한 사람들을 돌보며 살아가고 있다.

세계 여러 나라에서 수만 명의 가난한 청소년들에게 의식주와 교육의 혜택을 제공하고, 가난한 사람들의 직업 교육과 무료 진료를 베풀고 있는 마리아수녀회 수녀님들은 한 사람 한 사람이 알로이시오 신부님의 분신이라 할 수 있다.

그들은 알로이시오 신부님이 그랬던 것처럼 가난하고 보잘것없는 사람들 가운데 계시는 그리스도를 보았고, 그리하여 '여기 있는 형제 가운데 가장 보잘것없는 사람 하나에게 해 준 것이 바로 나에게 해 준 것이다(마태 25:40)'라는 그리스도의 가르침에 지극히 충실하고 있기 때문이다.

2020년 9월
안동권 (파스칼)

| 차례 |

3부 **계속된 소명**: 알로이시오 신부의 미완성 교향곡

1부

거룩한 소명

01

가장 가난한 사람들의
신부님

Rev. Aloysius Schwartz

소 알로이시오 신부님에 대한 평전을
쓰기로 마음먹고 나자 중학생 시절에 자주 보았던 한 건물이 떠올
랐다. 당시 나는 자전거를 타고 학교에 다녔는데, 집에서 학교로
가려면 시내 중심부를 가로지른 뒤 강변 절벽을 따라 나 있던 2차
선 도로를 지나야 했다. 절벽이 시작하는 지점부터 끝나는 지점까
지의 거리는 1킬로미터 정도 되었다. 그 구간에는 사람이 사는 동
네가 없었다. 한쪽은 절벽이고 다른 한쪽은 강이었기 때문이다.

그 길을 따라가다 보면 중간쯤에 절벽의 경사가 완만해지면서
숲이 울창한 좁은 평지가 나왔다. 그곳에 단층짜리 시멘트 건물
이 한 채 있었다. 그리고 다시 가파른 절벽이 이어지다가 절벽이
끝나면서 동네가 나왔다. 그러니까 그 건물은 아주 외딴 곳에 홀

로 서 있는 셈이었다.

페인트칠이 다 벗겨져 맨시멘트가 드러나 있던 그 건물은 외딴 곳에 있는 데다 무성한 숲에 둘러싸여 무척 칙칙하고 음침해 보였다. 그래서 그 앞을 지날 때면 왠지 모르게 오싹했던 기억이 있다.

처음에는 무슨 건물인지 몰랐는데 나중에 고아원이란 사실을 알게 되었다. 당시에는 이미 폐쇄된 상태라 빈 건물만 있었는데, 고아원이었다는 이야기를 듣고 나자 어린 마음에 그 앞을 지날 때면 더 겁이 났던 것 같다.

하지만 생각해보면 고아원이라 해서 겁을 낼 이유는 어디에도 없었다. 그런데 나는 왜 무서움을 느꼈던 것일까? 거기에는 이유가 있었다. 과장되고 부풀려진 것일지도 모르지만 그 고아원과 관련한 온갖 소문들 때문이었다. 소문은 대개 흉흉한 것들이었는데, 한마디로 요약하면 '원장이 고아들을 학대하고 굶겨 죽였다' 정도가 될 것이다.

한편, 그즈음 소 알로이시오 신부님에 대한 이야기도 자주 들을 수 있었다. 성당 어른들이 나누는 이야기 속에 신부님이 자주 등장했기 때문이다. 성당 어른들은 소 알로이시오 신부님을 '소 신부님'이라 불렀는데 '소년의 집'을 세워 불쌍한 고아들을 거두어 키운다는 그런 이야기였다.

사람들은 소 신부님의 삶을 감동적인 시선으로 바라보면서 한결같이 훌륭한 분이라고 이야기했다. 그런데 나는 강변의 그 고아원에 대한 이미지가 너무 강렬했던 탓인지 소 신부님이 세웠다는 소년의 집 이야기를 들으면서도 그렇게 감동적이지 않았다.

활기가 넘치던 소년의 집
—

시간이 지나 나는 마산 교구의 신학생이 되었다. 첫 여름방학을 맞아 집으로 갔는데, 다른 교구 동기 신학생 한 명이 여름방학을 맞아 부산에 있는 어느 수도원에서 지내고 있다는 이야기를 들었다. 나는 그 친구도 만나고, 예전부터 가보고 싶었던 소년의 집에도 가볼 겸해서 부산으로 갔다. 그리고 친구를 만나 하룻밤 같이 지낸 뒤 다음날 송도에 있는 소년의 집으로 갔다.

그때가 1987년이었는데, 당시 알로이시오 신부님은 부산과 서울에서 소년의 집을 큰 규모로 운영하고 있었고, 2년 전인 1985년에는 필리핀으로 구호 사업을 넓히면서 마닐라에 정원 3천5백 명 규모의 '산타 메사 소년·소녀의 집'과 가난한 결핵 환자들을 위한 무료 자선병원을 세워 운영하고 있던 중이었다.

버스에서 내려 소년의 집 쪽으로 걸어가는 내 눈에 가장 먼저 들어온 것은 엄청나게 높은 철조망이었다. 소년의 집은 제법 경사가 심한 비탈에 여러 건물들이 옹기종기 모여 있었는데, 건물

주변에 엄청난 높이의 철조망이 곳곳에 설치되어 있었던 것이다. 무슨 용도인지는 알 수 없었지만 보기 좋지는 않았다. 높은 철조망이 감옥을 연상케 했기 때문이다.

잠시 뒤 소년의 집 안으로 들어간 내가 처음으로 본 것은 운동장에서 뛰놀고 있는 엄청난 수의 아이들이었다. 그때가 한여름이라 무척 더웠는데, 아이들은 땀을 뻘뻘 흘리면서 신나게 놀고 있었다. 내 기억에 그곳 말고도 크고 작은 운동장이 몇 군데 더 있었는데, 다른 운동장들도 사정이 비슷했다. 그제야 나는 높은 철조망의 용도를 알 수 있었다. 아이들은 대부분 공을 차며 놀고 있었는데 높은 철조망은 공이 밖으로 나가지 않도록 막아 주었다. 운동장이 비탈 위에 있어 행여 공이 밖으로 튕겨 나가기라도 하면 송도 앞바다까지 굴러갈 것 같았다.

나는 운동장 가에 서서 아이들이 노는 모습을 한동안 지켜보았다. 제법 넓은 운동장에는 1백 명도 더 되는 남녀 아이들이 삼삼오오 무리 지어 공을 차고 있었는데, 운동장 안에 굴러다니는 축구공만 해도 스무 개가 훨씬 넘을 것 같았다. 한 마디로 '너희들이 놀기를 원한다면 공은 얼마든지 사 주겠다'는 뜻으로 보였다.

몇 년 뒤, 이번에는 서울에 있는 소년의 집에 갈 기회가 생겼다. 서울 소년의 집도 응암동 산자락에 자리하고 있어 제법 경사가 심했는데, 그곳에도 곳곳에 크고 작은 운동장들이 있었다. 그리고 운동장은 한결같이 높은 철망으로 둘러싸여 있었다.

이번에도 역시 가장 먼저 눈에 들어온 것은 운동장에서 뛰노는 엄청난 수의 아이들이었다. 마치 소년의 집 아이들이 모두 밖으로 나와 놀고 있는 것처럼 운동장마다 아이들로 북적였다. 그렇다 보니 소년의 집 전체가 시끌벅적한 것이 무척이나 활기차게 느껴졌다. 아이들은 모두 건강해 보였고, 정신적으로도 즐겁고 행복해 보였다.

서울 소년의 집에 간 날도 무척 더운 날이었는데, 운동장에서 노는 아이들보다 더 인상적이었던 것은 정문가에 있는 야외 수영장이었다. 수영장에는 알록달록한 수영복을 입은 아이들이 바글거리며 수영을 하고 있었다.

그때만 해도 아이들이 수영을 하려면 집에서 차를 타고 제법 멀리 가야 했던 시절이다. 그것도 서울이나 부산 같은 대도시에나 있었을 뿐 지방 소도시에는 전혀 없었다. 그런데 서울 소년의 집 아이들은 자기들이 사는 공간 앞마당에 떡하니 수영장이 있었던 것이다.

몇 년 뒤 다시 서울 소년의 집을 찾았을 때 수영장이 사라지고 없어 아쉬운 생각이 들었는데, 알고 보니 다른 공간에 더 크고 넓은 실내 수영장이 들어서 있었다.

나는 서울과 부산의 소년의 집에 갈 때마다 중학생 시절 아침마다 지나쳤던 고아원이 생각났고, 성당 어른들이 왜 그렇게 알로이시오 신부님을 존경스럽게 이야기했는지 알 수 있었다.

정규학교를 가진 보육 시설

어릴 때부터 가난한 나라의 선교 사제가 되어 가난한 사람들을
위해 살고자 했던 알로이시오 신부는 1957년 사제 서품을 받자
마자 세계에서 가장 가난한 나라였던 한국으로 왔다.

당시 한국은 전쟁의 후유증으로 대부분의 사람들이 무척 힘들
게 살 때였다. 무엇보다 10만 명이 넘는 전쟁고아들은 사회적으
로 큰 문제였다. 한국 정부는 그 아이들을 돌볼 수 있는 능력이
전혀 없었다. 길거리에는 부모 없는 아이들이 최소한의 보호도
받지 못한 채 방치되어 있었고, 고아원이나 보호소에 수용된 아
이들도 길거리 아이들과 별반 다를 것이 없었다.

이런 상황에서 알로이시오 신부는 미국에서 모금한 구호 자금
으로 가난하고 버림받은 한국의 아이들을 돌보기 시작했다. 알로
이시오 신부가 한국에서 벌인 구호 사업은 일반 사람들의 상상을
초월할 정도였다. 그가 세운 보육 기관인 부산 소년의 집에는 한
때 2천 명이 넘는 아이들이 생활했는데, 알로이시오 신부는 그 아
이들에게 단순히 의식주만 제공한 것이 아니라 교육을 받게 해
스스로 자립할 수 있는 능력을 갖게 했다.

이를 위해 그는 소년의 집 안에 정규학교를 세워 모든 아이들
이 초등학교부터 고등학교 교육까지 받을 수 있도록 했다. 이런

시스템은 몇 년 뒤 서울에 들어선 소년의 집을 비롯해 훗날 필리핀과 멕시코에 세운 소년의 집에서도 마찬가지였다. 그는 교육이야말로 가난한 아이들이 가난의 굴레에서 벗어날 수 있는 유일한 방법이라 생각했다.

알로이시오 신부의 이러한 보육 철학은 그가 세운 마리아수녀회를 통해 지금도 계속되고 있다. 그리하여 서울과 부산을 비롯해 필리핀과 멕시코, 브라질, 온두라스, 과테말라 그리고 탄자니아에 이르기까지 전 세계적으로 2만 명이 넘는 아동과 청소년들이 지금도 소년의 집에서 의식주와 교육의 혜택을 받고 있다.

정확한 통계 자료는 없지만 알로이시오 신부가 1970년 부산에서 소년의 집을 시작한 이래로 세계 곳곳에 있는 소년·소녀의 집에서 의식주와 교육의 혜택을 받아 무사히 사회로 자립해 나간 아이들의 수는 적어도 20만 명이 넘을 것이다.

여기에다 알로이시오 신부가 서울과 부산을 비롯해 필리핀과 남미 여러 나라에 세운 무료 자선병원에서 치료를 받아 건강해진 사람들과, 가난한 사람들을 위한 성인 직업교육의 혜택을 받은 사람들을 모두 합한다면 모르긴 해도 수백만 명이 될 것이다.

물론 이러한 구호 활동 역시, 1992년 알로이시오 신부가 선종한 뒤에도 그가 세운 마리아수녀회를 통해 지금도 세계 곳곳에서 계속되고 있다.

'자립'이란 이름의 구호품

—

병들고 가난한 사람들을 위해 다양한 구호 사업을 펼친 알로이시오 신부에게는 구호 사업가로서 분명한 원칙이 있었다. 그 원칙은 가난한 사람들이 스스로 자신들을 도와 가난에서 벗어나게 해야 한다는 것이었다. 알로이시오 신부는 자신의 구호 사업이 단순한 1회성이 아닌 이런 원칙에 충실할 수 있는 시스템을 만들기 위해 끊임없이 노력했다.

알로이시오 신부가 중요하게 생각한 자립의 가치는 그의 도움을 받는 단 한 명의 가난한 아이에게도 해당되는 것이었다. 그가 끊임없이 교육을 강조하고, 세계 최초로 자체 정규학교를 가진 보육 시설인 소년의 집을 만든 것도 이 때문이었다.

자립의 가치는 비단 여기에만 머물지 않았다. 1981년 알로이시오 신부는 서울시로부터 시립갱생원을 인수받아 위탁 운영을 시작했다. 그때 그는 갱생원의 기본적인 생활환경을 개선한 뒤 생활자들의 자립을 위해 다양한 노력을 기울였다.

그 가운데 하나가 갱생원 생활자들을 간단한 노동에 참여하게 하고 그에 대한 정당한 임금을 지급하는 것이었다. 그 돈은 훗날 사회로 복귀할 때 귀중한 초기 정착금이 되기도 했다. 이런 시스템은 오늘날 여러 보호시설에서 흔히 볼 수 있는 것이지만, 40년 전에는 아무도 시도하지 않던 일이었다.

그는 왜 아프리카로 가지 않았을까?

—

1957년 사제 서품을 받자마자 한국으로 왔던 알로이시오 신부는 1985년 소년의 집 사업을 다른 나라로 확장하기 시작했다. 한국에 이은 두 번째 나라는 바로 필리핀이었다. 그런데 좀 이상하다. 가난한 나라의 선교 사제가 되겠다던 그가 왜 한국 다음으로 아프리카가 아닌 필리핀을 택했을까?

하지만 그의 구호 사업에서 가장 중요한 원칙이 자립이라는 것을 알고 나면 그가 왜 아프리카가 아닌 필리핀으로 갔는지, 그리고 몇 년 뒤 멕시코로 갔는지 쉽게 이해할 수 있다.

아프리카는 절대 빈곤에 시달리는 곳으로 알로이시오 신부 같은 구호 사업가의 손길이 절실히 필요한 곳이다. 그런 까닭에 세계적인 구호단체들이 앞다투어 들어가 도움의 손길을 주고 있는 곳이 아프리카다.

알로이시오 신부가 선교지로 첫 발을 내디뎠던 1957년의 한국은 세계에서 가장 가난한 나라였다. 하지만 1985년의 필리핀은 긴급하게 달려가 구호해야 할 정도로 가난한 나라가 아니었다. 오히려 긴급하게 구호 사업을 펼쳐야 할 곳은 아프리카였다. 그런데 그는 필리핀으로 갔다. 더구나 필리핀 사업이 뿌리를 내리기도 전에 이번에는 멕시코로 갔다.

필리핀에 이어 멕시코 진출을 확정했을 때 알로이시오 신부의 평생의 후원자였던 도티 씨(골드만삭스의 대주주였던 _1는 평생 동안 알로이시오 신부를 후원했다. 그가 후원한 돈을 모두 합하면 수 천만 달러가 넘는다)는 그의 결정을 이해할 수 없어 했다. 왜냐하면 당시(1991년) 멕시코는 선진국 클럽이라는 OECD 가입을 눈앞에 두고 있을 정도로 잘사는 나라였기 때문이다(멕시코는 1994년 OECD에 가입했다). 아마 도티 씨는 알로이시오 신부가 더 가난한 나라로 가야 한다고 생각했을 것이다.

하지만 알로이시오 신부의 생각은 달랐다. 그에게 있어 중요한 기준은 가난한 아이들에게 기회를 주었을 때 그 아이가 자립해 가난의 굴레에서 벗어나고, 더 나아가 그 아이의 가족까지 가난에서 벗어날 수 있는가 하는 것이었다. 그런 면에서 멕시코는 그가 꼭 가야 할 나라였다.

멕시코는 나라 전체는 잘사는 편에 속했지만 빈부 격차가 심해 가난한 아이들이 그 굴레에서 벗어나기는 무척 힘든 구조를 가지고 있었다. 그런 아이들에게 알로이시오 신부는 기회를 주고 싶었던 것이다.

알로이시오 신부는 기회를 얻은 가난한 아이들이 교육을 통해 자립의 힘을 얻게 되면, 그 아이들을 통해 가족 전체가 가난의 굴레에서 벗어날 수 있을 것이라 생각했다. 이것은 비용 대비 효과가 무척 큰 사업이었다. 이 같은 알로이시오 신부의 생각을 이해하게 된 도티 씨는 이후 알로이시오 신부의 결정에 동의했고 멕시코 사업의 열렬한 후원자가 되었다.

만약 당시 알로이시오 신부가 필리핀이 아니라 아프리카로 갔다면 모르긴 해도 그는 이미 오래전에 세계적인 구호 사업가로서 세상에 널리 이름이 알려졌을 것이다. 미국인 신부가 한국인 수녀들과 함께, 죽어가는 아프리카 어린이들을 돌보는 모습은 그 자체로 세계인의 이목을 끌기에 충분했을 것이기 때문이다. 게다가 그의 능력이라면 질과 양적인 면에서 다른 구호단체와 비교할 수 없을 정도로 효과적인 사업을 펼쳤을 것이다. 만약 그랬더라면, 아마 마더 테레사만큼 유명한 성직자가 되었을 수도 있다. 그리고 1984년과 1992년 두 번이나 노벨 평화상 후보에 올랐던 그가 이미 오래전에 그 상을 받았을지도 모른다. 또 지금 마리아수녀회가 추진하고 있는 그의 시복 시성 사업도 훨씬 수월하고 빠르게 진행되었을 것이다.

하지만 알로이시오 신부는 아프리카로 가는 것은 자신의 역할이 아니라고 생각했다. 이것은 그가 성직자가 아니라 구호 사업가로서 내린 결정이기도 했다. 그는 훌륭한 성직자였고, 동시에 뛰어난 구호 사업가였다. 사업가였기 때문에 그가 가진 능력으로 가장 효과적인 일을 하고 싶어 했다. 그렇지 않으면 그는 견디기 힘들어했다.

당시 알로이시오 신부는 절대 빈곤 상태에 놓여 있는 아프리카가 누군가의 작은 도움으로 자립을 하기에는 사회가 가진 역량 자체가 부족하다고 판단했다. 그가 추구하는 구호 사업의 가치를 실현할 수 있는 단계가 아니라고 본 것이다. 아프리카 아이들에게 의식주를 해결해 주고 교육의 기회를 제공 한다 해도 사회적인 역량이 너무 약했기 때문에 그 아이들이 가난에서 벗어나기는 힘들다고 생각했다. 만약 그런 상황에서 아프리카로 들어간다면 의식주 해결과 질병 퇴치라는 기본적인 도움을 베푸는 것으로 만족할 수밖에 없었을 것이다.

물론 그 일이 의미 없다고 생각한 것은 아니었다. 다만 알로이시오 신부는 그 일을 하는 것은 자신의 역할이 아니라고 생각했을 뿐이다. 그러한 구호 활동은, 그 일을 더 중요하고 더 가치 있게 생각하는 구호단체의 몫이라고 생각했다. 그랬기 때문에 세계의 많은 구호단체들이 아프리카로 들어갈 때 그는 필리핀과 멕시코로 향했던 것이다.

멕시코 사업의 기틀이 다져질 무렵 알로이시오 신부는 선종했지만 마리아수녀회는 그의 뜻을 따라 과테말라와 브라질, 온두라스로 구호 사업을 확장했다. 이것은 알로이시오 신부가 가고자 했던 방향과 일치한다고 할 수 있다.

알로이시오 신부가 지금 살아 있다면, 한국을 떠나 필리핀과 멕시코로 갔듯이 남미의 소년의 집 사업이 안정화 단계에 들어서면 그는 또 다시 가난한 나라의 아이들을 찾아 떠났을 것이다. 그는 지칠 줄 모르는 열정을 가지고 있었고, 그 열정을 현실화할 수 있는 능력을 갖고 있었다.

그렇다면 알로이시오 신부가 마지막으로 선택한 곳은 어디였을까? 모르긴 해도 아프리카일 것이다. 그는 가난한 사람들의 고통에는 한없이 인내심이 부족한 사람이었기 때문이다.

실제로 마리아수녀회는 2018년 3년, 마침내 아프리카 탄자니아로 진출했고, 그 이듬해인 2019년 8월 탄자니아에 소녀의 집을 세웠다. 그리고 2020년 현재, 1천 명 정원 규모의 소녀의 집 건물이 거의 완공 단계에 있다.

가난을 몸소 실천했던 사제

—

평생을 가난한 사람들을 위해 살았던 알로이시오 신부는 그 자신이 가난하게 살았던 것으로도 유명하다. 그가 한국과 필리핀, 멕시코에서 벌인 사업을 합하면 그 규모는 세계 굴지의 대기업 회장과 맞먹을 정도였다. 그런데도 그는 늘 자신의 낡은 가방을 손수 들고, 낡은 양복에 낡은 구두를 신고, 해외 출장을 갈 때도 언제나 일반석 비행기만 탔다. 훗날 루게릭병이 심해져 일반석을 타고 여행하는 것이 불가능해졌을 때 1등석을 탄 몇 번을 빼고 나면 한 번의 예외도 없었다.

그러면서도 그는 가난한 사람들을 위해서는 돈을 아끼지 않았다. 자신이 할 수 있는 만큼 지원했고, 더 좋은 것을 주기 위해 언제나 노력했다.

그가 그렇게 할 수 있었던 것은 가난한 사람들과 자신을 다른 사람이라고 생각하지 않았기 때문이다. 다만 하는 역할이 나를 뿐이라고 생각했다. 그런 까닭에 그는 자신이 운영하는 여러 구호 사업체에서 가난한 사람들이 먹는 음식을 보면 언제나 "이것이 내가 먹는 것과 같은 것입니까?"하고 물었다.

나는 언젠가 마리아수녀회가 위탁 운영을 하고 있던 '은평의 마을'에 간 적이 있다(지금은 다른 수도 단체에서 운영하고 있다). 은평의 마을은 원래 '서울시립갱생원'이라 부르던 곳을 1981년부터 알로이시오 신부가 위탁을 받아 운영했던 곳으로, 오갈 데 없는 가난한 사람들과 정신장애인들이 모여 생활하는 곳이다.

그날 은평의마을 직원과 이런저런 이야기를 나누다가 점심시간이 되어 밥을 먹으러 갔다. 그 직원이 나를 데리고 간 곳은 은평의마을 안에 있는 몇 군데의 구내식당 중 한 곳인 것 같았다.

식당 안에 들어가자 10명쯤 되는 사람들이 이미 줄을 서 있었다. 식당은 고급 식당만큼 크고 깨끗했다. 그런데 줄을 서 있는 사람들 가운데 지체 장애인이 몇 명 보였다. 알고 보니 그 식당은 직원과 시설 생활자들이 함께 쓰는 식당이었다.

한참 밥을 먹다가 식당 안을 둘러보니 여느 식당과 다를 것 없이 많은 사람들이 삼삼오오 모여 밥을 먹고 있었다. 어떤 테이블에서는 직원과 생활자가 한데 앉아 이런저런 이야기를 나누며 밥을 먹기도 했다. 너무나 평화로운 모습이 아닐 수 없었다.

이처럼 마리아수녀회가 운영하는 여러 구호 사업체에는 직원이나 수도자들을 위한 식당이 따로 없었다. 물론 필요에 따라 따로 식당을 두는 경우가 있긴 했지만 이때도 장소만 다를 뿐 음식은 가난한 사람들에게 제공하는 것과 똑같았다.

자신만의 공간을 경계한 성직자
—

알로이시오 신부가 머물렀던 공간은 한결같이 작고 소박했다. 초창기 부산 송도성당 주임신부 시절의 판잣집 사제관을 비롯해, 훗날 대규모로 소년의 집 사업을 하면서 아이들을 위한 기숙사와 학교, 식당, 수영장과 운동장을 지을 때도 그의 사제관은 늘 가장 볼품없는 자리에 4평 남짓한 크기로 지었다. 요즘 아파트로 치면 큰 방 하나 정도 되는 공간에 침실과 서재, 욕실이 다 들어 있었으니 그 비좁음을 쉽게 상상할 수 있을 것이다.

물질에 대한 욕심은 개인적인 공간에 대한 욕심에서 비롯되는

지도 모른다. 개인적인 공간이 생기게 되면 자신의 취향에 따라 그 공간을 꾸미게 된다. 그 공간이 넓으면 넓을수록 꾸미고 채워야 할 것들은 늘어난다. 꾸미고 채워야 할 것들이 많아지면 자연히 돈에 욕심을 가지게 된다. 물질에 대한 욕구는 그렇게 해서 싹트는 것인지도 모른다.

알로이시오 신부는 일찍이 개인 공간이 갖는 이러한 위험성을 깨닫고 늘 경계했다. 그래서 자신의 개인 공간은 언제나 최소화했고, 그 공간마저 여러 사람들에게 개방해 자신만의 무언가가 쌓이지 않도록 했다.

가난한 나라의 선교 사제로 살기로 한 알로이시오 신부의 이러한 삶의 원칙은 그가 창설한 마리아수녀회에도 그대로 적용되었다. 그리하여 오늘날까지 마리아수녀회 수녀들은 따로 수녀원 건물도 없다.

죽음을 놓고 벌인 흥정
—

1989년, 그의 나이 59세이자 한국에 온 지 32년째 되던 해, 알로이시오 신부는 '근위축성 측색 경화증'이라는 희귀병 진단을 받았다. 이 병은 흔히 루게릭병이라고 하는데, 운동신경세포가 서서히 파괴되면서 온몸의 근육을 마비시킨다. 그리하여 마지막에는 성대 근육까지 마비되어 숨을 쉬지 못하게 된다. 이 병은 정확한 발병 원인을 모르기 때문에 치료 방법도 없다. 다만 병의 예후가 무척 나빠 대부분 발병 뒤 3년 안에 죽는다는 정도로만 알려져 있다.

안타깝게도 그가 루게릭병 진단을 받은 1989년은 그의 구호 사업이 최고로 결실을 맺을 때였다. 마리아수녀회에는 새 입회자들이 꾸준히 들어왔고, 그들은 부산과 서울의 소년의 집 사업을 안정적으로 운영하는 데 결정적인 역할을 했다.

또 산타 메사 소년·소녀의 집이 준공되면서 필리핀의 가난한 아이들에게도 의식주와 교육의 기회를 제공하기 시작했다. 여기에다 남미의 가난한 아이들을 위한 소년의 집도 구상하고 있었다.

당연히 그가 생각하고 판단하고 결정해야 할 일들이 너무나 많았다. 그러므로 그는 죽을 수가 없었다. 아니 죽어서는 안 될 처지였다. 그의 죽음은 소년의 집 사업 운영에 막대한 지장을 초래할 것이 틀림없었다.

이런 사실을 너무나 잘 알고 있던 마리아수녀회 수녀들은 그의 죽음이 가까워지자 생명 보조 장치를 이용해 더 오래 살 것을 권유했다. 하지만 알로이시오 신부는 단호히 거절했다.

죽음의 마지막 단계에서 혼수상태에 빠져 스스로 의사 표현을 할 수 없을 때가 되면 어떤 종류의 인공적인 생명 연장술도 사용하지 말 것을 요청합니다. 지금 이 글을 쓰는 동안에도 나는 현명한 결정을 내렸다고 생각합니다. 이것이 주님의 뜻이라는 확신이 듭니다.

-『조용히 다가오는 나의 죽음』중에서

죽음을 눈앞에 둔 알로이시오 신부는 어떤 생각을 했을까? 그는 매일 조금씩 굳어 가는 근육과 밤마다 심해지는 고통 속에서도 죽음을 자연스럽게 받아들이길 원했다. 심지어 자신의 죽음을 놓고 흥정을 하기도 했다.

평생 무언가를 결정해야 할 때 '어떻게 하는 것이 가난한 사람들에게 더 유익할까?'를 판단의 기준으로 삼았던 그가, 자신에게 닥친 죽음이라고 예외를 두지는 않았을 것이다.

만약 인공적인 생명 유지 장치에 의지해 목숨을 이어가면서 소년의 집 사업을 세계 여러 나라로 활발히 진출시키는 것이 가난한 사람들에게 더 유익하다고 생각했다면 그는 틀림없이 그렇게 했을 것이다. 하지만 그 일은 자신이 없어도 충분히 가능한 일이었다. 주변 사람들은 그가 없으면 마치 소년의 집 사업이 하루아침에 위기를 맞을 것처럼 걱정했지만 그는 전혀 그렇게 생각하지 않았다.

수년 동안 사람들이 내게 질문해 왔습니다. "당신이 죽은 다음에는 어떻게 되지요? 당신이 더 이상 없으면 어떻게 되지요? 누가 당신을 계승하지요? 누가 당신의 사업을 이끌어 나가지요?"

그렇다고 해서 생명 연장이 내게 필요하다고 생각하지 않습니다. 이 사업은 성모 마리아의 사업입니다. 그분이 창설자이시고, 책임자이고, 이사장이시고 총원장이십니다. 사업이 계속 성장하고 번성하도록 그분이 살피실 것입니다. 내가 없어지면 사업이 망한다고 생각하는 것은 교만의 극치입니다. 그것은 우리의 모친이신 마리아께 대한 믿음과 신뢰심의 부족으로 인한 것입니다.

- 『조용히 다가오는 나의 죽음』 중에서

알로이시오 신부에게는 믿음직스러운 동료 수녀들이 있었고, 또 소년의 집 사업은 누가 운영하더라도 무리 없이 해 나갈 수 있도록 체계적인 시스템이 이미 갖추어져 있었기 때문에 그가 없다고 사업이 영향을 받을 수준은 아니었다. 따라서 그런 이유로 인위적인 생명 유지 장치에 의지해 더 오래 살아야 할 이유는 없었다.

한편 알로이시오 신부가 살아 있는 것 자체만으로 가난한 사람들에게 희망과 용기를 줄 수 있다고 생각하는 사람들도 있었다. 마리아수녀회 수녀들은 이런 이유로 인위적인 생명 유지 장치를 사용해 더 오래 살기를 원했다. 하지만 알로이시오 신부의 생각은 달랐다.

모든 기능이 마비된 채 오직 눈만 껌벅이며 온종일 시체처럼 침대에 누워 있는 자신이 도대체 누구에게 어떤 용기와 희망을 줄 수 있을지 스스로에게 물어보았다. 오히려 그렇게 누워 있는 자신을 보고 사람들은 불편함과 절망감을 느낄 것이라 생각했다. 게다가 자신을 돌보느라 주변 사람들만 더 힘들 것이라 생각했다. 그러므로 그 이유 역시 그는 받아들이기 어려웠다.

알로이시오 신부가 볼 때 인위적인 생명 유지 장치를 이용해 생명을 연장한다는 것은 어느 모로 보나 가난한 사람들에게 유익한 면이 하나도 없었다. 오히려 자신에게 닥친 고통을 온전히 받아들이고 죽음을 자연스럽게 받아들이는 것이 가난한 사람들에게 더 유익하다고 생각했다.

고통 속에서 자연스럽게 죽음을 받아들임으로써 그가 세상 사람들에게 성직자로서, 또 구호 사업가로서 좋은 표양을 남긴다면, 앞으로 계속되어야 할 소년의 집 사업에 긍정적인 영향을 미칠 것이고, 그것이 곧 가난한 사람들에게 유익이 되는 것이라 생각했다. 그리하여 인간으로서 견디기 힘든 고통을 온전히 견뎌내면서 자신에게 다가오는 죽음을 기꺼이 받아들였다.

알로이시오 신부는 죽기 며칠 전, 자신의 무덤을 필리핀 소녀의 집에 마련해 달라고 요청했다. 심정적으로야 부산에 묻히고 싶은 마음이 간절했을 것이다. 하지만 그는 자신의 죽은 몸마저 어디에 묻히는 것이 가난한 사람들에게 더 유익한지를 따졌다.

내 육신이 어디에 묻히든, 사실 그것은 별로 중요하지 않습니다. 그러나 필리핀이 가장 좋을 것 같다는 생각을 합니다. 한국의 사업은 앞으로 단계적으로 작아질 것이고, 필리핀이 우리의 본부이고 우리 미래 사업의 중심이 될 것입니다. 그래서 내 무덤을 실랑에 썼으면 좋겠습니다.

- 『조용히 다가오는 나의 죽음』 중에서

그의 말대로 한국은 점차 사업이 축소될 것이고, 필리핀은 점점 사업이 확대될 곳이었다. 그렇다면 소년의 집 사업이 세계로 확장 되어 갈 때 필리핀이 거점 국가가 될 것을 생각해 자신이 그곳에 묻히는 것이 여러모로 유익할 거라고 생각한 것이다.

이렇듯 그는 평생 가난한 사람들의 유익을 위해 산 것도 모자라, 자신의 죽음과 죽음 이후 어디에 묻힐 것인가까지 가난한 사람들에게 조금이라도 더 유익한 쪽으로 결정했으니, 그의 삶 전부가 가난한 사람들을 위해 봉헌한 희생 제물이었다고 할 수 있다.

02

선교 사제가 되고 싶었던
어린아이

Rev. Aloyshus Schwartz

알로이시오 슈월스는 1930년 9월 18
일, 미국 워싱턴 D.C. 체닝 22번지에서 루이스 슈월스와 세딜리
아 브라샤 부부의 셋째 아이로 태어났다. 부부에게는 태어나자마
자 겨우 몇 시간 만에 죽은 요한 레오를 포함해 모두 여덟 명의
아이가 있었다. 알로이시오에게는 위로 누나 메리와 형 루이스가
있었고, 여동생으로 로즈와 돌로레스, 마가렛, 존이 있었다.

　가족들은 알로이시오를 언제나 '알'이라 불렀다. 알의 아버지
루이스 슈월스는 열두 형제 가운데 한 사람으로, 메릴랜드 볼티
모어에서 자랐다. 그는 프랑스 북부 알사스 로렌 출신으로, 미국
으로 이민 간 독일계 후손이었다.

　그의 아버지, 곧 알의 할아버지는 볼티모어 출신이었고, 할머니

는 메릴랜드의 이스트포트 출신이었다. 알의 증조부들은 미국으로 이민 가기 전 독일에 살았는데 모두 독실한 가톨릭 신자였다.

아버지 루이스의 여자 형제들은 카롤린, 맴미, 프란시스, 노마였고, 남자 형제들은 존, 알퐁스, 조셉, 레이몬드, 제임스 그리고 레슬리였다. 아버지의 누나인 프란시스는 가난한 사람들과 농아들을 위한 복지사업을 하던 노틀담회 수녀였고, 형 조셉의 아들과 딸은 도미니꼬회 수사 신부와 거룩한 십자가회 수녀였다.

알의 아버지 루이스는 초등학교 때 학업을 중단하고 가족의 생계를 위해 전업 일꾼이 되었다. 그리고 19살에 미국 해군에 들어갔다. 제대 뒤에는 가구점 점원과 제빵 회사 배달원을 포함해 여러 가지 일을 했다. 그러다가 워싱턴 대교구의 빈첸시오회가 운영하는 가난한 사람들을 위한 상점의 책임자로 일했다.

알의 어머니 세딜리아 브라샤는 미국 북다코타 주에서 태어났다. 이후 가족들은 몬타나의 플렌티우드로 이사했고 그녀는 그곳에서 자랐다. 세딜리아의 부모는 캐나다 출신의 프랑스 이민자 후손이었는데, 플렌티우드 서쪽에서 농장과 그랜비우라는 호텔을 운영했다. 세딜리아에게는 네 명의 남자 형제와 두 명의 여자 형제가 있었는데, 세딜리아가 막내였다.

세딜리아는 대학에서 2년 과정의 경영학을 공부하고 연방 정부 인쇄소에서 일하기 위해 워싱턴 D.C.로 갔다. 그곳에서 일하는 동안 미네소타 출신의 직장 동료인 이바 토이어를 만나게 되는데, 두 사람은 곧 친한 친구가 되었다.

당시 이바는 제임스란 남자와 연애를 하던 중이었는데, 제임스의 동생이 바로 알의 아버지 루이스였다. 이바는 세딜리아를 루이스에게 소개했고, 그리하여 이바와 세딜리아는 슈월스란 성을 가진 형제와 결혼하게 되었다.

세딜리아와 루이스는 1927년 결혼했다. 세딜리아는 워싱턴에 살 때 여러 명의 젊은 남자들과 알고 지냈지만 그 가운데서 루이스만이 유일하게 그녀가 원하는 은총의 9일 기도에 함께했다.

1946년, 알의 어머니 세딜리아가 마흔한 살의 나이에 암으로 죽고 난 뒤, 주소만 적고 부치지 않은 편지 한 통이 발견되었다. 그 편지는 성 알로이시오 성당의 주임신부 앞으로 보내는 편지였는데, 그 성당은 세딜리아가 해마다 성 프란치스코 사비오 성인에게 청하는 은총의 9일 기도를 바쳤던 성당으로 세딜리아가 일하던 인쇄소 건너편에 있었다.

이 편지에는 '기도와 헌금으로 가톨릭 선교사의 활동을 돕는 교우는 프란치스코 하비에르 성인이 삶과 고통과 죽음을 바친 선교 사업에 동참하는 것입니다.'라는 글귀가 있었다. 하비에르 성인은 선교 사업의 주보성인으로, 바오로 성인 다음가는 위대한 선교사로 간주되는 성인이다.

가난했지만 행복했던 가족

—

알의 아버지 루이스는 가난한 사람들을 위한 상점에서 일했고 어머니 세딜리아는 선교 사업을 물심양면으로 후원했으니, 훗날 알로이시오 신부가 가난한 나라 한국에 와서 자선사업을 펼친 것이 우연만은 아니라고 할 수 있다.

세딜리아의 편지를 보면, 그녀가 워싱턴에 가기 전에는 9일 기도란 말을 들어본 적이 없는데, 워싱턴에 간 뒤 21년 동안 계속 이 9일 기도에 참가했다고 적혀 있다. 세딜리아는 여러 가지 지향을 두고 9일 기도를 했는데, 좋은 남편을 만나 행복한 결혼생활을 원했고, 건강한 자녀를 원했으며, 또 자녀들이 사제성소와 수도성소를 갖기 원했다. 그리고 편지에는 다음과 같은 내용도 있었다.

1942년 저의 남편이 생명을 구할 수 있었던 것은 예수님께 바친 기도와 하비에르 성인의 전구 덕택이었습니다. 의사는 남편의 폐렴은 치료가 불가능하다고 했습니다. 그러나 6주 후, 9일 기도 마지막 날 남편의 병세는 전환기를 맞고 회복하기 시작했습니다. 그리하여 3개월 만에 퇴원했습니다.

알의 누나 메리는 그때를 잘 기억하고 있었다. 그녀가 열세 살로 8학년이던 1941년 11월, 아버지 루이스는 병을 얻어 마운트

알토 재향군인병원에 3개월 동안 입원했고, 퇴원 뒤에도 너무 허약해 1년 가까이 일을 하지 못했다. 그 때문에 세딜리아는 다시 인쇄소에 일을 나가기 시작했고, 메리는 동생들을 돌보고 음식을 만들고 청소를 해야 했다. 당시 막내 존은 겨우 6개월 된 아기였고, 알은 초등학교 6학년이었다. 그러다가 루이스는 기적처럼 건강을 회복했고, 아내 세딜리아보다 오래 살아 일곱 자녀를 잘 돌보고 79세에 사망했다.

알의 가족은 평범하면서도 행복한 생활을 누렸다. 가족들은 신앙심이 무척 튼튼했으며, 가톨릭 신앙은 가족의 삶에 있어 중요한 역할을 했다. 그래서 수입이 별로 많지 않아 빠듯하게 살았지만 언제나 사랑과 믿음이 넘쳤다.

누나 메리와 형 루이스 주니어(아버지는 루이스 시니어), 그리고 알은 부모님의 결혼 초기에 한 살 차이로 태어났다. 무엇보다 알과 형 루(루이스의 애칭)는 서로 떨어져서는 못 사는 사이였다.

그들이 사는 집은 동네 놀이터인 로즈데일로부터 한 블록 떨어진 곳에 있었다. 집 가까운 곳에 놀이터가 있다는 것은 그들에게는 큰 축복이었다. 알은 형 루와 로즈데일에서 늘 운동을 했고, 무료 수영장에서 수영을 하기도 했다. 여러 가지 운동 가운데 특히 알이 좋아했던 것은 수영이었다. 그 때문에 누나 메리를 포함해 셋 모두 수영 실력이 뛰어났다. 로즈데일에서 놀 때 말고는 집 앞에서 야구를 즐겨 했다. 그리고 알과 루는 비록 어렸지만 적은 돈이라도 벌기 위해 신문과 잡지를 매달하기도 했다.

워싱턴의 여름 날씨는 무척 더워 강가에 간다는 것은 가족들에게 큰 즐거움이었다. 아버지 루이스는 아이들을 데리고 강변으로 자주 갔다. 강변에는 작은 모래사장이 있었고, 낚시를 할 수 있는 낡은 나무 구조물과 강을 보며 밥을 먹을 수 있는 식당이 두 곳 있었다. 그곳에서 루이스와 세딜리아는 아이들이 마음껏 수영을 즐길 수 있도록 배려했다.

일요일은 늘 가족 중심의 날이었다. 온 가족이 세딜리아가 준비한 맛있는 점심을 먹고, 오후에는 락크리크 공원이나 교외로 나갔다. 또는 워싱턴의 벚꽃을 구경하러 타이들 베이슨으로 드라이브를 가기도 했다. 어떤 때는 볼티모어에 사는 아버지 형제들이 놀러와 웃음꽃을 피우기도 했다. 그들이 오면 집 안은 늘 생기가 돌았다.

남달랐던 어린 시절
—

알은 어릴 때부터 신부가 되고 싶은 생각을 갖고 있었다. 그 생각은 마치 부드럽고 따뜻한 열기와 같이 그의 마음속에 자리한 채 늘 그와 함께했다. 알은 그 열기가 마음속에서 식지 않도록 무척 노력했다. 하지만 그것은 어디까지나 자기만의 꿈이었고 개인적인 문제였기 때문에 어머니와도 의논하기를 꺼렸다.

어느 늦은 일요일 오후였다. 그날도 볼티모어 패거리들이(알의 아버지는 그의 형제들을 늘 그렇게 불렀다) 몰려와 맥주와 샌드위치를 먹으며 푼돈 내기 포커를 쳤다. 그러다 누군가가 알에게 커서 무엇이 될지 물었다.

"난 커서 교황이 될 거예요."

알의 말에 사람들은 한바탕 웃었지만 알에게는 무척 진지한 대답이었다. 알은 그렇게 그날 처음으로, 신부가 되고 싶다는 마음속 생각을 에둘러 드러냈다.

어릴 때 알은 성인전 읽는 것을 좋아했다. 그가 특히 좋아한 성인은 리지외의 소화 데레사 성녀였다. 알이 이 성녀를 유난히 좋아한 이유는 성녀의 단순한 정신과 기쁨의 정신, 희생정신 때문이었다. 소화 데레사 성녀는 『영혼의 이야기』란 자서전에서 '우리가 거룩하게 되기 위해서는 고통을 겪어야 한다'고 했는데, 알은 특히 그 말을 좋아했다.

알은 만화책도 좋아했다. 그 중에서도 몬타나에 있는 외삼촌이 보내준 『소년 특공대』를 좋아했다. 한 번도 만난 적 없는 나이 많고 성실한 외삼촌은 노스다코타 주 파르고에서 사탕 가게를 하고 있었는데, 대단한 만화광이었다.

그는 멀리 워싱턴에 사는 조카와 조카딸들에게 만화가 담긴 선물꾸러미를 정기적으로 보내 주었다. 알은 그 만화책들을 모두 읽었다. 그 가운데서 『슈퍼맨』, 『배트맨』, 『캡틴마블』 같은 만화책들은 그렇게 좋아하지 않았지만 『소년 특공대』는 만화 속에서 활약하는 영웅들을 자기 자신과 동일시하면서 읽고 또 읽었다.

이 영웅들은 국제 청소년 여단으로, 약사와 가난한 사람들의 권리와 이익을 위해 진리와 정의의 이름으로 용감히 싸웠다. 알은 소년 특공대의 여단장이 되어 머나먼 나라들을 여행하며 용감하게 전투를 벌이는 꿈을 꾸기도 했다.

한편 여동생들과 함께 미사를 집전하는 놀이를 하기도 했다. 알은 제대를 마련하고 신부처럼 옷을 입은 뒤 동그랗게 생긴 웨이퍼(살짝 구운 얇은 과자)를 성체라며 나누어 주었는데, 동생들은 알이 집전하는 미사에 경건하게 참례하고 그것을 받아먹기도 했다.

알의 가족은 워싱턴 D.C. 대교구 홀리네임 본당 신자였다. 알은 모든 성사를 이 성당에서 받았다. 1930년 10월 5일 세례성사를 시작으로 1938년 5월 18일 첫영성체를 했고, 1941년 5월 20일 견진성사를 받았다.

알은 형 루처럼 아침마다 1.6킬로미터를 걸어가 7시 미사에 복사를 서기도 했다. 알의 친구였던 래리 핏젤라드에 따르면, 알은 본당 복사단 중에서 미사 시작 전에 복사가 외워 바치는 라틴말

기도문을 가장 먼저 외웠다고 한다. 2차 바티칸 공의회(1962년부터 1965년까지 열린 로마 가톨릭교회의 공의회. 교황의 소집에 의해 전 세계 주교들과 추기경, 신학자들이 모여 교리와 행정, 규율 등 여러 문제를 논의하고 결정한 공식적인 종교 회의로, 로마 가톨릭교회가 앞으로 나아갈 길을 타진한 교회의 현대적 개혁이 이 공의회의 목적이었다) 이전에는 사제와 복사 한 명이 미사 시작 전 신자들을 등지고 제대를 향해 허리를 굽힌 뒤 계응으로 라틴말 기도를 바쳤는데, 고백기도 등이 포함되어 있었다.

알에 관한 래리의 또 다른 기억으로, 당시 알은 몇몇 친구들과 소모임을 가졌는데, 각자의 집을 돌아가며 모여서는 또래 아이들이 흥미를 가질 만한 이야기들을 나누었다. 토론이 끝나면 그 집에서 준비해 준 간식을 먹는 것으로 모임이 끝났다. 어느 날, 여느 때처럼 토론 후에 간식이 나왔는데 알은 먹지 않았다고 한다. 성주간에는 간식을 먹지 않기로 했다는 것이 그 이유였다. 그때 알의 나이 겨우 열두 살이었다.

훗날 선교 사제가 되어 한국에 온 알로이시오 신부는 평생 상상을 초월하는 절제된 생활을 했는데, 특히 음식은 단 한 번도 배부르게 먹은 적이 없을 정도다. '식사를 마치고 15분 후에 누군가 식사 초대를 하더라도 맛있게 먹을 수 있을 정도로만' 늘 먹었다. 그런 삶이 가능했던 것은 어릴 때부터 몸에 밴 절제된 생활 때문이었다고 할 수 있다.

그리스도를 따르는 사람은 무엇보다 음식에서 가난을 실천해야 합니다. 몸에 좋고 영양가 있는 음식이면서 동시에 간단한 음식을 좋아해야 합니다. 또한 먹는 것에 대한 욕구를 누르고 언제나 절제된 생활을 해야 합니다. 가난하게 사는 체, 모든 것을 포기한 체 말하면서 한쪽으로는 음식에 지나칠 정도로 관심이 많고 먹는 즐거움에 집착해 습관적으로 과식하면서 그리스도를 따른다고 말할 때, 그것은 참으로 어울리지 않는 말이 됩니다.

- 『소 알로이시오 신부님과 함께하는 영성일기』 중에서

선교 사제를 꿈꾸던 아이

—

알은 초등학교 고학년이 되면서 신부가 되고 싶다는 꿈을 조금씩 구체화시켜 나갔다. 그러다가 5학년 때 메릴랜드 주 케이톤스빌에 있는 성 찰스 소신학교를 방문한 것을 계기로 신부가 되고 싶다는 꿈을 실현하기 위한 조심스런 발걸음을 뗐다. 성 찰스 소신학교 교장이었던 조지 글라스 신부를 만난 자리에서 알은 이렇게 물었다.

"선교 사제가 되고 싶으면 어떻게 해야 하나요? 소신학교에서 4년 동안 공부한 뒤 제가 원하는 선교회에 들어갈 수 있나요?"

글라스 신부는 어떤 수도회를 생각하고 있는지 물었다. 알은

'메리놀회'라고 대답했고, 글라스 신부는 가능하다고 했다. 메리놀회는 미국 가톨릭교회가 아시아 지역의 선교를 목적으로 설립한 수도회로, 한국에서 활동한 미국 최초의 외방 선교회였다.

6학년이 되자 알의 꿈은 좀 더 구체적이 되었다. 어느 날 워싱턴 인근에서 가톨릭 대학을 운영하던 마리스타 수도회 신부들이 알의 학교를 찾아와 글짓기 대회를 연 적이 있다. 주제는 '내가 되고 싶은 인물'이었다. 그 대회에 참가한 알은 신부가 되고 싶은 자신의 마음을 표현한 글을 써서 1등 상을 받았다. 그 글은 알이 자신의 생각을 구체화시킬 수 있는 계기가 되었다.

홀리네임 중학교를 수석으로 졸업한 뒤(졸업식장에서 알은 고별사를 했다) 알은 워싱턴에서 명문으로 이름난 예수회의 곤자가고등학교로부터 전액 장학금을 주는 조건으로 입학 제의를 받았다. 하지만 알은 메릴랜드 볼티모어에 있는 성 찰스 소신학교를 택했다. 선교 사제를 위한 꿈을 이루기 위해 첫 발을 내디딘 것이다. 그리고 다음해 9월, 열네 살의 어린 나이에 소신학교(한국의 고등학교 과정)에 들어가 신부가 되는 멀고도 먼 14년의 여정을 시작한다.

03

사제가 되기 위한 긴 여정

Rev. Aloysius Schwartz

1944년 소신학교에 입학한 알은 신부가 되기 위한 준비 과정을 시작했다. 그의 꿈은 사제가 되는 것이었고, 구체적으로 선교 사제가 되고 싶었다. 여기에 한 가지 생각이 보태어졌으니 수도회 사제보다 교구사제가 되고 싶었다. 수도회 사제와 교구사제의 차이가 어떤 것인지 정확히 알지 못했던 때에 알이 막연히 교구사제가 되겠다고 생각한 것은 가난한 사제가 되고 싶다는 또 다른 꿈 때문이었다.

알에게는 워싱턴 근처의 노트르담 수녀원 원장으로 있는 패니 고모(아버지 루이스의 누나 프란시스를 말하는데, 집에서는 패니 고모로 통했다)가 있었다. 그 수녀원은 가난한 흑인 아이들을 위한 초등학교 초급반을 운영하고 있었는데, 알은 어릴 때 가족들과 함께 가끔 패니 고모가 있는 수녀원을 방문했다.

수녀원은 언덕 위에 있었는데 알의 눈에는 나른 세상으로 보였다. 실내는 먼지 하나 없이 깨끗했고, 조용한데다 시원하기까지 했다. 그리고 아주 편안한 분위기였다. 수녀들이 내놓는 찬 음료수와 과자는 집에서 먹는 것보다 훨씬 맛있고 고급스러웠다. 그런 수녀원의 생활 모습이 알의 눈에는 무척 풍요롭게 보였다.

알은 수녀원과 자신의 집을 비교해 보았다. 무척 대조적이었다. 자신의 가족은 빚 안 지고 근근이 살아가는 정도였다. 게다가 알의 집은 워싱턴에서도 가난한 사람들이 많이 사는 구역에 있었다. 그렇다 보니 집 주변은 언제나 시끄럽고 냄새가 났다.

알은 어렸지만 그런 식의 수도 생활은 엉터리라는 생각을 했다. 수녀원의 생활이 가난한 그리스도와 어울리지 않는다고 느꼈다. 그런 생각을 하자 알은 막연히 수도회 신부보다는 교구신부에 더 마음이 끌렸다. 적어도 교구신부는 세상 사람들과 함께 살고 있으니 교구신부의 삶이 더 진실하다고 생각했던 것이다.

가족들은 한 달에 한 번 신학교로 알을 찾아왔다. 그럴 때면 어머니 세딜리아는 손수 만든 쿠키를 포함해 맛있는 과자 상자를 준비해 왔다. 그러다가 알이 2학년 때 세딜리아는 무척 아팠는데 진단 결과, 암이었다. 그해 성탄 무렵에는 상태가 안 좋아져 집에서 온종일 간호를 받아야 했다. 큰딸 메리가 전반적인 간병 책임을 맡았는데, 알이 방학이 되어 집에 가게 되면 그는 늘 가장 힘든 야간 간병을 맡았다.

1946년, 41세의 나이로 세딜리아는 세상을 떠났다. 온 가족은 망연자실했고, 특히 아버지는 충격을 받아 우울증에 빠졌다. 형 루와 알은 어머니의 장례를 위해 집으로 왔고, 장례식 후에는 공부를 위해 다시 학교로 돌아가야 했다(당시 알의 형 루도 성 찰스 소신학교에 다니고 있었다). 세딜리아의 죽음은 알의 가족 모두에게 깊고 가혹한 상처를 남겼다.

방학이 되어 집으로 가면 알은 가족의 생계를 돕기 위해 파트타임으로 일을 했다. 근면한 알은 무엇을 해도 잘했다. 한 번은 시내 중심가의 피플스 드러그 스토어(Peoples Drug Store)에서 아르바이트를 했는데, 알이 일하던 코너에서는 샌드위치와 소다수, 아이스크림을 팔았다.

어느 날 형 루는 훗날 조지아 애틀랜타 대교구의 대주교가 된 친구 존 도나후와 함께 알이 일하는 가게로 와서 소다수와 아이스크림을 먹었다. 두 사람은 공짜로 먹을 수 있을 것이라 은근히 기대했지만 알은 돈을 받았다. 이미 그때부터 알은 공과 사를 분명하게 구분할 줄 아는 학생이었다.

알은 동네 영화관에도 자주 갔다. 어느 날 알과 루, 존 도나후가 함께 영화를 보러 갔다. 그런데 그날 영화가 알에게는 약간 외설적으로 보인 모양이었다. 알은 영화 보기를 거부하고 집으로 가겠다며 영화관을 나가 버렸다. 알이 나가 버리자 루와 존도 너 이상 볼 수 없어 영화관을 나오고 말았다. 이처럼 알은 어릴 때부터 얼렁뚱땅 넘어가는 일이 전혀 없고, 매사 정확하고 철저했다.

장난꾸러기였던 소신학교 시절
—

그렇다고 알의 소신학교 생활이 경직되기만 했던 것은 아니다. 당시 소신학교에서는 규칙을 어기면서 어느 정도 말썽도 부리고 장난을 잘 치는 학생이 인기가 있었다. 그렇지 않고 규칙을 잘 지키고, 기도를 많이 하며, 오직 공부만 하는 학생은 스쿠르프라고 불렀다. 이 말은 스크루풀러(Scrupulous : 양심적인, 꼼꼼한)에서 온 말로, 부드럽고 여성적인 사람을 일컫는 말이었다. 이에 대한 반대말 슬라팝(slop-up : 흙탕물, 너절함)은 간이 크고 남자다운 사람을 가리켰다.

알은 속마음과 달리 다른 사람의 눈길을 끌고 인기를 얻기 위해 슬라팝의 기괴한 행동을 흉내 내는 데 몰두했다. 아마 천성적으로 쾌활하고 적극적인 성격 때문이었을 것이다. 아무튼 알은 용감하고 멋진 사람으로 보이기 위해 장난을 많이 치고 말썽도 많이 부렸다.

한 번은 물리 시간에 교실 바닥을 기어 교탁 앞까지 간 다음 열심히 강의하는 교사 몰래 교실 밖으로 나간 적이 있다. 동료 신학생들은 그런 알을 용감하고 영리하다며 치켜세웠다. 그런데 막상 교실 밖으로 나가는 데는 성공했지만 알은 그런 자신이 어리석어 보였다. 하지만 친구들이 자신을 영웅시하는 것이 좋았고, 그래서 계속해서 장난질을 멈추지 않았다.

그러던 어느 날, 하급반 신학생들의 생활 지도를 담당하던 화이트 신부에게 걸리고 말았다. 화이트 신부는 알의 장난질을 이미 알고 있었고, 그가 알을 부른 것은 다시는 그런 장난을 치지 못하도록 일명 '딱딱이로 때리는 의식'에 초대하기 위해서였다.

신학생들은 화이트 신부를 존칭도 붙이지 않고 그냥 '조'라고 불렀다. 신학교의 규율 담당이라 늘 안 좋은 일로만 학생들을 만났기 때문이다. 화이트 신부는 알의 행동에 대해 하나하나 설명한 뒤 엎드리게 했다. 그리고 일명 딱딱이라 부르는 나막신으로 엉덩이를 때렸다.

화이트 신부는 학생이 반성의 눈물을 흘릴 때까지 때리는 것으로 유명했는데, 서른다섯 대까지는 잘 참았지만 서른여섯 번째 매를 맞고 알은 눈물을 흘리고 말았다. 당시 최고 기록은 쉰 두대였다. 절뚝거리며 화이트 신부의 방을 나온 알은 기숙사로 가는 대신 성당으로 향했다. 그리고 성체 앞에 무릎을 꿇고 기도했다.

"주님, 감사합니다. 제게는 매가 필요했습니다."

열네 살 어린 소년의 나쁜 버릇을 고치는 데는 상처 난 엉덩이보다 더 좋은 묘약이 없었다. 실제로 그것은 묘약으로 작용했으니 알은 다시는 짓궂은 장난을 치지 않았고, 하루가 다르게 진지하고 성숙해져 갔다.

알은 성 찰스 소신학교를 좋아했다. 그곳은 신부가 되기 위한 먼 길을 준비하는 데 아주 좋은 곳이었다. 그러므로 누구보다 열심히 신학교 생활을 했다. 하지만 시간이 지날수록 자신의 꿈을 이루는 데는 적합하지 않다는 것을 알게 되었다.

그는 교구신부 자격으로 가난한 나라의 선교 사제를 꿈꾸었다. 그런데 소신학교 생활을 하면서 그것이 얼마나 잘못된 생각인지 알게 되었다. 미국 가톨릭교회의 교구 신학교는 선교 사제 양성에 지나칠 만큼 무관심했기 때문이다.

당시 교황청에서는 각 나라의 주교들에게 선교 사제 양성을 강력히 요구하고 있었지만 대부분의 주교들은 자신들의 교구에 필요한 사제 양성에 더 큰 관심을 갖고 있어 선교 사제 양성에는 소극적이었다. 이를 두고 한 외방 선교회 성소 지도 신부는 신학교 장상들의 배타적인 태도를 가리켜 '영신적 산아제한'을 저지르고 있다며 강력히 비판하기도 했다. 그런데 성 찰스 신학교가 그런 경우였다.

어느 날, 메리놀회 페트릭 번 신부가 성 찰스 소신학교를 방문한 적이 있다. 그는 2차 세계대전 뒤 일본에서 선교 활동을 하고 있는 중이었다(훗날 한국으로 소임지를 옮겨 6·25 동란 중에 선종했다). 2차 대전이 막 끝나고 전쟁으로 피폐해진 일본이 온갖 노력을 다해 재건하려고 애쓰던 그때였다.

번 신부는 일본 선교 활동의 중요성에 대해 열정적으로 강론했다. 타고난 말솜씨와 열의에 찬 번 신부의 강론은 사뭇 감동적이었다. 그날 밤, 알은 낯선 이름을 가진 이역만리의 나라에 선교사로 가는 꿈을 꾸며 밤을 지새웠다.

알은 감동을 받았지만 번 신부의 강론은 소신학교 교장 신부의 마음을 몹시 언짢게 했다. 다음날 저녁, 교장 신부는 교구사제의 중요성을 강조하는 강론을 했고, 1주일 뒤에는 교구 사무처에서 온 신부가 강론을 통해 교장 신부의 강론 내용을 뒷받침했다. 그 신부는 다른 사목을 지향하는 신학생은 교구의 가르침에 따르지 않는 신학생으로 생각하겠다는 뜻을 내비치기도 했다.

알은 교장 신부가 왜 그런 말을 했는지 알 듯 말 듯 했다. 당시 성 찰스 소신학교의 신입생은 120명이었다. 그 가운데 단지 12명만이 끝까지 공부해 서품을 받아 사제가 되었다. 이처럼 사제를 길러내는 일은 힘들고 먼 여정이었기 때문에 교구 신학생을 양성하는 책임을 쥔 교장 신부는 그렇게 말할 수밖에 없었을 것이다.

그렇지만 그때만 해도 알은 그런 상황에 대해서는 잘 알지 못했고 그가 고민할 문제도 아니었다.

메리놀회 신학교 생활
—

교구 소속 신학생으로는 자신이 생각하는 선교 사제의 꿈을 이룰 수 없다고 생각한 알은 소신학교 졸업 무렵, 전임 교장이었던 글라스 신부를 다시 찾아갔다. 그리고 5년 전에 나누었던 대화를 기억하는지 물어보았다. 글라스 신부는 잘 기억한다고 했다. 그러면서 뉴저지 주 레이크우드에 있는 메리놀회 신학교에 들어가는데 온 힘을 다해 도와주었다.

메리놀회 신학교에 들어간 알은 1년 동안은 레이크우드에 있는 캠퍼스에서 공부했고, 나머지 3년은 일리노이 주 시카고 교외의 글렌엘린에 있는 신축 신학교에서 보냈다.

메리놀회 신학교 생활은 행복하고 즐거웠다. 어떤 뜻에서는 알의 전성기였다고 할 수 있다. 스포츠에서도 활동적이었고, 공부도 열심히 했으며, 대학 잡지의 편집도 맡았고, 1년 동안 학생회장직도 맡았다. 그리고 제의실 책임자 소임으로, 신학생들에게 강의할 외부 유명 인사를 초빙하는 일을 맡기도 했다.

메리놀회 신학교의 여러 가지 편의시설들도 좋았다. 알은 친구에게 보낸 편지에서 메리놀회의 식사는 이 세상에서 최고이고, 체육 시설 또한 최고급이라고 했다. 신학교 안에서는 접시도 닦고 옷도 빨며 목공일도 했는데, 다른 신학생들은 그런 일을 하는 것에 다소 불만스러워했지만 알은 오히려 좋은 훈련으로 생각했다. 이렇듯 메리놀회 신학교 생활은 더할 나위 없이 만족스러웠다.

그런데도 알은 메리놀회를 떠나야 했다. 당시 메리놀회는 우수한 신학생들을 선발해 다른 가톨릭 대학에서 사회학이나 경제학 같은 특수 분야를 공부하게 한 다음 학자 신부로 양성하는 프로그램을 새로 마련했고, 여기에 알이 선발되었던 것이다.

알은 워싱턴에 있는 가톨릭 대학의 여름 학기에 입학해 사회학이나 경제학을 공부한 뒤 학위를 받도록 되어 있었다. 그렇게 되면 사제 서품을 받은 뒤 미국에 남아 교수가 되어야 했다. 그것은 어릴 때부터 꿈꾸어 온 해외 선교사의 꿈을 접어야 한다는 것을 뜻했다. 다른 신학생들은 부러워했지만, 알에게는 해외 선교사라는 오랫동안 간직해 온 꿈이 깨지는 것이나 마찬가지였다.

알의 마음을 혼란스럽게 만든 또 다른 요인이 있었다. 바오로 성인의 모범을 따라 가난한 나라에 가서 봉사할 선교 사제를 양성하는 메리놀회의 생활이 지나치게 풍요롭고 안락하다는 것이었다. 바로 그 나무랄 데 없는 훌륭한 시설과 안락한 삶이 알을 불편하게 했다. 실제로 메리놀회의 생활은 미국 상류층 사람들이 누릴 수 있는 수준의 생활이었다.

메리놀회에 들어가기 전, 알은 메리놀회 사람들은 전형적인 미국인과 이방인의 사도였던 타르수스의 바오로 성인 사이에서 절충되는 고난의 십자가를 지닌 사람들이라고 생각했다. 그러나 신학교에 들어가 처음 받은 메리놀회에 대한 인상은 그의 생각과 많이 달랐다. 메리놀회 생활은 중산층 중에서도 상류에 속했고, 지나치게 안락해 보였다. 더 큰 문제는 그러한 문제에 대해 아무도 의문을 제기하는 사람이 없다는 사실이었다.

> 메리놀회에 입회한 후 얼마 안 있어 나는 또 다른 전형적인 미국적 특색을 발견하게 되었다. 그것은 2~3년 동안 줄곧 나를 괴롭히는 원인이 되기도 했다. 메리놀회는 16세기 예수회 선교사 프란시스 자비어나 타르수스의 바오로 성인을 따르기보다 전형적인 미국 신사의 스타일에 더 가까웠다. 내가 발견한 사실은 메리놀회는 부자였으며, 그것은 틀림없는 사실이었다.
>
> -『가장 가난한 아이들의 신부님』중에서

메리놀회 신학교 3학년이던 어느 날 사회학 강의 시간에 신학생들은 메리놀회 신학교가 누리고 있는 생활수준을 정확하게 평가해 보기로 했다.

오랜 시간에 걸친 토론 끝에 도달한 결론은 음식과 거주 시설, 오락 시설을 비롯해 전반적인 생활이 미국 인구의 상위 40%가 누리는 수준에 해당한다는 결론을 내렸다. 메리놀회 신부들은 신학생에게는 허용되지 않았던 찬 맥주와 음료수로 가득 찬 냉장고와 텔레비전을 지급받았고, 고급 식사와 여러 가지 특혜가 포함된 상류 생활을 즐기고 있었다.

물론 이런 현상은 메리놀회에만 한정된 것은 아니었다. 미국에 있는 대부분의 다른 선교회 역시 메리놀회와 별반 다르지 않았다. 어찌 보면 미국이란 나라가 잘살았기 때문에 그것은 당연한 것이었을 수도 있다. 따라서 알이 이 문제에 대해 고민할 때 다른 신학생들은 '도대체 뭐가 어떻다는 거지? 미국에 있는 학교가 미국 수준에 맞춰 사는 것이 무슨 문제란 말인가?'라고 할 수 있었다. 실제로 메리놀회의 생활은 미국 상황에 비추어 보면 전혀 이상하지 않았다.

하지만 세계라는 거울에 비추어 볼 때는 상황이 전혀 달랐다. 미국 사람들의 상위 40%는 세계 인구의 상위 5%에 해당했다. 그러므로 메리놀회 신학교의 신학생들은 세계 인구의 5%에게만 허용된 부유한 생활을 누리고 있는 셈이었다. 알이 불편했던 것은 이 때문이었다. 물론 알도 육체적으로 편안한 것이 좋았다. 하지만 이런 환경에 대해 도덕적으로 불편함을 느꼈고, 또 올바르다고도 생각하지 않았다.

알의 생각에 메리놀회 신학생 생활이란 재물을 갖지 못한 사람들에게 사도직을 베풀 수 있도록 자신을 준비하는 기간이었다. 그런데 그 기간을 세계 상위 5%의 사람들에게만 허용된 부유한 삶을 누리면서 보낸다는 것을 그는 도저히 받아들일 수 없었다. 가난한 나라의 선교 사제가 되기 위해 준비하는 시간과는 전혀 어울리지 않는다고 생각했다. 이러한 생각은 그리스도로부터 오는 실천적 명령과 맞닿아 있었다.

복음 정신과 그리스도가 스스로 보여준 가난의 모범에 뿌리 한 영적 명령이 알에게는 다른 무엇보다 중요했다. 알의 이러한 생각은 가난한 나라의, 가난한 선교 사제가 되고 싶어 한 그가 충분히 가질 수 있는 생각이었다. 하지만 그것 때문에 마음이 불편할 수는 있어도 메리놀회를 떠나는 결정까지 내린다는 것은 아무나 할 수 있는 일이 아니었다.

메리놀회 신학생들 중에서 알과 같은 생각으로 불편함을 느낀 신학생도 분명 있었을 것이다. 하지만 그들 중 알처럼 메리놀회를 떠난 신학생은 없었다. 마치 오늘날 사제 생활이 지나치게 부유하다는 생각에 마음이 불편한 신부들도 있겠지만, 그렇다고 자신의 생활을 그 사회의 가난한 사람들 수준에 맞춰 사는 사제를 찾기 힘든 것처럼 말이다.

알은 물질적으로 풍요롭게 살면서 복음적 가난을 탐구하지도 않고, 그리스도의 가난의 신비를 갈망하는 내적 긴장감마저 가지지 않는다면 무엇인가 잘못된 것이라 생각했다.

세계 하위 5%의 가난한 사람들을 위한 선교 사제가 되기 위한 준비 기간 동안 세계 상위 5%의 사람들만 누리는 삶을 살면서도 무엇이 문제인지 모른다는 것은 정말 문제라고 생각한 것이다. 남미에서 막 귀국한 어느 메리놀회 신부는 신학교를 방문해 학생들에게 다음과 같은 내용의 강의를 한 적이 있다.

"물론 남미에서 활동하는 우리 메리놀회 선교사들은 부자지요. 나는 이 사실을 감추려 하지 않습니다. 그러나 그것이 어떻단 말입니까? 우리가 가진 부와 힘을 현지 사람들을 돕는 데 사용합니다. 우리의 활동을 분석해 보니 우리의 부와 힘이 중요하다는 사실을 알게 되었습니다."

그 신부는 메리놀회의 삶의 방식이 아무 문제없고 오히려 잘하고 있다는 식으로 말했지만 알은 그 말에 동의할 수 없었다. 그것은 부자가 자신이 가진 부의 힘으로 가난한 사람들을 돕는 것에 지나지 않는다고 생각했다. 가난한 사람들을 도와주는 착한 부자들도 많다. 그렇다고 그들이 가난하게 살지는 않는다. 그리고 가난하게 살지 않는다고 욕하는 사람도 없다.

하지만 알은 '선교 사제'는 달라야 한다고 생각했다. 특히 가난한 나라의 선교 사제는 그 자신이 먼저 가난하게 살아야 하고, 그렇지 않으면 엉터리가 될 수 있다고 생각했다.

결국 메리놀회가 갖고 있는 기본적인 가치관의 문제와 신부가
된 뒤 교수가 되기를 바라는 학교 쪽의 생각을 받아들일 수 없었
던 알은 메리놀회를 떠나게 된다.

벨기에로 떠나다

—

미국에서는 더 이상 자신에게 맞는 선교회를 찾을 수 없었던 알
은 멀리 떨어진 곳으로 눈길을 돌렸다. 그는 구체적으로 다음 세
가지를 제시하는 선교회를 찾았다.

　첫째, 선교 사업
　둘째, 교구사제 신분 유지
　셋째, 그리스도의 가난을 실천하는 선교회

　그러던 어느 날, '외방선교협조회' 소속의 한 신부가 신학생들
에게 자신들의 선교회에 대해 소개하는 강연을 했다. 가난한 제3
국의 주교 밑에서 사목할 교구사제를 양성하는 선교회였다.
　SAM으로 알려진 외방선교협조회는 벨기에 루뱅에 본부를 두
고 있었는데, 근대 중국의 사도로 유명한 뱅상 레브 신부(Vincent
Lebbe, 1877~1940)가 창설한 선교회였다.

뱅상 레브 신부는 1926년 SAM을 창설한 뒤, 1927년 중국 선교를 떠나면서 벨기에 왈룬 지역 출신인 안드레아 볼랑 신부로 하여금 원장직을 맡아 SAM을 이끌도록 했다. 뱅상 레브 신부의 사상에 기초한 SAM은 선교 사제를 양성해 아프리카와 아시아에서 그 나라의 주교 밑에서 교구사제로 일하게 하는 것이 주목적이었다.

강연을 듣고 난 뒤 알은 뱅상 레브 신부의 전기를 구해 읽었는데, 무척 큰 감명을 받았다. 레브 신부는 여러 면에서 아씨시의 성 프란치스코처럼 가난의 신비를 체험한 선교사였다. 레브 신부는 그를 따르는 사람들에게 늘 이렇게 당부했다.

"선교사는 마땅히 가난하게 살도록 끊임없이 노력해야 합니다."

얼마뒤 알은 SAM에 입회 신청서를 냈고, 서류 심사와 오랜 기다림 끝에 마침내 입회 허락을 받았다. 다행히 자신들의 회를 떠나는 신학생들에게 관대했던 메리놀회는 SAM 총장 신부 앞으로 알에 대해 호의적인 추천서를 보내 주었다.

"(중략)그는 조용하고 열심히 하는 학생이다. 무척 진지하고 열성적이며, 아마도 지나칠 정도로 진지하지 않나 싶다. 신학교의 모든 교내 활동에 적극적이었다. 총명함은 아마도 평균 이상이다. 대학 4년의 과정을 졸업하고 문학사 학위를 받을 때, 42명 중 3등을 했다.(중략)"

- 『여전히 살아계신 우리 신부님』 중에서

하지만 메리놀회 친구들은 알이 생각을 잘못하고 있다고 조언했다. 특히 가족들은 그의 결정을 강하게 반대하며 다시 생각해볼 것을 요구했다. 하지만 알은 자신 있었고 오히려 가족들을 설득했다.

그렇게 해서 알은 거칠고 푸른 하늘 저편으로 뛰어들었다. 물론 그곳은 푸른 하늘이 아니었다. 북유럽에 속하는 벨기에의 루뱅 하늘은 언제나 잿빛과 납빛이었다.

알이 유럽행 배에 오르던 그날, 아버지 루이스와 형 루, 그리고 누나 메리가 부두까지 함께 갔다. 가족들은 그날 이후 4년 동안 알을 보지 못할 것이라고는 전혀 생각하지 못했다.

하지만 사실을 들여다보면 알이 방학을 이용해 가족들을 만나러 미국으로 오거나, 가족들이 그를 보기 위해 루뱅을 방문하는 것은 가난한 그들의 살림으로는 절대 불가능했다. 실제로 벨기에까지 가는 알의 여객선 운임도 마련해주지 못할 정도로 그들의 형편은 넉넉하지 않았다.

알은 누나 메리가 자신이 사제가 되면 성작을 선물하려고 모아놓은 돈이 있다는 사실을 알고는 그 돈으로 여객선 운임을 충당하게 해 달라고 요청했다. 메리는 망설였지만 알은 자신이 벨기에로 가지 않으면 사제가 될 일이 없을 것이고, 그러면 성작을 살 이유도 없을 것이라고 했다. 그 말을 듣고 알의 결심이 굳건함을 알게 된 메리는 선뜻 그 돈을 내어 주었고, 알은 배편을 마련할 수 있었다.

1952년, 배를 타고 유럽으로 떠나기 바로 전날, 나는 패니 수녀 고모에게 편지 한 통을 받았다. 그 편지에서 패니 고모는 내가 일생에서 가장 큰 실수를 저질렀다고 지적했다. 가족들도 여전히 나의 결정을 강하게 비판하며 거칠고 푸른 바다로 뛰어드는 나의 결심을 바꾸어 보려고 노력했다. 하지만 나는 꿈 많은 스물세 살 젊은이로 이미 단호한 결심을 하고 난 뒤였다.

- 『가장 가난한 아이들의 신부님』 중에서

행복했던 루뱅 신학교 생활
—

1주일 뒤 알은 루뱅에 도착했다. 그리고 신학부 1학년에 들어갔다. 수업은 4개월이나 뒤처져 있었고, 모든 강의는 불어와 라틴어로 진행되었다. 불어는 조금밖에 몰랐고 라틴어는 불어보다 더 못했다. 그러나 알은 수업을 따라잡기로 단단히 결심했다. 마치 내일이란 존재하지 않는 듯 공부했다. 그 결과 첫해 수업을 성공적으로 마쳤다. 그러나 너무 무리한 덧인지 소화 기능을 엉망으로 만드는 데도 성공했다.

공부에 대한 중압감 때문인지, 아니면 기후나 음식 때문인지, 그것도 아니면 그 모든 것이 한데 어우러진 것 때문인지 루뱅에서 생활하는 동안 알은 줄곧 건강이 좋지 않았다. 그때 얻은 위장병은 건강했던 그를 평생 괴롭혔다.

실제로 알이 미국에서 보낸 어린 시절과 성 찰스 소신학교와 메리놀회 신학교 시절, 그는 누구보다 건강했다. 만능 스포츠맨이었던 알은 그때까지 크게 아팠던 적이 없다. 그랬던 그가 루뱅신학교를 거치는 동안 건강이 너무 좋지 않게 되었고, 훗날 한국에 온 뒤로는 늘 건강을 염려해야 할 정도가 되었다.

신학교는 루뱅 교외의 옛 성 안에 있었는데, 난방이 형편없었다. 잠자리에 들기 전이면 밖에 나가 15분쯤 달리기를 해야 했다. 그렇게 해서 몸에 열이 나게 한 다음, 두꺼운 내복에 양말을 신었다. 그리고 방 안에 있는 석탄 스토브 위에서 뜨겁게 달군 벽돌을 수건으로 감싸 침낭 속에 집어넣은 다음 지퍼를 올리고, 머리에는 두건을 쓴 채 따뜻한 잠자리가 되도록 기도를 하고 잠을 잤다.

춥고, 습하고, 비정하리만큼 쌀쌀한 북유럽에서 태어나 자란 다른 신학생들은 그런 날씨에 아랑곳하지 않고 씩씩하게 잘 생활했다. 하지만 알은 그런 날씨가 소화 데레사 성녀를 겨우 스물넷의 나이에 죽음에 이르게 하는 데 충분한 이유가 될 수 있을 것 같다는 생각이 들 정도로 견디기 힘들었다.

날씨뿐만 아니라 음식을 먹는 데도 고통이 따랐다. 돼지비계로 만든 형편없는 버터와 무 시럽을 빵에 발라 먹고, 커피 대용으로 맥아차를 마셨다.

힘든 생활의 연속이었지만 알은 누구보다 루뱅신학교를 사랑했다. 그것은 그가 그토록 바랐던 가난한 삶을 마음껏 누릴 수 있었기 때문이다. 몸은 힘들었지만 마음만큼은 그 어느 때보다 행복하고 평화로웠던 것이다. 수업도 그의 마음에 쏙 들었다. 신학은 대단히 진보적이었고, 세계적으로 유명한 신학 교수들의 강의도 들을 수 있었다.

유럽에서 보낸 방학도 그에게 있어서는 신학교 생활 못지않은 좋은 공부 시간이었다. 방학이 되었지만 미국에 갈 여비가 없었던 그는 대신 무전여행을 했다.

한 번은 루뱅에서 북아프리카의 마라케시까지 여행했는데, 마라케시에서 80킬로미터 떨어진 사막 마을에 있는 프란치스코 수사들의 무료 진료소에서 4주 동안 봉사 활동을 하기도 했다. 그리고 길에서 엄지손가락을 치켜세워 지나는 차를 얻어 타는 방법으로 루뱅으로 돌아왔다.

또 다른 여름방학 때는 루뱅을 떠나 이탈리아의 시칠리 섬, 오스트리아, 스위스 그리고 독일을 거쳐 루뱅으로 돌아오는 여행을 하기도 했다. 차는 얻어 탔고, 잠은 성당이나 수도원 또는 시골집 헛간 같은 곳에서 잤다.

1953년 8월 13일 금요일.

트럭을 얻어 타고 살레르노(이탈리아 남부 해안 도시)까지 갔다. 트럭에는 시칠리아까지 가는 노르웨이 여행자가 타고 있었는데 영어를 아주 잘했다. 그 트럭은 동쪽으로 간다고 했다. 방향이 같지 않아 살레르노에서 내려 다시 남쪽으로 내려가는 차를 찾았다. 뜨거운 태양 아래서 1시간을 기다렸지만 적당한 차가 지나가지 않았다. 그러다가 노래하며 운전하는 트럭 운전사의 차를 얻어 탈 수 있었다.

눈에 보이는 모든 하천이 말라 있었다. 뜨거운 태양 광선이 땅을 태워 버리기라도 할 것처럼 쏟아지고 있었다. 4개월 동안 비가 한 방울도 내리지 않았다고 한다. 눈부신 하늘에는 구름 한 점 없었다. 시골 사람들은 말할 수 없이 가난했다. 모두 맨발에 누더기 옷을 걸치고 있었다.

인적이 드문 산간 마을에 나를 내려주고 트럭은 자기 갈 길을 갔다. 얼마 안 있어 가난한 시골 사람들이 나를 에워쌌다. 그러고는 신발과 셔츠를 달라고 했다. 그들은 내 가방을 탐욕스럽게 쳐다보기도 했다. 그들을 돕고 싶었지만 내게는 가진 것이 아무것도 없었다.

사람들을 피해 산속으로 들어갔다. 빵과 치즈와 복숭아 하나로 저녁

을 해결하고 침낭 속에 들어가 구름 한 점 없는 밤하늘을 보면서 잠을
잤다.

- 『소 알로이시오 신부의 기도』 중에서

한 번은 프랑스 남부의 외딴 산골 성당에서 본당신부와 함께
여름방학을 보내기도 했다. 본당신부와 꿀벌 통을 돌보고, 감자도
캐고, 호두나무에서 호두를 따기도 했다. 또 목동과 함께 밤을 지
새운 일도 있었다. 그리고 두 번의 겨울방학 동안에는 파리 교외
에 있는 한 복지시설에서 가난한 사람들의 성자로 유명한 피에르
신부와 한 무리의 넝마주이와 함께 생활하기도 했다.

그렇다면 그는 과연 루뱅에서 찾고자 했던 것을 찾을 수 있었
을까? 그렇다고 말할 수도 있고 아니라고 할 수도 있다. 다만 분
명한 것은 가난하게 살았다는 사실이다.

루뱅신학교 생활은 더할 나위 없이 가난했는데, 그 가난은 청
빈 사상이나 가난의 신비에 충실하기 위한 교육적인 가난이 아니
라 의기소침할 정도로 힘들고 괴로운 실제적인 가난이었다. 그만
큼 SAM은 돈이 없었다. 그렇지만 가난한 신학교 생활은 그를 옳
은 방향으로 이끌어 주는 첫 걸음이 되었다.

알은 그 변화에 더없이 만족했다. 그러므로 5년 동안의 루뱅 생
활은 그에게 있어 정말 값진 생활이었다. 그 생활은 훗날 알이 선

교 사도직을 수행하는 데 있어 훌륭한 경험과 준비 기간으로서 모자람이 없었다.

선교지로 택한 한국, 생각지 못한 난항
—

신학교 마지막 해에 알은 SAM의 총장으로부터 사목지로 태국과 한국 가운데 하나를 고르라는 제의를 받았다. 알은 루뱅신학교에서 한국인 신부와 여러 명의 평신도들을 만났다.

당시 루뱅대학에는 9명의 한국인이 유학하고 있었다. 알은 그들 중 훗날 2대 마산 교구장이 된 장병화 신부와, 국회의장을 역임했던 공화당의 이효상(이문희 대주교의 아버지), 이기영(불교 철학자), 김수정(불문학자) 같은 사람들과 친하게 지내면서 한국의 비참한 상황에 대해 이야기를 많이 들었다. 그러다 보니 한국으로 마음이 많이 기울어져 있는 상태였다.

한국은 자신이 찾고 있던 가난한 나라였다. 전쟁의 후유증으로 수많은 전쟁고아들이 길거리에 방치되어 있다는 사실을 알고 알은 자신이 해야 할 일이 많다는 것을 직감했다. 총장 신부는 그의 약한 건강을 고려해 더 부드러운 기후를 가진 태국이 좋을 것 같다고 말했지만 알은 한국을 선택했다. 그리고 1957년, 마침내 알은 선교지의 주교 밑에서 사목할 교구사제를 양성하는 벨기에 루뱅대학의 뱅상 레브 센터에서 외방선교협조회(이하 SAM) 소속으로 공부를 마쳤다.

대학 공부를 우등으로 마친 알은 신학교 마지막 해에 SAM 총장으로부터 선임 신학생 지명을 받았다. 선임 신학생의 역할 가운데 하나는 신학생들의 의견을 총장 신부에게 전달하는 것이었다.

그때 알은 SAM에 국제적인 감각이 결여되어 있다고 솔직하게 말했다. 그 이유로 집행부의 모든 간부들이 벨기에 출신들로 채워져 있다는 사실을 지적했다. 그것은 신학생 양성 과정이 국제적이고 보편적이 아님을 뜻하는 것이고, 뱅상 레브 신부의 정신에도 어긋나는 것이라고 말했다.

알의 지적을 받은 총장 신부는 몹시 못마땅하게 생각했고, 알과 총장 신부 사이에 긴장감이 조성되고 말았다. 알은 그 해 6월 배를 타고 미국으로 돌아갔는데, 미국으로 가는 배 안에서 다시 한 번 자신의 주장을 되풀이하는 편지를 총장 신부에게 보냈다. 총장 신부는 분노한 나머지 알이 미국에서 사제 서품을 받는 데 필요한 서류를 보내지 않겠다며 감정적으로 나왔다.

총장 신부의 편지를 받은 알은 이 문제를 해결하기 위해 곧바로 벨기에로 되돌아갔다. 그 사이 SAM 출신의 스테파노 무라카베 신부와 알의 아버지 루이스는 알의 사제 서품과 관련해 워싱턴 대교구의 패트릭 오보일 대주교를 만나러 갔다. 하지만 대주교는 서품에 필요한 서류가 한 가지라도 빠지면 결코 서품을 줄 수 없다고 분명히 말했다.

벨기에로 돌아간 알은 리에지 교구의 루이 요셉 커크 호프 주교를 만났다. 호프 주교는 SAM 회원은 아니었지만 교구 관할 아래 있는 SAM에 관여할 권한을 가지고 있었다. 알은 자신은 우등생으로 학업을 모두 마쳤고, 하루 빨리 사제 서품을 받고 선교지로 가고 싶다고 말했다.

알은 신학생으로 생활하는 동안 한 번도 개인적인 잘못으로 징계를 받은 적이 없었다. 게다가 총장 신부는 알의 의견을 못마땅하게 생각하면서도 알을 불러 그의 생각을 들어보려는 시도조차 하지 않았다.

결국 모든 학교 기록을 검토한 호프 주교는 알이 SAM을 떠나도 좋다는 결정을 내렸다. 호프 주교는 알의 사제 서품에 필요한 모든 서류에 서명했고, 알은 사제 서품을 받기 위해 다시 워싱턴으로 돌아갔다.

알, 사제 서품을 받다
—

알은 사제 서품을 받기 위해 워싱턴으로 가기 전, 개인적으로 아주 의미 있는 일을 하게 된다. 그는 시간을 내어 리에지 교구에 있는 바뇌의 가난한 이들의 동정녀 성지를 찾아갔다. 그리고 자신의 사제직을 가난한 이들의 동정녀에게 겸손하게, 그리고 엄숙하게 봉헌했다. 이 봉헌은 알이 할 수 있는 가장 의미 깊은 감사의 표시였다. 왜냐하면 가난한 이들의 동정녀 바뇌의 성모는 그 이후 알이 상상할 수 없는 방법으로 그를 축복해 주었기 때문이다.

이로써 알은 자신의 사제직이 가난한 이들의 동정녀 바뇌의 성모에게 속한다고 믿었다. 이것은 평생에 걸쳐 그의 마음속에 새겨진 기둥과 같은 것으로, 그를 지탱하는 힘이 되었고, 길을 잃지 않게 하는 나침반 역할을 했다.

서품에 필요한 모든 서류가 빠짐없이 워싱턴에 도착했다. 알은 성 찰스 소신학교에 들어간 지 14년 만인 1957년 6월 29일, 슈월스 가족의 본당인 워싱턴 교구 성 마틴 성당에서 잔 맥나마라 보좌주교로부터 사제 서품을 받았다. 알의 사제 서품이 꿈이 아니라 현실이 된 것을 본 그의 가족들은 무척 감격했으며, 서품식은 가장 즐겁고 뜻깊은 집안의 경사였다.

서품식에는 알의 가족들과 친구들이 많이 참석했다. 가족 중에는 수도자와 성직자들도 많았는데 패니 수녀(고모), 메리 수녀(누이), 세실리아 수녀(누이), 밀드레드 수녀(사촌), 프랭크 슈월스 신부(사촌)가 있었다. 여기에 알의 미국 신학교 동창 신부들을 비롯해

SAM 출신 신부들도 많이 참석했다. 특히 SAM의 미국인 친구 레이몬드 드 제거 신부는 시품 뒤에도 알의 일을 계속 도와주었다.

　서품식이 끝나자 알로이시오 신부는 자신을 받아 줄 한국의 교구를 찾기 시작했다. 처음 그는 전주 교구를 알아보았다. 당시 전주 교구는 사제 수가 부족해 SAM에 여러 명의 사제를 요청해 놓고 교섭을 벌이는 중이었다. 그 사실을 안 알로이시오 신부는 전주 교구로 가고자 했고, 전주 교구는 대환영이었다.

　그런데 알로이시오 신부와 개인적으로 나쁜 감정이 있던 SAM 총장 신부가 이 사실을 알고는 전주 교구에 압력을 넣었다. 만약 알로이시오 신부를 받아 준다면 SAM 소속 신부를 한 명도 보내 주지 않겠다고 한 것이다. 대신 알로이시오 신부를 받아 주지 않으면 다섯 명의 신부를 따로 보내 주겠다고 했다.

　전주 교구에서는 알로시오 신부 한 사람 때문에 여러 명의 신부를 못 받게 되는 것이 손해라 생각해 알로이시오 신부에게 취소 통보를 보냈다. 그 때문에 알로이시오 신부는 한국에 갈 길이 막히고 말았다.

　하지만 뜻이 있으면 길이 있는 법이다. 마침 그때 부산 교구가 새로 설립되고 부산 교구장으로 최재선 주교가 부임했다. 그리고 때마침 최재선 주교의 신학교 동창이자 알로이시오 신부와 루뱅 신학교에서 같이 공부했던 장병화 신부(2대 마산 교구장)가 부산 주교좌 성당 주임신부로 발령을 받았다. 장병화 신부는 최재선 주교에게 알로이시오 신부를 소개했다.

일은 순조롭게 진행되었다. 알로이시오 신부는 SAM 출신의 무라카베 신부의 도움을 받아 벨기에 커크 호프 주교가 최재선 주교에게 알로이시오 신부를 부산 교구가 받아 주기를 요청하는 편지를 보내게 했다. 그 편지를 받은 최재선 주교는 커크 호프 주교의 추천을 근거로 알로이시오 신부의 부산 교구 입적을 허락했다.

그리하여 1957년 12월 8일, 마침내 알로이시오 신부는 부산으로 오게 되었다. 열네 살 때부터 마음에 담고 있던 가난한 나라를 위한 선교 사제의 꿈이 이루어진 것이다.

04

세계에서 가장 가난한 나라
한국

Rev. Aloysius Schwartz

1957년 12월 8일, 알로이시오 신부는
여의도 공항에 도착했다. 환기가 잘 되지 않는 기내를 벗어나 밖
으로 나오자 공기가 맑고 신선했다. 알로이시오 신부는 사람들을
따라 나무로 된 임시 청사로 들어갔다. 대충 적은 신고서로 입국
수속은 간단히 끝났고, 출구쪽 카운터에 놓인 그의 군용 가방을
집어 메고 청사 밖으로 나왔다. 세관원의 짐 검사가 없었기 때문
에 입국 수속은 5분도 걸리지 않았다.

　　공항 밖에는 택시로 사용하는 대여섯 대의 미제 고물 시보레
승용차가 서 있었다. 버스는 전혀 보이지 않았다. 한 운전사에게
말을 걸어 보았지만 영어를 알아듣지 못했다. 세 번째 운전사가
영어를 알아들어 알로이시오 신부는 시내로 가자고 했다.

포장이 안 된 길은 온통 구덩이투성이였다. 운전사는 차를 마치 고집 센 짐승처럼 거칠게 다루었다. 빠른 속도로 달리는 자동차 꽁무니에서는 짙은 흙먼지 구름이 뒤따랐다.

알로이시오 신부는 운전사에게 은행에서 돈을 바꿔 줄 수 있는지 물어보았다. 잠시 뒤 운전사는 은행이 아닌 어떤 골목 입구에 차를 세우더니 그가 준 20달러 시폐를 갖고 어디론가 사라졌다. 알로이시오 신부가 어리둥절해 하는 사이 다시 나타난 운전사는 지저분한 지폐 한 뭉치를 신문지에 싸서 가져왔다. 1만8천 환이었다. 공정 환율 5백 대 1로 바꾼 것보다 8천 환이 더 많았다. 한국에 도착한 지 겨우 1시간 만에 뜻한 것은 아니지만 암시장의 관행을 배우게 된 셈이었다.

잠시 뒤 택시는 서울역에 도착했다. 운전사가 요구한 택시비 5천 환을 세는 동안 운전사는 즐거운 표정으로 알로이시오 신부를 쳐다보고 있었다. 알로이시오 신부는 운전사에게 부탁할 것이 하나 더 있었다. 가까운 시간에 부산으로 떠나는 기차표가 필요했다. 그가 운전수에게 1등 칸이 아니고 가장 싼 것이라 말하자 운전수는 3등 칸 말이냐고 되물었다. 알로이시오 신부는 그게 가장 싼 것이라면 좋다고 했다. 그러자 운전사가 이렇게 말했다.

"신부님은 한국 기차의 3등 칸이 어떤 것인지 잘 모릅니다. 난방도 안 되고 지저분하고 냄새가 나서 도무지 견디지 못할 것입니다."

운전사는 결코 그런 표를 사줄 수 없다고 했다.

"정 그렇다면 2등 칸을 사 주십시오. 그리고 사람들이 나를 부산역에서 만날 수 있도록 이 주소로 전보도 쳐 주십시오."

잠시 뒤, 운전사는 기차표와 전보 영수증을 갖고 돌아왔다. 그리고 그가 타고 갈 기차가 저녁 6시에 떠난다는 정보도 갖고 왔다. 시계를 보니 12시 5분 전이었다.

운전사는 심부름에 대한 수고비를 받기 위해 계속 그의 주위를 서성거렸다. 그러나 알로이시오 신부는 수고비를 줄 생각이 전혀 없었다. 공항에서 역까지 오는 데 바가지요금을 받았고, 돈을 바꾸면서 이미 수고비를 챙겼으며, 기차표를 사고 전보를 보내면서도 웃돈을 챙겼기 때문이었다. 알로이시오 신부는 군용 가방을 역 수화물 보관소에 맡길 수 있는지 운전사에게 물어보았다.

"물론 맡길 수 있겠지요. 다시 찾지 않으려면 말이죠."

"그럼, 가방을 어떻게 하는 것이 좋겠습니까?"

"신부님, 제 택시 트렁크에 싣고 다니다가 기차가 떠나기 전 역에서 만나 건네 드리면 어떨까요?"

알로이시오 신부는 말없이 운전사의 얼굴을 쳐다보았다.

"신부님은 나를 못 믿는군요?"

"아니요, 믿습니다. 그렇지만 내가 가지고 다니는 게 더 낫겠습니다. 날씨가 추워 가방을 메고 다니다 보면 몸에서 열이 나 덜 추울 것 같습니다."

춥고 배고픈 도시, 서울

─

알로이시오 신부의 눈에 비친 서울의 모습은 세상의 종말을 보는 것 같았다. 4년 전 한국전쟁은 불확실한 휴전 상태로 끝이 났고 한국은 여전히 전쟁의 참화로부터 회복하지 못하고 있었다. 전쟁 때문에 2백만 명 이상이 목숨을 잃었고, 수십만 명의 가정이 집을 잃었다. 그리고 수만 명의 아이들이 고아가 되었다.

알로이시오 신부는 운전사와 악수를 한 뒤 역을 빠져 나와 서울 구경에 나섰다. 당시 서울의 인구는 3백만 명이었는데, 백화점과 사무실 빌딩, 호텔, 다방들이 즐비한 도심지는 그런 대로 보기가 좋았다. 그러나 큰길을 벗어나 작은 길로 들어서면 갑자기 분위기가 음침해지면서 냉혹하게 바뀌었다. 발길 닿는 곳은 어디나 쓰레기투성이였고, 그 옆으로 사람이 산다고 믿기지 않을 정도로 형편없는 오두막과 판잣집들이 즐비했다.

겨울 날씨는 사람들의 삶을 더욱 비참하게 만들었다. 만주 벌판에서 불어오는 살을 에는 듯한 겨울바람은 실제 온도보다 10도가량 더 춥게 느껴졌다.

구두닦이 소년들이 어깨에 구두 통을 둘러메고 어떤 건물 앞에서 추위에 떨며 서 있는 것이 알로이시오 신부의 눈에 들어왔다.

그들이 입은 것이라고는 얇고, 누더기를 댄 해진 검정 무명옷이 전부였다. 모두 고무신을 신고 있었고, 어떤 아이는 양말은 신었지만 어떤 아이는 맨발이었고, 어떤 아이는 양말 한 짝만 신었고, 또 다른 아이는 짝이 맞지 않는 양말을 신고 있었다.

한 은행 건물 계단에는 두 아이가 고무신 한 켤레를 가운데 두고 한 아이는 오른발에 다른 아이는 왼발에 한 짝씩 신고 있는 것이 보였다. 두 아이는 햇볕을 쬐면서 몸을 따뜻하게 하고 있는 중이었다.

골목에 있는 도랑에는 정화되지 않은 하수가 시커멓게 고여 있었고, 쥐 한 마리가 부풀은 몸통을 끌고 도랑을 따라가다가 텀벙 소리를 내며 물속으로 사라졌다. 골목 양쪽에 늘어선 집들은 거의 다 나무와 콜타르 종이와 천막 조각과 마분지와 깡통으로 만든 단칸 판잣집들이었다.

알로이시오 신부는 강인지 운하인지 알 수 없는 큰 개천 위에 놓인 다리까지 갔다(덮이기 전의 청계천을 말한다). 얼음이 얇게 언 시커먼 시궁창 물이 담긴 웅덩이가 여기저기 보였다. 개천 양쪽 둑에는 판잣집들이 줄지어 서 있었다.

다시 1백 미터쯤 내려가다가 또 다른 다리를 건너 동네 가운데로 들어섰다. 나무로 된 가건물 앞에 사람들이 길게 줄을 서 있는 것이 보였다. 건물 뒷마당에는 몇 개의 천막이 쳐져 있었고, 그 앞에서 저마다 여러 가지 모양의 그릇과 깡통을 든 사람들이 서 있

었다. 나무로 된 가건물에는 'NCWC FEEDING STATION(미국
천주교 구제회 무료급식소)'라고 쓴 간판이 걸려 있었다. 조금 열린 문
틈으로 연기와 김이 흘러나오고 있었다.

알로이시오 신부는 다시 큰길로 나왔다. 양쪽 인도는 사람으로
빈틈이 없었고, 지나는 택시마다 경적을 울려 거리는 온통 소음
으로 가득했다. 포대기로 어린 여자 아이를 업은 한 남자 아이가
알로이시오 신부를 향해 걸어왔다. 여자 아이의 머리카락은 엉켜
붙어 있었고, 아기를 업은 소년의 옷은 더 이상 해질 곳이 없을
정도로 남루했다.

알로이시오 신부의 눈길을 끈 것은 그 소년의 얼굴 표정이었
다. 이 세상의 모든 슬픔과 불행을 아무 불만 없이, 아무 저항 없
이 받아들이는 듯한 표정이었다. 소년은 걷기를 멈추고 잠시 머
뭇거리더니 갑자기 바삐 지나가는 행인들의 다리 사이에 옆으로
드러누웠다. 그곳은 차가운 길바닥이었다. 아기는 여전히 그의 등
에 업혀 있었다.

어떤 사람이 몸을 숙여 10환짜리 지폐를 놓고 갔다. 소년은 마치 상
처 입은 동물처럼 길바닥을 아무 반응 없이 쳐다보고 있었다. 지폐를
받아 쥘 동작도 하지 않았다.

어떤 사람이 등에 업힌 아기의 손에 지폐를 쥐여 주었다. 돈을 쥔 아

기는 장난질을 하다가 길바닥에 던져 버렸다. 잠시 뒤 한 나이 든 부인이 허리를 굽혀 소년의 팔을 붙들어 일으켜 세웠다. 찬 땅바닥에 누워 있는 것을 점잖게 나무라는 것 같았다. 소년은 말없이 일어서더니 아기와 자신을 짓누르는 고통의 무게 때문에 몸을 앞으로 숙인 채 사람들 속으로 사라졌다. 소년이 누웠던 자리에는 지폐 한 장이 바람에 펄럭거리며 그대로 놓여 있었다.

-『가장 가난한 아이들의 신부님』 중에서

한참 걷다 보니 알로이시오 신부는 배가 고팠다. 먹은 것이라고는 8시간 전 비행기 안에서 먹은 커피와 스크램블 한 계란이 전부였다. 주위를 살펴보니 골목 한 모퉁이에 구멍가게가 있었다. 그는 1백 환을 내고 초콜릿 과자를 샀다. 포장을 벗기고 한 입 깨물었다. 곰팡이 냄새가 나고 지독히 썼다. 입에 든 것을 그대로 내뱉고 나머지도 길에 버렸다. 멀리서 그의 행동을 보고 있던 한 소녀가 달려와 과자를 집어 한입에 다 먹어 버렸다. 그 모습을 본 알로이시오 신부는 얼굴이 화끈거렸다.

몇 발짝을 가니 어떤 허름한 식당이 나타났다. 안으로 들어가자 낡은 나무 식탁과 삐걱거리는 긴 의자가 놓여 있었다. 안은 그렇게 넓지도 않고 깨끗하지도 않았다. 그러나 바깥 추위를 피해 식당 안에 앉아 있으니 따뜻한 실내 공기가 한결 좋았다. 식탁은 여섯 개 정도 놓여 있었고, 두 개에는 손님들이 앉아 있었다.

알로이시오 신부가 의자에 앉자마자, 입심 좋게 이야기하던 사람들이 갑자기 조용해졌다. 사람들은 밥알이 묻은 젓가락을 천천히 입으로 가지고 가면서 몰래 살피는 듯한 눈길로 그를 쳐다보았다.

한 소녀가 알로이시오 신부가 앉은 식탁으로 왔다. 주문을 받으러 온 것이 틀림없었다. 그는 영어로 말했다. 소녀가 알아들을 리 없었다. 하지만 급히 사라지더니 김이 무럭무럭 나는 만두 한 접시와 뜨거운 보리차와 젓가락을 갖고 왔다. 알로이시오 신부가 "고맙습니다."라고 한국말로 말하자 소녀는 입을 손으로 가리고 깔깔 웃었다. 다른 사람들도 재미있다는 듯 웃었다.

그가 어떻게 젓가락을 이용해 만두를 입에 넣나 보고 싶어 하는 사람들이 알로이시오 신부를 빤히 쳐다보고 있었다. 그는 젓가락으로 만두를 찍다시피 해서 입에 밀어 넣었다. 제대로 된 젓가락질은 아니었지만 그래도 만두를 입에 넣는 데는 성공했다. 만두를 먹고 나자 따뜻한 기운이 몸속에 퍼지는 것을 느낄 수 있었다.

낯선 말소리와 낯선 분위기를 한껏 즐기면서 알로이시오 신부는 1시간 정도 식당 안에 앉아 있었다. 돈을 내고 식당을 나가기 앞서 그는 한 손으로 문을 잡고는 뒤돌아서서 큰소리로 서툰 한국말을 했다.

"안녕히 계십시오. 감사합니다."

이 말로 그가 알고 있던 한국말의 재고는 바닥이 났다. 그러나 이 한마디는 식당 안에 있던 사람들에게 더없는 즐거움을 주었고, 그들도 답례의 뜻으로 알로이시오 신부를 향해 웃으면서 인사했다.

어느새 바깥은 어두워져 있었다. 한국의 밤하늘에는 밝은 은빛 별들이 빛나고 있었다. 하늘을 쳐다보자 알로이시오 신부는 몇년 전 벨기에 루뱅에서 함께 공부했던 장병화 신부가 생각났다. 어느 늦은 저녁, 장병화 신부와 알로이시오 신부는 잿빛 하늘로 뒤덮인 루뱅 시의 안개 낀 거리를 걷고 있었다. 그때 장병화 신부는 한국의 밤하늘에 대해 이야기했다.

"우리나라의 밤하늘은 절대로 암흑색이 아닙니다. 푸른색이 바뀌고 바뀌어 남빛이 되고, 그 다음에는 별이 나타나 반짝입니다."

정말로 알로이시오 신부는 그렇게 아름다운 밤하늘을 본 적이 없었다. 장병화 신부가 아름다운 한국의 밤하늘을 이야기할 때 그의 두 눈에 눈물이 고이던 것이 기억났다. 맞았다. 한국의 밤하늘은 이토록 아름답고 자비로웠다. 그렇지만 그 아름다움 속에는 지독한 가난도 숨어 있었다.

30분 뒤면 기차가 떠날 시각이었다. 알로이시오 신부는 서둘러

역으로 갔다. 기차에 올라탄 지 5분도 되지 않아 기차가 움직이기 시삭했다. 기차는 서울역을 벗어나 대전, 대구, 부산을 향해 딜리기 시작했다. 내뿜는 증기량이 많아지면서 기차는 더 빨리 달리기 시작했다.

알로이시오 신부는 고개를 돌려 옆 사람의 얼굴을 살펴보았다. 피부가 거칠고 주름진 얼굴에서 오랜 세월 동안 고난을 이겨낸 강한 의지력을 읽을 수 있었다. 넓은 이마와 높은 광대뼈에 엷은 갈색피부를 가진 둥근 얼굴의 미남이었다. 그리고 불평이라고는 전혀 모를 순박한 모습이었다. 하지만 검은 두 눈동자는 고요한 한국의 밤하늘처럼 슬프고 우울해 보였다.

깜박 잠이 들었던 알로이시오 신부는 기차가 힘찬 증기 소리를 내며 크게 흔들리는 바람에 잠이 깼다. 주머니에서 시계를 꺼내보니 새벽 3시 30분이었다. 대구역인가 보았다.

그때였다. '끼익' 하는 마찰음을 내는 열차 바퀴가 완전히 멈추기도 전에 문이 활짝 열리면서 한 무리의 아이들이 쏟아져 들어왔다. 여섯에서 열두 살쯤 되어 보이는 열 명 정도의 사내아이들이었다. 마치 우리에 가두어 놓았던 쥐를 갑자기 열차 안에 풀어 놓은 것 같았다.

아이들은 순식간에 복도를 따라 내달리더니 의자 밑으로, 승객들의 다리 사이로 들어가 빈 음료수 병과 빵 조각 그리고 담배꽁초를 찾아 집었다. 빵 조각은 입 안에 곧바로 쑤셔 넣었고, 병을 입에 대고 남은 몇 방울의 음료수도 냉큼 마셨다. 담배꽁초는 허리춤에 차고 있는 주머니에 넣고, 빈 병은 질질 끌고 다니는 마대 속에 집어넣었다.

그들의 동작은 믿을 수 없을 정도로 빨랐다. 그 바쁜 중에도 차장이란 이름의 위험 인물이 다가오는지 어깨 너머 문 쪽으로 연신 고개를 돌려 살피고 있었다. 아이들은 모두 얼굴에 땟국물이 줄줄 흐르고, 누더기 옷을 입고 있었다. 그리고 두 눈은 사나우면서도 겁에 질려 있었고, 쫓기는 동물 같은 표정을 짓고 있는 얼굴은 물고 물리는 그들의 냉혹한 삶을 잘 나타내고 있었다.

그때 차장이 문 입구에 나타났다. 아이들은 질겁하며 그들의 전리품을 챙겨 들고 밖으로 달아났다. 아이들이 보인 행동의 시작과 끝이 정말 눈 깜짝할 사이에 일어나다 보니 실제로 일어난 것이 아니라 꿈속의 한 장면 같았다.

- 『가장 가난한 아이들의 신부님』 중에서

기차가 다시 움직이기 시작했다. 알로이시오 신부는 창문에 얼굴을 대고 어둠 속 바깥세상을 살펴보았다. 높고 낮은 민둥산 모습이 남빛 밤하늘과 대조되어 선명하게 보였다. 일어서서 화장실로 갔다. 찬물로 얼굴을 씻고 머리를 빗질하고 옷에 묻은 검댕과 먼지를 털었다.

선교지, 부산에 도착하다

—

새벽 5시, 기차가 크게 흔들리면서 부산역 플랫폼에 멈췄다. 플랫폼에 내려서자 알로이시오 신부는 두려움과 기대감으로 심장이 뛰는 것을 느낄 수 있었다.

알로이시오 신부는 주위를 두리번거렸다. 장병화 신부가 그를 보고 뛰어오고 있었다. 벨기에 루뱅역에서 작별 인사를 한 지 꼭 3년 만이었다. 당시 장병화 신부는 부산 교구 중앙성당의 주임신부였다. 그는 두 손으로 알로이시오 신부를 다정하게 붙들고 프랑스어로 반갑게 인사했다.

장병화 신부를 따라 온 백여 명의 신자들이 두 사람을 에워쌌다. 잠시 뒤 주위가 조용해지고 한 어린 소녀가 커다란 꽃다발을 알로이시오 신부에게 안겨 주었다. 사람들이 밝게 웃으면서 박수를 쳤다.

장병화 신부와 알로이시오 신부를 태운 지프는 인기척이라고는 전혀 없는 어두운 새벽길을 달려 겨우 몇 분 만에 주교관이 있는 용두산공원 입구의 중앙성당에 닿았다. 장병화 신부는 곧바로 알로이시오 신부가 아침 미사를 할 수 있도록 제의실로 안내했다. 그 미사는 14년 동안의 준비 끝에 마침내 그가 목표한 마지막 목적지에 도착한 것에 대한 감사 미사였다.

미사가 끝나자 장병화 신부는 성당 앞 좁은 마당을 지나 3층으로 된 작은 건물로 알로이시오 신부를 안내했다. 그 건물의 1층은 강당이었고, 2층은 교구 사무처와 객실, 3층은 주교 생활관이었다. 두 사람은 3층으로 올라가 주교관 거실 문을 두드려 인기척을 하고는 안으로 들어갔다.

최재선 주교가 주교 전용 성당에서 나오고 있었다. 알로이시오 신부가 무릎을 꿇고 주교 반지에 입을 맞추자 최 주교는 웃는 얼굴로 그를 맞이했다. 알로이시오 신부의 눈에 40대 초반의 최 주교는 소년티가 나는 젊은 얼굴이었다.

최 주교는 라틴어와 서투른 영어를 섞은 특유의 언어로 알로이시오 신부가 부산에 온 것을 환영했다. 그리고 곧바로 부산 교구의 사제 부족에 대해 이야기했다.

당시 부산 교구가 관할하던 인구는 부산과 인근 소도시들을 합쳐 4백만 명이 넘었는데, 10년 전 2만 명이던 신자 수는 당시 약 9만 5천 명으로 늘어나 있었고, 한 해 동안 1만 명 이상의 성인이 새로 영세하고 있는 상황이었다. 더구나 당장 5천 명의 예비 신자가 영세를 준비하고 있었다. 그런데 신부는 외국인과 내국인을 합쳐 겨우 50명밖에 되지 않았다.

인사를 마친 알로이시오 신부가 주교관을 나서려고 하자, 최 주교는 추수할 것은 많으나 일꾼이 적은 한국에 하루 빨리 더 많은 미국인 신부가 올 수 있도록 초청 편지를 써 달라고 당부했다.

한국 사람 '소蘇 신부'가 되다

—

알로이시오 신부는 주교관 옥상으로 올라가 부산 시내를 내려다 보았다. 이제는 그의 도시였다. 그는 자신 앞에 놓인, 자신이 해야 할 일을 생각해 보았다. 그때 갑자기 'Adaptation totaled(완전한 적응)'라는 프랑스 단어가 떠올랐다. 그리고 로마에 있을 때는 행동뿐만 아니라 생각과 말, 감정, 판단, 느낌까지 로마 사람처럼 하라는 말이 생각났다.

그는 부산 시내를 내려다보며 유태인과 함께하는 유태인, 희랍인과 함께하는 희랍인, 한국인과 함께하는 한국인이 되자고 다짐했다. 물론 그것이 그렇게 간단하고 쉬울 것이란 생각은 하지 않았다. 하지만 그는 노력했다.

서울에 도착하자마자 부산행 3등 칸 기차표를 사려고 했다. 택시 운전사의 만류로 2등 칸을 끊기는 했지만 이것은 한국의 가난한 사람들과 함께하겠다는 그의 의지를 잘 보여준다. 그가 한국에 도착해 가장 먼저 들어간 식당 역시 가난한 사람들이 이용하는 판잣집 싸구려 식당이었다.

알로이시오 신부의 이런 행동은 어찌 보면 아무것도 아니지만 그렇다고 아무나 할 수 있는 행동도 아니다. 가난한 사람들을 위해 살겠다는 생각과 그 자신이 가난한 사제가 되겠다는 의지가 합쳐졌을 때 가능한 행동이다.

자신은 부유하게 살면서도 얼마든지 가난한 사람들을 위해 일할 수 있다. 하지만 그런 사람들은 2등 칸 기차를 타지 않는다. 판잣집 식당에서 밥을 먹지도 않는다. 알로이시오 신부는 가난한 사람들을 위해 살기로 마음먹었고, 스스로 가난한 사제가 되기로 결심했기 때문에 2등 칸 기차를 타고 판잣집 식당에서 싸구려 만두를 먹을 수 있었던 것이다.

한국에 온 알로이시오 신부가 다른 것을 제쳐두고 가장 먼저 한국 이름을 지은 것도 마찬가지였다. 가난한 사람들의 선교사가 되는 것을 넘어 진정으로 한국인이 되고자 하는 생각을 갖고 있었기 때문에 한국 이름부터 지었던 것이다. 이것은 당시 한국에 온 다른 외국인 성직자나 수도자도 마찬가지였다.

알로이시오 신부는 부산에 도착하자마자 장병화 신부에게 한국 이름을 만들어 달라고 부탁했고, 장 신부는 알로이시오 신부에게 소(蘇) 씨 성을 붙여 주고 이름은 '재건'이라 지어 주었다. 알로이시오 신부의 미국 성이 슈월스(Schwartz)였기 때문에 'ㅅ' 자가 들어가는 소 씨 성을 택했던 것이고, '재건'은 전쟁 이후의 모든 것이 잿더미가 된 한국을 다시 일으켜 세워 달라는 의미에서 그렇게 지은 것이다.

하지만 그 이후 '재건'이란 이름은 잘 불려지지 않았고, 알로이시오란 이름에 '소'라는 성만 붙여 사람들은 소 알로이시오 신부

또는 소 신부라고 했다. 그리하여 지금도 알로이시오 신부는 많은 한국인들에세 소 알로이시오 신부 또는 소 신부로 일려져 있다.

초창기 한국 생활
—

한국에 도착한 뒤 부산에서 보낸 첫 주는 알로이시오 신부에게 마치 신혼기 같았다. 하지만 주교관에서 먹는 음식이 체질에 맞지 않는지 계속 설사를 했다. 당시 그가 주교관에서 먹는 음식은 밥과 김치가 주된 것이었다. 그 음식들은 루뱅신학교 시절에 망가진 그의 위장이 제대로 받아들이지 못해 계속 탈을 일으켰다.

음식도 맞지 않는데다 12월의 한국 날씨는 가혹하리만치 추웠다. 게다가 한국 교회의 형편이 녹록지 않았기 때문에 난로도 없는 추운 성당에서 고백성사를 주고 미사를 해야 했다. 그렇다 보니 미사를 마치고 나면 알로이시오 신부는 말 그대로 뼛속까지 얼어붙어 버렸다. 그런 날이면 밤새 몸을 뒤척이며 잠을 설쳐야 했다. 그렇지만 그의 마음은 여전히 신혼여행을 온 것처럼 더없이 기뻤다.

그 와중에도 알로이시오 신부는 박 다미아노란 청년과 함께 하루에 5시간 이상을 한국어 공부에 몰두했다. 당시 한국에 온 외국인 성직자나 수도자는 모두 서울에 있는 한국어 교육기관에서 일정 기간 한국어 공부를 했다. 하지만 한가롭게 공부만 하는 학생 신분은 그에게 맞지 않았다.

그는 곧바로 부산으로 갔고, 한 사람의 사제 몫을 하면서 혼자 공부하는 쪽을 선택했다. 그는 심하다 싶을 정도로 열심히 공부했다. 한국어 공부는 무척 힘들었지만 즐겁기도 했다. 스물여덟의 나이에 머리는 맑고 기억은 날카로웠으며 배우려는 의지도 강해 수업 진도는 빠른 속도로 나갔다.

한국어를 배우는 동안에도 그는 틈틈이 가난한 사람들의 삶을 살펴보기 위해 부산 시내를 부지런히 돌아다녔다. 대청동 언덕에 올라가서는 금방 피를 토할 듯 기침을 해대는 결핵 환자들을 만나 스스럼없이 이야기를 나눴다. 그들이 사는 곳은 악취가 진동하는 토굴이었지만 알로이시오 신부는 망설임 없이 안으로 들어가 바닥에 주저앉기도 했다.

십대 넝마주이 아이들이 모여 사는 다리 밑 움막에도 들어가 이야기를 나누었다. 온종일 넝마 줍기를 하다가 싸늘한 땅바닥에 가마니만 깐 허름한 움막 안에서 때 묻은 담요를 뒤집어쓰고 누워 있던 그들은 생각지도 못한 미국인의 방문에 어리둥절해 했다. 알로이시오 신부는 그들의 고달픈 삶의 현장을 직접 살펴보면서 한국의 지독한 가난을 체험했다.

그러는 동안 알로이시오 신부의 건강은 시간이 지날수록 더 악화되었다. 당시 그의 소화 기능은 그야말로 엉망이었다. 그렇다 보니 외출 도중 식당에 가는 것이 가장 큰 고역이었다.

알로이시오 신부는 주로 중국 식당에 가서 기름기 없는 우동을 먹었는데, 그 우동에도 기름기가 전혀 없다고는 할 수 없었고, 또 그릇도 위생적이지 못해 늘 먹고 나면 위장에 탈이 났다. 그래서 언제나 먹는 둥 마는 둥 했다. 그렇다 보니 김치나 된장 같은 한국 음식은 거의 먹지 못했다. 그나마 먹을 수 있었던 것이 맑은 미역국이나 삶은 계란, 가루 커피를 더운 물에 타 먹는 정도였다.

당시 부산 중앙성당과 주교관에는 최재선 주교를 비롯해 두 명의 한국인 신부와 두 명의 독일인 신부, 여기에 알로이시오 신부가 함께 생활하고 있었다. 여러 명이 함께 생활하는 공간이었기 때문에 알로이시오 신부는 따로 자신의 먹을거리를 챙겨 먹을 수가 없었다. 그렇다 보니 식사 시간만 되면 여간 고역이 아니었다. 이렇듯 위장 장애 때문에 그는 하루도 편한 날이 없었다.

부산 교구의 짐이 된 선교 사제
—

부산에 온 지 한 달쯤 되던 1958년 1월 어느 날, 그는 대성당에서 새벽 미사를 드리다가 아주 극적인 상황을 경험하고 말았다.

성찬 예절 도중 온몸의 피가 아래로 흘러내리는 듯하더니 별안간 차고 끈끈한 식은땀이 흐르기 시작해 도무지 미사를 계속할 수가 없었다. 그래도 그는 제대 앞으로 다가가 성체포 위에 성작을 놓은 다음, 두 손으로 제대를 짚고 몸을 안정시킨 뒤 깊은 숨을 천천히 들이마셨다.

그때 갑자기 머리가 어지럽고 핑 돌았다. 그 다음에는 무슨 일이 일어났는지 전혀 기억할 수 없었다. 눈을 떴을 때는 제대 바닥에 누운 그를 복사와 성당지기가 일으켜 세우려고 애쓰고 있었다. 포도주는 바닥에 쏟아져 있었고, 성작은 그의 옆구리 옆에서 뒹굴고 있었다.

알로이시오 신부는 성작을 들어 제대 위에 놓은 다음, 두 사람의 부축을 받으며 제의실로 돌아가 현기증이 어느 정도 가실 때까지 몇 분 동안 제의실 옷장을 붙들고 서 있어야만 했다. 그런 다음 제의를 벗고 나와 성당 안쪽 벽을 따라 천천히 밖으로 걸어갔다. 놀란 신자들이 걱정 어린 눈으로 그를 쳐다보고 있었다.

방으로 돌아가자마자 나는 쓰러질 듯 침대 속으로 들어갔다. 잠시 뒤 누군가 뜨거운 물이 담긴 병 두 개를 가지고 와 침대 속에 밀어 넣어 주었다. 잠시 뒤에는 또 다른 누군가가 문을 두드리더니 열 명이 넘는 사람들이 한꺼번에 방으로 들어왔다. 쓰러지는 모습을 본 신자들이 걱정이 되어 한꺼번에 몰려왔던 것이다.

그들은 담요를 만져 보고, 베개를 목 밑에 바로 넣어 주고, 잔에 물을 따르면서 도움과 위로가 된다고 생각하는 말들을 아끼지 않았다. 하지만 그들의 관심과 정성이 너무 지나쳐 나는 숨이 막힐 것 같았다. 누군가가 그들을 방에서 나가게 해 달라고 소리 지르고 싶을 지경이었다.

그때 또 누군가가 문을 두드렸다. 메리놀병원에서 온 아뉴스 데레사 수녀였다. 의사이기도 했던 데레사 수녀는 방에 들어오자마자 사람들을 모두 나가게 한 뒤 진찰을 하고 약을 주면서 2~3일 뒤에 다시 오겠다 했다. 그러고는 침대에 계속 누워 있을 것을 당부했다.

- 『가장 가난한 아이들의 신부님』 중에서

알로이시오 신부는 먹고 싶은 욕구가 완전히 사라진 상태에서 심한 배앓이를 해야 했다. 약속한 날 다시 온 데레사 수녀는 걱정이 가득한 얼굴로 그를 쳐다보았다.

데레사 수녀는 알로이시오 신부의 증상을 이야기하면서 세면대 위에 걸려 있던 거울을 가져와 보여 주었다. 그의 얼굴은 노랗게 변해 있었다. 소화기관 장애에 급성 A형 간염이었다. 루뱅에서의 질 나쁜 식사와 춥고 습한 날씨가 그의 간과 소화기 계통을 망가뜨렸는데, 그 후유증이 한국에서 나타나기 시작했던 것이다.

데레사 수녀는 급성간염의 경우, 6주 동안의 요양이 필요하며 완전히 회복하기까지는 12주 이상이 걸린다고 했다. 그러고는 아무 일도 하지 말고 조용히 침대에 누워 있어야만 한다고 했다. 책도 읽지 말고 오직 누워 있기만 하라고 했다.

알로이시오 신부는 데레사 수녀의 말대로 했다. 하지만 병은 좀처럼 낫지 않았다. 오히려 소화 장애마저 생겼다. 병은 조금 낫다가 더 나빠지고, 다시 나았다가 나빠지기를 되풀이했다.

당시 한국에서는 병으로 쓰러지면 회복하기가 무척 어려웠다. 의료 시설이 거의 없다시피 했기 때문이다. 이런 사실을 잘 알고 있던 알로이시오 신부는 여간 걱정스러운 것이 아니었다. 그렇지만 어떻게든지 이겨내 보려고 노력했다. 그는 두 달 동안 메리놀 의원(부산 대청동에 있던 메리놀수녀회 의원으로, 뒤에 수녀회가 메리놀병원을 지어 이전한 뒤 부산 교구에 건물을 기증했다. 부산 교구는 이 건물을 교구청으로 사용했는데, 그때 일부 공간을 알로이시오 신부가 설립한 한국자선회 사무실로 사용했다)에 입원해 집중적인 치료를 받았다.

하지만 그의 몸은 여전히 좋지 않았다. 알로이시오 신부는 무기력한 상태에서 가족들에게 편지를 쓰며 하루하루를 보냈다. 그 시간이 그에게는 견딜 수 없을 정도로 힘들었다. 천성이 활동적인 그가, 할 일이 태산 같은 한국에 와서 하는 일 없이 빈둥거리는 꼴이었으니 그 심정이 어떠했을까?

메리놀의원에서 치료를 받아도 몸 상태가 좋아지지 않자 그는 서독병원에 다니기 시작했다. 서독병원은 6·25 동란 때 난민들을 위해 서독 정부가 서대신동에 있는 학교 건물에 마련한 병원이었다. 전쟁이 끝난 뒤에도 당분간 운영되고 있었는데, 메리놀의 원보다 의료 시설이 더 좋았다.

알로이시오 신부는 건강을 회복하기 위해 10여 개월 동안 온갖 노력을 다했다. 하지만 소용이 없었다. 건강은 오히려 더 나빠졌고, 환자가 된 그는 주교관의 여러 사람들에게 짐이 되고 말았다.

최 주교를 비롯해 주교관에서 같이 생활하는 신부들은 그를 딱한 눈으로 바라보았다. 알로이시오 신부에게는 여간 견디기 힘든 것이 아니었다. 겉으로는 여전히 친절하게 대했지만 모두들 그가 미국으로 돌아가기를 바라는 분위기였기 때문이다.

그를 치료해 주던 데레사 수녀 역시 건강을 위해 미국으로 돌아가 1~2년 동안 요양을 하고 다시 오는 것이 좋겠다고 했다. 그 말에 알로이시오 신부는 화가 나서 이렇게 말했다.

"수녀님, 제가 이곳에 오기 위해 보낸 세월과 희생을 조금이라도 아신다면 감히 저에게 그런 말을 하지는 못할 것입니다."

말은 그렇게 했지만 그의 건강은 심각한 상태였다. 결국 알로이시오 신부는 미국 대신 일본으로 가기로 결정했다. 당시 일본에는 루뱅 대학에서 같이 공부했던 친구 신부가 센다이 교구에 있었다. 일본은 생활환경이 한국보다 나았고, 의료 시설을 비롯해 건강을 회복하는 데 여러모로 여건이 좋았다. 그렇게 해서 그는 일본으로 갔고, 서너 달 동안 치료와 휴식을 취했다.

그 뒤 1959년 4월 5일 알로이시오 신부는 다시 부산으로 돌아왔다. 그렇지만 건강은 완전히 회복되지 않았고, 여전히 다른 사람들의 짐이 될 정도로 그의 몸 상태는 좋지 않았다.

미국으로 되돌아가다
━

마침내 알로이시오 신부는 미국으로 돌아가 건강을 회복한 뒤 다시 오기로 마음먹었다. 최 주교는 그의 의견은 묻지도 않고 음식과 생활환경을 바꾸기 위해 미국으로 돌아가야 한다고 이미 결정을 내린 상태였다. 그러면서 알로이시오 신부에게 그가 부산 교구의 유일한 미국인 신부라는 사실을 마음에 새기고 미국에서 요양하면서 부산 교구를 위해 모금 활동을 하고, 또 부산 교구에서 일할 선교 사제를 구해 보내라는 임무를 내렸다.

그렇게 해서 알로이시오 신부는 한국을 떠나게 되었으니, 선교지에 와서 선교지 사람들에게 도움을 주기는커녕 폐만 끼치다가 돌아가게 된 셈이었다.

건강을 회복하기 위해 미국으로 돌아가기로 결정은 했지만 알로이시오 신부의 마음은 착잡하기만 했다. 큰 꿈을 안고 온 한국에서 아무것도 한 것 없는 상태에서 병만 얻어 돌아가게 생겼기 때문이다.

그렇지만 낙담하거나 실망하지는 않았다. 그것은 그의 스타일이 아니었다. 결코 마음이 편안하지는 않았지만 그 상황에서 자신이 할 수 있는 가장 좋은 방법을 찾았다. 비록 건강이 좋지는 않았지만 알로이시오 신부는 자신이 무슨 일을 해야 하는지를 분명히 알고 있었고, 그 일을 망설임 없이 해 나갔다.

가장 먼저 해야 할 일은 미국까지 가는 방법을 찾는 것이었다. 당시 미국으로 가는 편도 비행깃값은 5백 달러가 넘었는데, 그 돈은 엄청난 돈이었다. 당연히 그에게는 그만 한 돈이 없었다. 뿐만 아니라 주교관의 돈주머니도 똑같이 비어 있었기 때문에 최주교는 미국으로 돌아가는 그에게 비행기표를 사 줄 돈이 없다고 대놓고 말했다. 물론 그도 주교관의 도움을 받을 생각이 전혀 없었다.

몇 주일 동안 수소문한 끝에 그는 부산에서 요코하마를 거쳐 샌프란시스코로 가는 부정기 화물선이 있다는 사실을 알아냈다. 당장 선장을 만나러 간 알로이시오 신부는 자신의 상황을 이야기하고 공짜로 배를 얻어 탈 수 있게 되었다.

배편을 마련한 알로이시오 신부는 부산을 떠나기 전 한국의 가난한 모습을 카메라에 많이 담았다. 슬라이드로 만들어 미국에서 모금 운동을 할 때 사용하기 위해서였다.

다른 사람들의 눈에는 알로이시오 신부가 침대에 가만히 누워 있는 것처럼 보였지만 실제로는 그렇지 않았던 것이다. 몸은 움직이지 못해 침대에 묶여 있었지만 머릿속으로 그는 이미 많은 것들을 계획하고 구체적인 실천 방법까지 생각하고 있었다.

미국으로 돌아가는 것을 결정하기까지는 고민을 많이 했지만 일단 결정하고 난 뒤에는 망설임 없이 계획했던 일들을 하나씩 해 나갔다. 미국으로 돌아가기로 결정했을 때, 단순히 건강을 회복하기 위한 목적만은 아니었고, 한국의 가난한 사람들을 위한 모금 활동을 하려는 분명한 계획이 있었다. 따라서 그의 미국행은 전적으로 안타까워만 할 일은 아니었다.

05

쓸쓸한 귀향,
그리고 새로운 도전

Rev. Aloyslus Schwartz

12개의 큰 방과 휴게실, 일광욕을 위한 넓은 갑판 그리고 너울거리는 깊고 푸른 바다. 그 모두가 로빈 S 마우브레이 호의 유일한 승객인 알로이시오 신부를 위한 것이었다.

샌프란시스코의 금문교를 향해 드넓은 북태평양을 앞뒤좌우로 흔들거리면서 항해하는 화물선에서 그가 할 수 있는 일은 그리 많지 않았다. 휴게실에서 자동전축(동전을 넣어 원하는 레코드판을 듣는 전축)으로 노래를 듣고, 갑판 위를 거닐고, 배 주위를 날면서 수면에 살짝 잠겼다가 솟아오르는 갈매기들을 구경하고 책을 읽으며 시간을 보냈다. 어떤 때는 태평양의 거친 물결에 미친 듯이 흔들리는 배가 무사히 항해를 마칠 수 있을지 걱정하기도 했다. 다행히 항해는 무사히 끝났다.

부산항을 떠난 지 13일 만에 로빈 호는 오클랜드 항구에 닻을 내렸다. 화물선에서 승선 다리가 아래로 내려지자 가방을 팔에 낀 세관원들이 배 위로 올라왔다. 그들은 휴게실에 사무실을 차리고 여권 확인과 짐 검사를 시작했다. 그들 가운데 머피라고 자신을 소개한 세관원이 알로이시오 신부에게 다음 여행 계획을 물었다. 그가 샌프란시스코에서 워싱톤 D.C.까지 가는 밤 11시 45분 비행기를 탈 예정이라고 말하자 머피는 이렇게 말했다.

"신부님, 괜찮으시다면 30분 뒤에 일이 끝나는데 저희 집으로 가서 저희 가족과 함께 저녁 식사를 하고, 그 다음 공항까지 모셔다 드리면 안 될까요?"

머피는 알로이시오 신부가 가난한 한국에 선교사로 갔다가 건강이 좋지 않아 요양차 돌아오는 길이며, 비행깃값이 없어 배를 얻어 타고 왔다는 이야기를 선장에게 들은 모양이었다.

한국에 머물다가 고국인 미국으로 돌아온 알로이시오 신부의 눈에 미국은 휘황찬란한 곳이었다. 높은 빌딩과 화려한 모습 속에서 그는 부산에서 본 수천 개의 천막집과 판잣집들, 발 디딜 틈 없이 사람들로 넘쳐나는 지저분한 거리와, 쓰레기 매립장에서 쓸만한 물건들을 줍는 사람들, 무료급식소 앞에 길게 줄지어 서서 기다리는 배고픈 사람들이 떠올랐다. 두 나라는 너무나 달랐다.

화물선을 떠난 머피의 자동차는 얼마 뒤 고속도로로 들어갔다. 그들이 탄 자동차는 마치 흐르는 물결처럼 달리는 승용차들 속으로 끼어들었다. 머피의 핑크색 차는 고속도로를 달리는 올즈모빌, 포드, 풀리무스, 체비스, 머큐리 그리고 캐딜락 같은 차들과 함께 신나게 달렸다. 일요일 늦은 오후 해질 무렵이었다.

자동차를 탄 사람들은 바닷가나 산에서 즐거운 주말을 보내고 편안한 집으로 돌아가는 중이었을 것이다. 그들은 집으로 돌아가서 짐을 풀고 맛있는 저녁 식사를 하고 푹신한 소파에 앉아 잠들 때까지 좋아하는 텔레비전 프로그램을 즐길 것이다. 그런 생각을 하자 알로이시오 신부의 머릿속에는 가난한 부산 사람들의 모습이 더욱 선명하게 떠올랐다.

30분쯤 뒤 자동차는 고속도로를 벗어나 마을길로 들어섰다. 물 뿌린 잔디에서 나는 신선한 풀 냄새와 갓 피기 시작한 꽃나무 향기가 진하게 났다. 머피의 집은 넓은 잔디밭이 있는, 크고 보기 좋은 중류층 집이었다. 내부는 시원하고 쾌적했으며 아름답게 꾸며져 있었다.

머피 부인은 저녁 식사로 닭튀김과 으깬 감자와 샐러드를, 그리고 후식으로 아이스크림과 케이크를 내놓았다. 저녁 식사 뒤 그들은 거실로 자리를 옮겼다. 머피의 세 아이들은 부드러운 융단 위에 다리를 뻗고 텔레비전에서 나오는 '레시의 모험'을 흥미진진한 눈으로 보고 있었다.

비행기 출발 시간까지는 서너 시간의 여유가 있었다. 머피는 알로이시오 신부에게 자신들의 본당신부를 만날 뜻이 있느냐고 물었다. 그가 좋다고 하자 본당신부에게 전화를 걸어 그들의 방문 의사를 알렸다. 본당신부인 스미스 몬시뇰은 알로이시오 신부의 방문을 대환영하니 빨리 오라고 했다.

차로 3분 거리에 성당이 있었다. 그들이 차에서 내리자 몬시뇰이 현관에서 두 사람을 기다리고 있었다. 몬시뇰은 명랑하고 따뜻하며 마음이 넓은 사람으로 처음 보았지만 무척 호감 가는 얼굴이었다. 알로이시오 신부와 몬시뇰은 오랫동안 한국에 대해 이야기를 나누었다. 주로 몬시뇰이 물었고, 그가 대답하는 식이었다.

잠시 뒤 알로이시오 신부는 사제관 구경에 나섰다. 놀랄 만큼 훌륭하고 값비싼 새 사제관이었기 때문에 구경할 만한 가치가 있었다. 냉난방은 모두 중앙 집중식이고, 바닥에는 융단이 깔려 있었다. 방마다 붙박이장이 있었는데 그 안에는 텔레비전이 있었다. 높낮이를 조절할 수 있는 의자가 딸린 고급 책상에는 간접조명 장치까지 설치되어 있었다. 벽면은 전체가 나무 패널이었다.

사제관을 구경시켜 준 뒤 몬시뇰은 두 사람을 휴게실로 안내했다. 휴게실 한가운데 선 몬시뇰은 그들이 본 모든 것을 끌어안을 듯한 몸짓을 하면서 그에게 속삭였다.

"형제여, 내 말 잘 들어 보게. 언젠가 우리는 이 값비싼 생활 때문에 하느님으로부터 질책을 받을 거네. 암, 틀림없이 그럴 거야."

가난한 사람들을 위한 모금 여행

—

미국에 돌아와 입에 맞는 음식과 충분한 휴식을 취했지만 알로이시오 신부의 건강은 쉽게 회복되지 않았다. 그렇지만 무작정 가만있을 수만은 없어 어느 정도 몸이 회복되자 계획했던 모금 운동을 시작했다.

그는 가장 먼저 워싱턴 대교구 교구장을 찾아갔다. 사제 서품을 받을 당시 교구장을 만났던 적이 있어 그때를 생각하며 반가운 마음으로 주교관을 찾았다. 대주교는 알로이시오 신부를 반갑게 맞아 주었다.

하지만 그의 이야기를 듣고 나자 한 가지 사실은 확실하게 이야기했다. 그가 선택한 선교의 나라, 한국을 위해 워싱턴 대교구 안에서는 단돈 1센트도 모금해서는 안 된다는 말이었다. 그 까닭은 메릴랜드 주 남부의 시골 공소들을 돕기 위해 대주교도 많은 돈이 필요한 상황이었기 때문이다.

워싱턴 내에서는 모금을 할 수 없게 되자 알로이시오 신부는 워싱턴을 벗어나 다른 지역으로 가야 했다. 하지만 당시 그에게는 돈이 많지 않았다. 그래서 버스를 타거나 지나가는 차를 얻어 타며 모금을 위한 여행을 시작했다.

알로이시오 신부는 가톨릭 학교와 성당에서 강론을 하고, 수도원에서 슬라이드를 보여 주거나, 교구의 선교 국장이나 주교들을 찾아가 한국의 가난한 아이들에 대해 이야기를 하고는 돈을 모금했다. 논이 조금씩 모이기 시작하사 효과적인 모금 여행을 위해 프랑스제 소형 르노 자동차를 샀다.

자동차가 생긴 뒤부터 모금 활동은 조금씩 성과를 거두기 시작했다. 모금을 허락 받은 성당에서 주일미사 강론을 하고 선교 활동에 필요한 돈을 기부해 줄 것을 호소했다. 결과는 무척 좋았다.

어느 날 알로이시오 신부는 미국 중서부에서 자신처럼 한국 교회를 위해 모금 활동을 하고 있다는 한국인 신부를 만나게 되었다. 교회법과 사회학 박사 학위를 갖고 있는 신부였는데 그는 약간 측은한 목소리로 "모금을 하러 다니다 보니 마치 거지 취급을 받습니다."라고 말했다. 그 말에 알로이시오 신부는 깜짝 놀라며 이렇게 말했다.

"신부님, 그것이 우리의 처지 아닙니까? 그리고 우리가 그런 대접을 받는 것은 당연하지 않습니까?"

하지만 그 신부는 구걸 행위 때문에 자신이 갖고 있는 박사 학위가 손상된다고 여기는 듯한 표정을 지었다.

돈이 계속 모이자 알로이시오 신부는 뉴욕에 있는 퍼스트내셔널 은행에 부산 교구 최재선 주교의 이름으로 계좌를 만들어 돈을 예금하고 그 사실을 최 주교에게 알렸다. 그런데 얼마 뒤 최 주교가 편지 한 통을 보내왔다. 그 편지에서 최 주교는 자신의 이름 대신 알로이시오 신부의 이름으로 된 계좌를 만들어 거기에 돈을 넣으라고 했다.

최 주교는 알로이시오 신부가 돈을 모금해 자신에게 보내 주면 고맙긴 하지만 당장에는 돈의 사용 목적이 없다고 했다. 그리고 알로이시오 신부의 이름으로 저금을 해 두면 장차 한국에 돌아와서 그의 교회를 세울 수 있을 것이라고 했다.

이 말은 훗날 최 주교와 알로이시오 신부 사이의 갈등을 일으키는 진원지 역할을 하게 되는데 당시 알로이시오 신부는 그 말에 크게 신경을 쓰지 않았다.

우편 모금 사업을 구상하다

—

알로이시오 신부는 약 8개월 동안 여행한 끝에 2만7천 달러를 모금했다. 당시로서는 엄청난 돈이었다. 1차 모금 활동을 마무리한 그는 버지니아 주 베리빌에 있는 트라피스트 수도원에서 개인 피정을 했다. 그러다가 그곳에서 우편 모금 전문가라는 그레이 샨마이어를 만났다. 그 사람도 알로이시오 신부처럼 피정을 하고 있었다.

두 사람은 피정의 집 부엌에서 함께 설거지를 하게 되었는데, 그때 알로이시오 신부는 한국에 대한 이야기와 한국의 가난한 사람들을 위해 자신이 하고 있는 모금 활동을 설명했다.

그레이 산은 알로이시오 신부의 이야기를 골똘히 듣다가 자본금이 얼마 있느냐고 물었다. 그가 2만5천 달러 정도 있다고 하자 그레이 산은 두 눈을 반짝이고는 "워싱턴으로 돌아가면 다시 만나 이 문제를 논의했으면 합니다. 아마 제가 신부님을 도울 수 있을 것 같습니다."라고 말했다.

이렇게 해서 1961년 봄, 설거지할 접시가 수북이 쌓인 트라피스트회 피정의 집 부엌 싱크대 위에서 한국자선회(Korean Relief, Inc 지금은 아시아자선회Asian Relief, Inc라고 함)가 잉태되었다.

워싱턴으로 돌아온 뒤 알로이시오 신부는 그레이 산과 우편 모금 전문가라는 그의 동료들을 몇 번 만났다. 그리고 우편 모금의 복잡한 사업 내용에 대해 자세히 알게 되었다.

하지만 사업에 착수하기 전까지 그는 불안과 걱정이 많았고 또 많이 망설였다. 그를 걱정스럽게 한 것은 한두 가지가 아니었다. 그 가운데 가장 큰 걱정거리는 과연 우편 모금이 성공적일 수 있을까 하는 것이었다.

당시 미국에는 수를 헤아릴 수 없을 만큼 많은 우편 모금 단체가 있었다. 당연히 경쟁이 치열했다. 우편 모금 경쟁에서 그의 모금 활동이 성공하리라는 보장도 없었다. 우편 모금이란 불특정 다수에게 무차별로 후원을 요청하는 편지를 보내고, 그 가운데서

운 좋게 일부의 사람들로부터 후원을 받는 것인데, 후원금을 많이 받으려면 한 사람이라도 더 많은 사람에게 편지를 보내야 했다. 문제는 비용이었다. 봉툿값을 비롯해 인쇄비와 주소록 사용료, 우편료 그리고 그 일을 대행해주는 업체의 인건비가 만만치 않았다.

우편 모금 사업을 준비하면서 알로이시오 신부는 우편 모금을 통한 복지사업을 하는 다양한 사람들을 만났는데, 그들 중에는 2만5천 달러를 들여 모금 편지를 보냈는데 모금액은 겨우 2만4천 달러였다고 하는 사람도 있었다. 1천 달러라는 직접적인 손해 외에 심리적, 시간적 손해까지 생각하면 그 사람이 입은 손실은 엄청나다고 할 수 있었다.

이런 위험을 줄이기 위해 우편 모금가들은 더 많은 사람들에게 무차별적으로 우편물을 보냈다. 그러면 아무래도 응답하는 숫자가 많아졌기 때문이다. 다만 그렇게 하려면 초기 자본금이 더 많이 필요했다. 하지만 알로이시오 신부에게는 발품을 팔아 모금한 2만5천 달러가 전부였다. 그의 고민이 깊을 수밖에 없었다.

게다가 알로이시오 신부는 우편 모금과 관련된 교회의 법규가 어떻게 되어 있는지도 전혀 몰랐다. 그리하여 한 교회법 전문가를 찾아가 상의했는데, 우편 모금에 관한 교회법은 따로 없으며 또 모금을 규제하는 어떤 명확한 규정도 없다는 말을 들었다. 그렇지만 우편 모금을 시작하기 앞서 교회 예절상 적어도 관할 교구 사무국의 허락은 받아야 할 것이라고 했다.

정작 큰 문세는 다른 데 있었다. 앞의 두 가지 문제는 알로이시오 신부가 더 노력하고 연구하면 극복할 수 있는 문제였지만, 우편 모금 그 자체의 성격은 그의 의지로 해결할 수 있는 것이 아니었다.

앞서 이야기한 것처럼 우편 모금 방법이란 불특정 나수의 사람들에게 무차별적으로 편지를 보내 후원을 요청하는 것인데, 문제는 알로이시오 신부가 그런 식의 모금을 무척 싫어한다는 사실이었다. 그는 우편 모금을 두고 '사기성 돈벌이'로 전락할 수도 있다고 생각할 정도였다. 이런 생각은 그만의 생각이 아니었다. 미국의 많은 사람들이 우편 모금에 대해 부정적이었다. 사람들은 우편 모금을 정직하지 못한 것으로 여겨 모금 편지를 '쓰레기 우편물'이라 무시하며 뜯지도 않고 쓰레기통에 던져 버리기도 했다. 그레이 샨을 만났을 그때까지만 해도 알로이시오 신부 역시 그런 생각을 갖고 있었다.

하지만 그레이 샨의 말처럼 그에게는 다른 방법이 없었다. 한국의 가난한 사람들을 위해서는 우편을 통한 모금 활동만이 유일한 방법이었으니 그는 이 사실을 받아들여야 했다. 자신의 가치관과 맞지 않았지만 그것이 나쁜 짓은 아니었기 때문에 알로이시오 신부는 한국의 가난한 사람들을 돕기 위해 그 동안 자신이 갖고 있던 생각을 바꾸기로 했던 것이다.

한국자선회 설립

—

워싱턴으로 돌아간 알로이시오 신부는 그레이 샨의 도움으로 '한국자선회'라는 정식 법인체를 설립하고, 자신이 갖고 있던 2만5천 달러로 우편 모금 대행 회사를 통해 시험 모금을 해 보았다.

결과는 무척 고무적이었다. 한국의 상황을 알리는 알로이시오 신부의 정성 어린 편지와 한국 사람들의 비참한 모습을 담은 사진이 편지를 받은 사람들의 마음을 움직였던 것이다. 그리하여 다른 우편 모금 편지보다 훨씬 높은 응답을 받을 수 있었다.

알로이시오 신부는 그레이 샨의 도움을 받아 다양한 실험을 계속했다. 그 중에는 그레이 샨의 조언대로 모금 편지와 함께 값싼 묵주나 인사용 카드, 씰 같은 선물을 함께 넣는 것도 포함되어 있었다. 알로이시오 신부는 그런 방법을 좋아하지 않았지만 그레이 샨은 역시 다른 방도가 없다고 하면서 자신의 모금 실적 평가서를 알로이시오 신부에게 보여 주었다. 선물을 넣었을 때와 넣지 않았을 때의 모금액이 너무 많이 차이가 났다.

알로이시오 신부는 그레이 샨의 충고에 따라 편지와 함께 성탄 때 사용할 수 있는 카드나 부활절 씰, 작은 달력을 넣어 보냈다. 모금액은 눈에 띄게 달라졌다. 알로이시오 신부는 자신이 가진 적은 자본금으로 다양한 실험을 계속했고, 그 결과 큰 액수의 후원금을 모금하기 위해서는 편지와 함께 간단한 사은품을 넣는 것 말고는 별 다른 방법이 없다는 결론을 내렸다. 다만 어떤 선물을 넣어 보낼 것인가 하는 문제는 시간을 두고 오랫동안 고민해 봐야 할 숙제였다.

한국자선회를 설립하고 우편 모금을 통한 자선사업을 시작하면서 그는 우편 모금에 대해 갖고 있던 편견에서 벗어났다. 만일 우편 모금을 하지 않았더라면 그가 한국에서 펼친 여러 가지 구호 사업은 하나도 생겨나지 못했을 것이다. 누군가 이 세상에서 가장 아름다운 이상을 가지고 가장 고귀한 꿈을 가졌다 하더라도 그것을 실천에 옮길 수 있는 물질적 수단이 없다면 그러한 이상과 꿈은 그 자체로 남을 수밖에 없다. 은행에는 돈이 있어야 하고, 식탁에는 빵이 있어야 하며, 머리 위에는 지붕이 있어야 가난한 사람들을 효과적으로 도울 수 있다는 것이 그의 생각이었다.

돈이란 무척 해로운 물질이다. 프랑스 작가 레온 블로이는 돈을 '마귀의 똥'이라 했다. 바오로 성인은 돈은 '모든 악의 뿌리'라고 했다. 그렇지만 돈을 하느님의 영광을 위해 사용하면 돈은 '은혜의 물질'이 될 수 있다. 야고보 성인은 그의 편지에서 그리스도의 말씀 가운데 핵심이라 말할 수 있는 완벽한 현실론에 대해 말했다. 성인의 말을 빌리면, 만일 배고프고 추위에 떨고 헐벗고 있는 사람을 만나 "형제여, 잘 먹고 옷을 많이 입어 몸을 따뜻하게 하십시오."라고 말하면서 음식과 연료와 옷을 살 돈을 주지 않는다면 그런 신앙과 자선은 알맹이 없는 죽은 것이라고 했다. 불쌍한 사람의 곤경을 보고 사람들이 뜨거운 눈물을 흘릴 수는 있지만 그것이 음식이나 연료나 옷이 되는 것은 아니다.

이 글은 알로이시오 신부의 미발표 자서전에 나오는 한 대목이다. 그가 어떤 정신으로 구호 사업을 펼쳤는지 잘 알 수 있다.

성직자와 사업가 사이의 아슬아슬한 줄타기
—

사실 알로이시오 신부가 우편 모금 사업을 벌이면서 고민한 것은 돈을 모금하는 방법이 아니라 그 돈으로 펼치는 구호 사업을 어떻게 운영해야 하는가 하는 문제였다. 그는 가능하면 사리에 맞게 하고 더 효과적이고 더 능률적으로 운영해야 한다고 생각했다. 좋은 의도도 중요하지만 그것보다는 구체적이고 현실적인 결과가 더 중요하다고 생각했다. 이것은 모금을 위해 사용한 경비를 뺀 순수 이익금으로 무엇을 하느냐의 문제인데, 훗날 최재선 주교와의 갈등의 원인으로 작용하기도 했다.

예컨대 알로이시오 신부가 생각할 때, 모금한 돈으로 성당이나 학교를 짓는 것은 좋은 의도인 것은 틀림없지만 모금의 원래 목적에 맞는 결과물은 아니었다. 그는 모금한 돈으로 가난한 사람들의 고통을 덜어 주고, 그들을 위한 직접적인 복지에 사용할 때 그 모금도 훌륭한 것이라고 말할 수 있다고 생각했다. 이것은 그에게 있어 무척 중요한 문제였다.

한편 알로이시오 신부는 우편 모금을 통해 모은 후원금으로 다양한 구호 사업을 벌이면서도 우편 모금 사업이 사제의 기본 임무와 상충되지 않을까 늘 두려워했다. 그 때문에 사제로서의 자기 정체성을 잃지 않기 위해 부적 노력했다. 그리고 자신에게 보낸 후원금을 원래의 목적 말고는 단 한 푼도 허투루 쓰지 않는 것이야말로 사제로서의 정체성을 지키는 길이라고 생각했다. 그는 이 원칙을 죽을 때까지 단 한 번도 어긴 적이 없다.

사람들 중에는 알로이시오 신부가 보여준 엄청난 구호 사업을 보고 그를 능력 있는 사회사업가로만 생각하는 경우가 많다. 하지만 그는 오히려 뛰어난 영성가였다. 그가 남긴 수많은 강론 원고들과 묵상 원고들, 그리고 그에게서 직접 지도를 받은 마리아 수녀회 수녀들의 증언이 그것을 뒷받침하고 있다.

알로이시오 신부는 보통 사람으로서는 감히 엄두도 못 낼 일들을 해 냈지만 그가 단 한순간도 사제로서의 정체성을 잃지 않을 수 있었던 것은 끊임없는 묵상과 기도, 그리고 자신을 되돌아보는 철저한 자기반성의 시간을 가졌기 때문이다.

멕시코에서 소년의 집을 준비하던 초창기에는 불과 세 명의 한국인 수녀들이 상주했다. 알로이시오 신부는 멕시코에 갈 때마다 그들을 위해 묵상 지도를 했는데, 세 명의 수녀들을 위한 15분간의 묵상 지도를 위해 하루 전부터 묵상 주제를 생각하고 그 내용을 정리해 녹음을 한 뒤 반복해서 듣고 외운 다음 이튿날 묵상 지도를 했다.

고작 세 명의 수녀를 위한 묵상 지도를 그렇게 철저하게 준비했다는 것을 그의 성격이라고 할 수도 있지만 중요한 것은 그가 영적 성장을 얼마나 중요하게 여겼는지, 그리고 묵상 지도를 준비하는 과정에서 그가 얼마나 영적으로 성숙되고 은총으로 충만한 자기 시간을 가질 수 있었는지 짐작할 수 있다는 사실이다.

이뿐만이 아니라 피정 지도나 강론 준비를 할 때도 늘 그랬다. 머리로 내용을 충분히 생각한 다음 간략하게 정리한 뒤 글로 쓰거나 녹음을 했다. 그리고 그 내용을 여러 번 듣고 완전히 외웠다. 그런 다음 피정이나 묵상 지도를 하고 강론을 했으니 그의 말은 늘 간결하고 군더더기가 없었으며, 핵심에 바로 도달하는 힘을 갖고 있었다.

이렇듯 알로이시오 신부는 엄청난 구호 사업을 벌이면서도 한순간도 사제로서의 자기 정체성을 잃지 않기 위해 끊임없이 노력하고 자기 자신에 대한 경계를 소홀히 하지 않았다. 그가 지금까지 많은 사람들에게서 존경받고, 국제적으로 그의 시복 시성 운동이 전개되고 있는 것도 이 때문일 것이다.

06

최재선 주교와의 모금 여행

Rev. Aloysius Schwartz

8개월 동안의 1차 모금 활동을 통해 확보한 돈으로 우편 모금 사업을 하는 동안 알로이시오 신부는 최재선 주교를 미국으로 초청해 2차 모금 활동을 시작했다.

    당시 외국의 많은 주교들이 세계의 보물 창고라 일컫는 미국을 찾아와 도움을 청했기 때문에 최 주교의 미국 방문은 무척 자연스러운 것이었다. 또 아무래도 사제 신분인 자신보다는 주교 신분인 그가 모금 활동에는 훨씬 더 효과적일 것이라는 생각도 있었다.

    볼티모어 국제공항에 도착한 다음 날부터 최재선 주교와 알로이시오 신부는 모금 활동에 나섰다. 길고 더운 여름 동안 서쪽으로는 미니애폴리스까지, 북쪽으로는 캐나다의 몬트리올, 남쪽으로는 멕시코시티까지 갔다.

최 주교에게 그 여행은 태어나 한국을 떠난 첫 해외 나들이였다. 경상도 산골의 가난한 농사꾼 아들로 태어난 최 주교는 바다 건너 저편에 있는 미국에 대해 말과 글로는 알고 있었지만 막상 자신의 눈으로 직접 보자 가벼운 쇼크 상태에 빠지기도 했다.

알로이시오 신부는 최 주교가 도착하기 전에 그와 함께할 6개월 동안의 여행 일정을 미리 계획해 놓고 있었다. 미국 전역에 흩어져 있는 50개 이상의 성당에서 최 주교가 모금 강론을 할 수 있도록 본당신부들에게 미리 허락을 받아 놓았던 것이다.

모금 여행은 한동안 망설임과 두려움의 연속이었다. 하지만 얼마 지나지 않아 일정한 틀이 갖춰지기 시작했고 그러면서 한결 수월해졌다.

무엇보다 알로이시오 신부는 비즈니스 감각이 뛰어난 사람이었다. 그는 가능하면 효과적으로 일을 하려는 경향이 강했다. 그런 까닭에 금요일이 되면 일요일에 강론할 성당으로 최 주교를 모셔 가 본당신부에게 소개한 다음 그를 성당에 남겨두고 자신은 다른 성당으로 가서 최 주교의 이름으로 모금 강론을 했다.

그렇게 토요일과 일요일을 보낸 뒤 월요일이 되면 최 주교가 있는 성당으로 되돌아갔다. 평일에는 미국의 여러 주교들과 수도회 장상들을 찾아가거나 그 지역에 있는 신학교나 수녀원을 찾아가 강론을 하기도 하고, 한국에 관한 슬라이드를 보여 주기도 했다.

월요일은 일주일 가운데 가장 기분 좋은 날이었다. 알로이시오 신부가 최 주교가 있는 성당으로 가면 최 주교는 언제나 즐거운 얼굴로 그를 맞이하면서 기쁨이 가득한 눈으로 말했다.

"대성공이야, 대성공!"

그러고는 모금 총액을 말해 주었다. 그 금액은 언제나 큰 액수였다. 최 주교는 마치 마술사가 옷소매에서 색종이를 계속 끄집어내듯 정신없이 현금과 수표, 이름과 주소가 적힌 후원금 약정서들을 끄집어냈다. 그런 다음 알로이시오 신부에게 물었다.

"신부님의 모금은 어떻습니까?"

그의 대답은 언제나 약간 실망적이었다. 왜냐하면 큰 성당은 최 주교의 몫이었고 그는 일부러 작은 성당을 골라 갔기 때문이다. 알로이시오 신부는, 한 사람은 신부였고 한 사람은 주교였으니 모금을 많이 할 수 있는 큰 성당에 최 주교가 가는 것이 여러 모로 모금액을 높이기에 유리하다고 생각했다.

이러한 생각은 무척 합리적인 것이었고, 합리적인 그의 사고방식은 훗날 그가 가난한 사람들을 위한 구호 사업을 펼칠 때 무척 긍정적인 것으로 작용했다.

주교님의 모금 강론

—

최 주교는 어딜 가나 사람들에게 좋은 인상을 주는 사람이었다. 최 주교의 영어 실력은 초보적인 수준이었지만 크게 문제 되지 않았다. 미국 사람들은 그의 진실함과 순수함에 본능적으로 좋은 반응을 보였다.

　최 주교가 미국에 도착한 뒤 3일째 되던 날이었다. 볼티모어 대교구가 새로 지은 성모 대성당에서 첫 번째 강론을 했다. 그곳 성당 건물의 건축비는 당대 최고였다. 성당에 딸린 사제관도 세상에서 가장 값비싼 건축물 중 하나였다. 젠킨스라는 신자가 엄청난 금액을 교회에 기부하면서 오로지 대성당을 짓는 데만 써 달라는 유언을 남겼기 때문이다.

　정작 볼티모어 대교구는 그런 대성당이 전혀 필요가 없었다. 그래서 그 유언을 바꾸려고 법적으로 많은 노력을 기울였지만 이루지 못했다. 그렇다 보니 그 많은 돈이 헛되이 쓰인다는 것을 알면서도 할 수 없이 기념비적인 성당을 세워야 했던 것이다.

　토요일 오후, 그 거대한 건축물에 도착한 최 주교는 다음날 아침 신자들로 가득 찬 성당의 강론대에서 영어로 강론할 것을 생각하자 겁이 나는 수준을 넘어 공포에 사로잡히고 말았다.

부산 교구의 대청동 대성당을 본 사람이면 누구든지 최 주교의 마음을 이해할 수 있을 것이다. 대청동 성당은 그 성당에 견주면 마치 자동차 차고 같았고, 최 주교가 거처하는 주교관은 그 대성당의 사제관에 견주면 보잘것없는 작은 방 한 칸에 지나지 않았다.

주일 첫 미사는 아침 7시에 있었다. 15분 전 알로이시오 신부는 본당신부와 함께 최 주교의 방으로 가서 문을 두드렸다. 그런데 아무런 대답이 없었다. 두 번, 세 번 문을 두드렸지만 여전히 대답이 없었다. 시간은 점점 흘렀고, 안절부절 못하던 본당신부는 할 수 없이 문을 열고 들어갔다.

최 주교는 방 안을 왔다 갔다 하며 5분밖에 안 걸리는 짧은 강론을 큰 소리로 읽고 있었다. 자신이 내는 큰 소리 때문에 방문을 두드리는 소리를 듣지 못했던 것이다. 최 주교는 알로이시오 신부를 보자 한 번 들어 보라고 했다. 하지만 시간이 없었던 터라 그는 최 주교의 소맷자락을 잡고 밖으로 나왔다.

최 주교의 두려움은 쓸데없는 걱정이었다. 신자들은 최 주교의 모금 호소를 잘 이해했고, 그의 강론은 신자들의 마음을 감동시켰다. 그 감동은 곧바로 신자들의 지갑을 열게 했다.

최 주교와 함께 보스턴 대교구 교구장인 쿠싱 추기경을 방문한 사실도 알로이시오 신부에게는 기억할 만한 일이었다. 시간 약속을 하기 위해 추기경에게 전화를 했을 때, 알로이시오 신부의 전화를 받은 사람이 바로 추기경이었다. 알로이시오 신부는 예전에 추기경을 한 번 만난 적이 있었기 때문에 으르렁거리는 듯한 그의 거칠고 쉰 목소리를 단번에 알아차릴 수 있었다.

"그래, 원하는 게 뭔가?"

알로이시오 신부는 방문을 위해 시간 약속을 하고 싶다고 말했다. 최 주교와 알로이시오 신부는 그날 오후 2시, 추기경의 서재에서 그를 기다렸다. 2시 조금 지나 엘리베이터 문이 열리면서 추기경이 나타났다. 낮잠을 즐겼던 모양인지 추기경은 눈을 비비며 걸어 나왔다.

최 주교가 추기경에게 한국 교회의 어려운 사정에 대해 이야기하자 추기경은 뚱딴지같이 남미 교회에 대한 자신의 생각을 이야기했다. 그는 남미 주교들이 세상과 동떨어진 생활을 하며, 남미 교회가 부자들의 편에 서 있다는 사실을 비판했다. 그러면서 그곳에 필요한 것은 오직 사회 혁명뿐이라고 했다.

그러다가 추기경은 잠시 말을 멈추고 자신의 손바닥으로 얼굴을 가리고는 알로이시오 신부를 향해 "자네 주교에게는 통역하지 말게, 나를 과격분자로 여길지도 모르네."라고 했다.

아무튼 추기경은 재정 지원을 약속해 주었기 때문에 최 주교와 알로이시오 신부는 추기경의 넋두리를 다 받아 준 뒤 그곳을 떠났다.

최 주교를 위한 의전 교육

—

당시만 해도 최 주교와 알로이시오 신부는 사이가 정말 좋았다. 그는 순수하고 인자하고 너그러운 최 주교를 진심으로 존경했다. 실제로 최 주교는 만나는 사람들을 자신의 성격대로 순수하고 진솔하게 대했다. 그렇다 보니 대부분의 미국 주교들은 최 주교를 따뜻하게 맞아 주었고, 최 주교의 이야기를 잘 들어 주었다.

물론 예외도 있었다. 중서부에 있는 한 교구 주교의 경우였다. 손님방에서 세 시간 넘게 기다렸지만 주교는 끝내 나타나지 않았고, 약속을 지키지 못하는 사유도 전해주지 않았다.

화가 난 최 주교는 자동차를 타자마자 호주머니에서 담뱃갑을 꺼냈다. 미국으로 오는 비행기 안에서 공짜로 받은 것이었다. 알로이시오 신부는 물론이고 최 주교도 담배를 피우지 않았다. 그런데 그때는 최 주교가 담배 한 개비를 그에게 건네 주고 자신도 한 개비를 입에 물면서 말했다.

"담배나 피웁시다. 나는 화가 나면 담배에 불을 붙입니다. 어떤 때는 화가 담배 연기와 함께 사라지지요."

그 말이 알로이시오 신부의 흥미를 끌었다. 그리하여 그도 담배를 피웠다. 다 피운 다음 최 주교에게 물었다.

"이젠 기분이 좋습니까?"

"아니요."

최 주교는 그렇게 말하고 묵주를 꺼내서는 "묵주 기도나 합시
다."라고 했다. 묵수기도를 한 뒤에는 기분이 좋아졌다고 했다.

최 주교는 권위 의식이 전혀 없는 성직자였다. 그렇다 보니 의
전 같은 것도 전혀 생각하지 않았다. 이 때문에 알로이시오 신부
는 재미있는 경험을 하기도 했다.

한 번은 뉴멕시코에서 만난 한 위엄 있는 주교가 두 사람의 괴
상한 예절을 보고 크게 놀라워했다. 그 주교가 알로이시오 신부
를 한쪽으로 불러 놓고 교회의 의전 절차에 대해 짧은 강의를 할
정도였다.

여러 가지 가운데 가장 재미있었던 것은 자동차의 상석에 관한
것이었다. 자동차에서 가장 높은 자리는 뒷좌석 오른쪽이라는 것
이었다. 알로이시오 신부는 주교를 보좌하는 사람이었기 때문에
주교가 차에 오르도록 문을 열어 주고, 주교가 오른쪽 뒷좌석에
앉자마자 문을 닫고 재빨리 차 뒤를 돌아 왼쪽 좌석, 곧 주교의
왼편에 앉아야 한다는 것이었다. 그것이 뉴멕시코 주교가 말하는
의전의 정석이었다. 물론 이 경우는 알로이시오 신부가 운전을
하지 않을 때를 말했다.

이 예절을 가르친 뉴멕시코 주교가 보는 앞에서 알로이시오 신
부는 자기들을 태우고 갈 차의 오른쪽 뒷문을 열었고, 최 주교는

차에 올랐다. 알로이시오 신부는 문을 닫고 급히 뒤로 돌아 왼쪽 문을 열고 차에 오르려고 했다. 하지만 최 주교는 알로이시오 신부가 짐작했던 대로 이미 오른쪽에서 왼쪽 자리로 옮겨 앉고 있었다. 뉴멕시코 주교가 말한 상석을 비워 놓고 알로이시오 신부가 앉으려고 생각한 왼쪽 자리에 앉아 있었던 것이다.

최 주교는 알로이시오 신부가 차문을 열어 주면 먼저 타서는 늘 왼쪽으로 옮겨 앉아 이른바 상석인 오른쪽에 알로이시오 신부가 앉을 수 있도록 했다. 이것을 보고 당황한 뉴멕시코 주교에게 알로이시오 신부는 어깨를 으쓱 들어 보일 수밖에 없었다.

최 주교의 영어 에피소드
—

최 주교와 이야기를 나눌 때 미국 사람들은 천천히 그리고 명확한 소리로 말해야 했다. 그래야만 최 주교가 상대방의 영어를 알아들을 수 있었다.

그러나 최 주교에게는 이것이 큰 문제가 되지는 않았다. 왜냐하면 그는 자신과 대화하는 사람의 얼굴 표정을 읽을 줄 알 뿐만 아니라 훌륭한 연기도 할 수 있는 재능을 갖고 있었기 때문이다. 그렇다 보니 상대방은 최 주교가 자신의 영어를 완벽하게 이해한다고 확신했다. 물론 언제나 그런 것은 아니었다.

한 번은 최 주교의 영어 때문에 알로이시오 신부가 곤란에 처했던 적이 있다. 캐나다 토론토의 성 요셉 수녀원에서 새로 지은 본원 건물을 방문했을 때였다. 그 건물은 넓은 판유리와 대리석으로 꾸며져 있었고 자동문이 설치된, 당시로서는 무척 값비싼 최신식 건물이었다. 그런데 총원장 수녀가 그들을 건물 안으로 안내할 때 최 주교가 큰소리로 "Too good! Too good!"이라고 했다.

그 말은 최 주교 같은 경상도 사람이 '매우 좋다'를 '너무 좋다'라는 말로 표현하는 습관이 있기 때문에 그것을 영어로 직역해서 말했던 것이다. 'too good'이 '지나치게 좋다'라는 부정적인 뜻을 가지고 있다는 사실을 최 주교는 미처 몰랐던 것이다.

최 주교의 말을 비난의 말로 받아들인 총원장 수녀는 "아니요, 주교님. 너무 좋은 것은 아닙니다."라고 말했지만, 최 주교는 더 큰소리로 "Yes, Yes, Too good! Too good!"이라고 했다.

알로이시오 신부가 최 주교에게 'Too good'의 뜻을 설명했지만 그 표현을 너무 좋아한 최 주교는 쉽사리 바꾸려고 하지 않았다. 불행하게도 최 주교가 본 것은 거의 모두가 'Too good'이었기 때문이다.

본원 건물을 구경한 뒤 총원장 수녀와 엄숙한 표정을 한 보좌 수녀들이 음료수와 쿠키를 앞에 놓고 주교님 주위에 앉아 이야기를 나누는 시간을 가졌다. 즐겁고 유쾌한 순간이었다. 수녀들은 모두 상냥하게 웃고 있었다. 웃고 있는 수녀들을 보고 기분이 몹시 좋아진 최 주교는 "나는 웃는 수녀님들을 만나면 언제나 무척 기분이 좋습니다."라는 말을 하려다가 '스마일(smile)'이란 단어 대신 '냄새나다'인 '스멜(smell)'이란 단어를 사용해 버렸다.

그 말을 들은 수녀들의 얼굴이 순식간에 굳어졌다. 알로이시오 신부가 나서서 곧바로 조용한 목소리로 대화에 끼어들어 "주교님의 스멜(smell)이란 말은 스마일(smile)을 잘못 말한 것입니다."라고 설명해 주었다. 그런데 그의 말을 들은 최 주교는 더 큰소리로 "그래요, 내가 말한 것은 스멜입니다, 스멜."이라고 말해 버렸다.

최 주교와의 식사
—

최 주교와 같이 여행을 하다 보니 알로이시오 신부도 한국인의 눈으로 미국을 새롭게 보게 된 경우도 많았다. 그것은 뜻있는 가르침이 되기도 했다.

모금 여행을 하던 중 처음으로 길가에 있는 식당에서 밥을 먹을 기회가 있었다. 두 사람은 프라이팬에 지진 치즈를 넣은 샌드위치와 콜라, 아이스크림을 주문했다.

여종업원이 음식을 식탁에 놓은 다음 계산서를 뒤집어 놓고 갔
나. 그런데 알로이시오 신부가 그것을 집기 전에 최 주교기 먼저
집어 버렸다. 아래쪽에 1.20달러라고 적혀 있었다. 최 주교는 놀
란 듯이 두 눈을 크게 떴다.

"이 간단한 식사가 1달러 20센트라니! 이 돈은 한국 노동자의
하루 벌이보다 훨씬 많은 돈인데!"

그런 상황에서 알로이시오 신부는 또 25센트짜리 동전을 팁으
로 식탁에 놓아야 했다. 이 모습을 최 주교가 또 보고 말았다. 당
시 모금 여행을 통해 모은 돈은 최 주교와 알로이시오 신부의 공
동 재산이었다. 그래서 알로이시오 신부는 팁의 관습을 모르는
최 주교에게 또다시 팁에 대한 설명을 해야 했다.

이런 일이 있은 뒤부터 두 사람은 식당에 가는 대신 아침에 땅
콩버터나 소시지 또는 치즈로 샌드위치를 만들어 점심시간이 되
면 주유소에 설치된 음료수 자판기에서 콜라를 사서 차 안에서
점심을 먹었다.

한 번은 뉴욕 주의 로체스타로 가는 길이었다. 펜실베이니아
주의 초록으로 뒤덮인 고지대의 아름다운 산길에 차를 세우고
두 사람은 아침에 만든 샌드위치로 점심 식사를 했다. 알로이시
오 신부는 식사 뒤 빈 콜라병을 산 아래 풀밭으로 던지고는 굴러
가는 모습을 내려다보고 있었다. 그것을 본 최 주교는 웃으면서

이렇게 말했다.

"다음에는 한국까지 멀리 던져요. 가난한 사람들이 주워 갈 수 있도록 말이요. 허허허."

알로이시오 신부가 최 주교와 함께 중서부 지역을 여행할 때였다. 마침 도시락을 준비하지 못해 알로이시오 신부는 맥도날드 가게에서 햄버거를 샀다. 겨자를 치려고 빵을 벌리다가 안에 든 고기를 보고 최 주교는 이렇게 말했다.

"어릴 때 우리 형제자매가 1년 동안 먹은 고기의 양보다 많네요."

몇 주 동안 계속 여행한 끝에 두 사람은 워싱턴에 있는 알로이시오 신부의 아버지 집으로 돌아갔다. 당시 그곳은 두 사람의 모금 운동 본부 역할을 했다. 마침 아버지와 여동생들이 휴가를 떠나 집에는 아무도 없었다. 저녁 식사를 준비해 줄 사람이 없어 알로이시오 신부는 최 주교에게 밖에 나가 사 먹자고 했다. 그러자 최 주교는 부드러운 얼굴로 이렇게 말했다.

"한국의 많은 사람들이 굶주리고 있는데 내가 어찌 식당에서 이 귀한 돈을 쓸 수 있겠습니까? 그냥 냉장고에 있는 빵과 우유로 때웁시다."

첫날은 할 수 없이 그렇게 먹었지만 다음 날부터 알로이시오 신부는 텔레비전 식사(오븐에 가열만 하면 요리가 되는 냉동식품으로 텔레비전을 보면서 준비할 수 있다고 해서 붙은 이름) 가운데서도 최고의 음식으로 최 주교를 대접했다.

알로이시오 신부의 아버지 집에서 최 주교는 반가운 손님이었다. 우선 최 주교는 평신도보다 대접하기 쉬운 손님이었다. 하루는 여동생은 외출 중이었고 아버지는 텔레비전 식사를 싫어했기 때문에 알로이시오 신부가 소고기 스테이크를 요리했다.

식사가 끝나고 세 사람은 거실에서 텔레비전을 보고 있었다. 그때 최 주교가 걱정이 되었는지 알로이시오 신부의 아버지에게 이렇게 물었다.

"설거지는 누가 하지요?"

"누구라니요? 물론 주교님이지요. 주교님 차례가 아닙니까?"

알로이시오 신부의 아버지가 한 말은 농담이었다. 그런데 그 말이 떨어지자마자 최 주교는 벌떡 일어나 웃도리와 로만칼라를 벗고 부엌으로 갔다. 곧바로 부엌 쪽에서 물 흐르는 소리와 냄비, 프라이팬, 접시 부딪히는 소리가 들려 왔다.

알로이시오 신부는 급히 부엌으로 가서 아버지가 미국식 농담을 한 것이라고 설명했다. 하지만 최 주교는 그 말에 개의치 않고 설거지를 계속했기 때문에 그를 다시 거실로 데려오는 데 알로이시오 신부는 약간의 수고를 해야만 했다.

모금 여행 도중 최 주교와 알로이시오 신부는 알바니 교구의 사무처 건물에서 하룻밤 지낸 적이 있다. 그날 저녁 사무처장 신부가 그들을 식사에 초대했다. 식사가 시작되자 주방 아주머니가 최 주교와 알로이시오 신부 앞에 소고기 스테이크를 담은 접시를 가져 왔는데, 스테이크의 크기가 젊은 벌목공이라도 다 먹으려면 힘들 정도의 크기였다.

알로이시오 신부는 4분의 1정도만 먹고 칼과 포크를 내려놓았다. 그러나 최 주교는 애를 쓰면서 한 점의 고기도 남기지 않고 끝까지 다 먹었다. 그 뒤 최 주교는 이틀 동안 고생을 해야 했다.

알로이시오 신부가 고기 양이 많은 것을 알면서 왜 남기지 않고 다 먹었는지 물어보자 최 주교는 그 뒤에도 자주 사용하는 말이 되어 버린 '아깝기 때문'이라고 했다. 최 주교에게 있어 '아깝다'란 말은 '너무 좋고 귀하기 때문에 도저히 버릴 수 없다'는 뜻이었다.

최 주교의 구두와 안경 그리고 리무진
—

최 주교가 미국에 처음 왔을 때 뒷굽이 높은 이상한 검은 구두를 신고 있었다. 알로이시오 신부는 그런 구두를 도대체 어디서 구했는지 알 수가 없었다. 그렇다고 물어 보기도 뭣해서 그냥 생각만 하고 있었는데, 하루는 그 이상한 구두 때문에 최 주교가 발을 삐었다. 더 이상 호기심을 참을 수 없었던 알로이시오 신부는 그 이상하게 생긴 구두를 어디서 구했는지 물어보았다.

"아, 부산에 있는 메리놀회 수녀님이 준 거예요."

그제야 알로이시오 신부는 의문이 풀렸다. 그 구두는 외국 수녀들이 신는 여성용 구두였던 것이다. 그런데 발을 삔 뒤에도 최 주교는 새 구두로 바꾸려 하지 않았다. 할 수 없이 굽을 반으로 잘라내는 선에서 타협을 했다. 그래도 여전히 보기 이상했지만 더 이상 위험하지는 않았다.

최 주교는 시력도 좋지 않은 편이었다. 그런데 끼고 있는 안경은 시력에 거의 도움이 안 되는 렌즈였다. 어느 날 알로이시오 신부는 안경을 어디서 샀는지 물어보았다. 최 주교는 부산의 한 시장 길거리에서 아주 헐값에 샀다고 했다.

그 말을 들은 알로이시오 신부는 당장 최 주교를 데리고 안경점으로 가서 검사를 하게 했다. 결과는 안경 렌즈가 창문 유리보다 별로 나을 것이 없다는 것이었다. 알로이시오 신부는 며칠을 설득해 최 주교가 새 안경을 맞추도록 했다.

미국을 떠나기 며칠 전 알로이시오 신부는 최 주교가 미시건 주의 어느 대주교와 만날 수 있도록 약속을 정해 주었다. 그런데 당시 최 주교의 머리가 너무 길어 이발을 해야 할 상황이었다.

알로이시오 신부가 최 주교에게 이발을 하러 가자고 하자 단번에 "No!"라고 했다. 이유인즉 3주만 있으면 유럽으로 갈 것인데, 유럽의 이발비가 미국보다 싸기 때문에 그때까지 기다리겠다고 했던 것이다.

유럽의 이발비가 미국보다 싸다는 것을 최 주교가 어떻게 알았는지 알로이시오 신부는 궁금했다. 어디서 들은 것은 아닌 것 같고, 미국 물가가 워낙 비싸다 보니 막연히 그런 생각을 한 것 같았다.

최 주교가 처음 미국에 왔을 때 알로이시오 신부는 소형 르노 자동차로 마중을 나갔다. 최 주교를 태우고 차를 운전하면서 그는 소형 르노가 무척 경제적인 차라고 설명했다. 하지만 한편으로는 주교의 신분에 있는 사람을 모시기에는 너무 보잘것없는 차가 아닐까 하는 걱정을 했다.

그러나 최 주교는 한국에서 타는 지프에 견주면 그 차는 아주 고급이라고 했다. 그 말에 알로이시오 신부는 포드 같은 큰 차 대신 작은 차를 계속 타고 다니기로 마음을 먹었다.

작은 승용차 때문에 재미있는 일도 경험했다. 볼티모어에서 있었던 일이다. 어느 화창한 일요일 오후, 돈 많고 영향력이 있는 천주교 신자들이 최 주교를 위해 칵테일파티를 열어 주었다. 두 사람은 그 도시의 부자들이 사는 지역에 일찍 도착해서는 파티가 열릴 고급 주택 바로 앞에 차를 세워 놓고 안으로 들어갔다.

손님들이 모여들고 파티가 시작되었다. 그때 파티를 베푼 집주인이 알로이시오 신부에게 다가와 현관 앞으로 가자고 했다. 그곳에는 한 경찰관이 알로이시오 신부를 기다리고 있었다. 경찰 본부에서 교통 정리를 하도록 보낸 경찰이라고 했다.

마음씨 좋아 보이는 그 경찰관은 알로이시오 신부의 차를 다른 곳으로 옮겨 달라고 했다. 그렇지 않으면 교통 경찰국에 연락해 견인차를 부르겠다고 했다. 그가 차를 치워 주어야 주교가 타고 올 리무진이 집 바로 앞에 도착할 수 있다는 것이었다.

알로이시오 신부는 주교님의 리무진은 이미 도착했다며 오후 햇살에 반짝이는 소형 르노를 가리켰다. 집주인은 크게 당황하는 표정이었다. 그때 경찰관이 점잖게 말했다.

"신부님, 저는 성공회 신자입니다. 우리 성공회의 거드름 피우는 주교들도 캐딜락이나 콘티넨털을 타고 돌아다니는 대신 이런 작은 차를 타고 다니면 얼마나 좋겠습니까?"

성공회 신자라는 그 경찰관의 반응처럼 어느 종교나 성직자들의 가난하지 않은 삶은 신자들에게 불쾌감을 안겨 준다. 그렇다고 그 경찰관이 자신의 주교에게 가서 '소형차를 타고 다니세요'라고 말하지는 않을 것이다. 그저 속으로 못마땅해할 뿐이다. 그렇다 보니 성직자들은 교회의 신자들이 자신들을 어떻게 생각하고 있는지 잘 모르는 경우가 많다. 그저 늘 존경받는다고 생각하며 살아갈 뿐이다.

최 주교와 알로이시오 신부가 모금 여행을 하는 동안 들렀던 수많은 성당과 수도원, 신학교에서 따뜻한 환대를 받았던 것은 두 사람의 가난한 모습 때문이었다.

주교의 신분에 어울리지 않는 작은 승용차를 타고, 숙박비를 아끼기 위해 성당을 찾아다니고, 식사비를 줄이기 위해 샌드위치를 직접 만들어 가지고 다니는 그 모습에서 사람들은 신선한 충격을 받았고, 물심양면으로 두 사람을 도와주었다.

만약 두 사람이 미국의 다른 주교들처럼 고급 승용차를 타고 값비싼 숙소에 묵으면서 모금 여행을 다녔다면 사람들은 마지못해 모금에 동참했을지는 몰라도 진심 어린 환대는 하지 않았을 것이다. 미국에서 있었던 1, 2차 모금 여행이 성공적일 수 있었던 것은 오직 두 사람의 가난한 모습에 감동을 받은 미국 신자들이 마음을 열었기 때문이다.

8개월 동안의 모금 여행이 끝나고 알로이시오 신부와 최 주교는 작별 인사를 해야 할 때가 되었다. 최 주교는 먼저 유럽으로 떠나고 알로이시오 신부는 몇 주 뒤 유럽으로 가 함께 모금 활동을 하기로 되어 있었다.

모금 여행이 끝나갈 즈음, 알로이시오 신부는 건강도 많이 회복 되었으니 유럽 모금 활동을 끝내고 한국으로 돌아갈 수 있도록 최 주교에게 허락을 청했다. 그러나 최 주교는 머리를 흔들며 단번에 안 된다고 했다. 그러면서 미국에 머물면서 한국 교회를 위한 모금 활동을 계속하라고 했다.

며칠 뒤 알로이시오 신부는 다시 최 주교에게 같은 청을 했다. 자신이 한국에 있었던 기간은 얼마 되지도 않고, 그마저도 대부분 병을 앓았기 때문에 한국에 대해 아는 바가 별로 없다고 말했다. 그러면서 한국에 돌아가 몇 개월 동안만이라도 머물면서 사진을 더 찍어 오면 모금 활동을 하는 데 큰 도움이 될 것이라고 말했다. 그 말에 최 주교는 흔쾌히 승낙했다.

몇 주 뒤 알로이시오 신부는 다시 이 문제를 끄집어냈다. 몇 개월만의 체류로는 충분하지 못하니 적어도 1년으로 늘려 줄 것을 요청했다. 최 주교는 이 제의 역시 받아 주었다. 최 주교의 미국 여정이 끝나갈 즈음 알로이시오 신부는 다시 한 번 더 노력해 보았다.

"주교님, 제가 신부가 된 지 3년이 되었습니다만 반은 병으로 아무 일도 못했고, 또 반은 모금 활동밖에 하지 못했습니다. 이것이 제가 신부가 된 목적이 아니지 않습니까? 제발 한국에 돌아가서 그곳에 있게 해 주십시오."

최 주교는 놀란 눈으로 알로이시오 신부를 쳐다보더니 마지못해 한국행에 동의했다. 그렇게 해서 그는 새롭고 기쁜 생활을 할 수 있는 기회를 다시 얻게 되었다. 그리하여 유럽에서의 모금 활동을 마치고 1961년 성탄이 임박했을 무렵, 최 주교와 함께 그토록 그리워하던 한국으로 다시 돌아올 수 있었다.

2부

가난한 나라, 한국의
선교 사제로 살다

07

부산에서의
초창기 구호 사업

Rev. Aloyslus Schwartz

1년 반 동안 미국에서 생활하는 동안 알로이시오 신부의 건강은 많이 좋아졌다. 덕분에 한국으로 돌아올 수 있었던 알로이시오 신부는 예전처럼 부산의 주교관에서 생활하며 숙식을 해결하고, 어려운 한국어 공부도 다시 시작했다.

그런데 주교관 생활을 시작하자마자 대장염 증상이 다시 심해져 주교관 주방에서 준비해 주는 음식을 소화시키기가 너무 어려워졌다. 여기에다 이질까지 걸려 생명의 위협까지 느껴야 할 정도로 건강이 악화되었다.

이미 한 번 몸이 좋지 않아 미국으로 돌아간 경험이 있었기에 주교관에서는 비상이 걸렸다. 주교관 생활을 계속한다면 그의 건강이 악화될 것이 뻔했기 때문이다. 최 주교는 알로이시오 신부에게 한 가지 제안을 했다. 본딩신부가 없는 성당을 맡아 생활하면서 몸에 잘 맞는 음식을 손수 준비해 먹으면 어떻겠냐는 것이었다.

당시 부산 송도성당은 성당 건물만 있을 뿐 주임신부 없이 비어 있었다. 알로이시오 신부는 최 주교의 말에 동의했다. 그렇게 해서 그는 부산 교구에서 가장 가난한 성당이었던 송도성당(당시 송도 본당 신자들은 대부분 수도와 전기 시설도 없는 산비탈 판잣집에서 살았다)의 주임신부가 되었다.

최 주교의 생각과 알로이시오 신부의 결정은 무척 지혜로운 것이었다. 스스로 자기 몸에 맞는 음식을 준비해 식사를 해결하자 알로이시오 신부의 건강이 눈에 띄게 좋아졌다. 그렇게 해서 약 5년 동안의 송도 본당신부 생활이 시작되었다.

세 개의 모자를 쓴 사람
—

당시 알로이시오 신부는 스스로를 두고 머리에 여러 개의 모자를 쓰고 산다고 했다. 첫째 모자는 한국어를 공부하는 학생 모자였다. 이 신분은 평생 지니고 있어야 했다. 한국어를 정복한다는 것은 끝이 없는 일이기 때문이었다. 두 번째는 송도 본당신부 모자였고, 세 번째는 우편 모금 사업의 책임자 모자였다.

그때까지만 해도 알로이시오 신부의 우편 모금 사업은 전문 대행업체에 위탁해 놓은 상태였고, 한국자선회 본부는 미국에 있는 그의 아버지 집을 임시로 사용하고 있었다.

그는 우편 모금을 위한 비용을 최소화하기 위해 직접 모금 편지를 쓰고 사진을 찍어 팸플릿을 만들었다. 그리고 우편물 수취인 목록을 정하고 모금 결과를 분석하며 전체 사업을 이끌어 갔다. 그러다 보니 몸은 한국에 있지만 우편 모금 사업을 위해 지속적으로 관리해야 하는 일들이 많았다.

문제는 이 세 가지 모자를 쓰고 하는 일 가운데 어느 하나도 쉬운 일이 없다는 점이었다. 한국어 공부는 하면 할수록 어렵기만 했다. 당시 그는 일요일을 빼고는 날마다 박 다미아노와 함께 한쪽은 영어, 다른 한쪽은 한글이 인쇄된 포켓북을 하나씩 들고 다니며 한국어를 공부했다. 한국어 공부도 어려웠지만 열악한 환경은 그를 더 힘들게 했다.

한국의 겨울은 알로이시오 신부에게는 살인적이라 할 만큼 매서웠다. 당시 온기가 있는 곳이라곤 그의 침실에 있는 작은 연탄난로가 유일했고, 성당 내부와 사제관은 완전히 냉골이었다. 요즘처럼 실내화를 신는 것도 아니었고, 차가운 마룻바닥을 양말만 신고 다녔기 때문에 알로이시오 신부는 발에 동상이 걸리고 말았다.

동상은 초기에는 선홍색을 띠다가 심해지면 검붉은 색을 띠는데, 그의 발은 겨울 내내 검붉은 색을 띠고 있었다. 그러다가 난로 가까이 앉아 공부를 하다 보면 난로 열기에 동상 걸린 발이 무척 가려웠는데, 한국어 공부를 방해한 것은 바로 그 가려움이었다.

1963년 1월 매우 추운 아침이었다. 연탄난로에 거의 닿을 성도로 바짝 붙어 앉아 신부님과 한글 공부를 하고 있었다. 연탄난로 열기에 얼어 있던 발이 녹으면서 발바닥이 가렵기 시작했다. 가려움이 점점 심해져 참기 어려웠다. 나는 무심코 두 발을 서로 비비기 시작했다.

계속 발을 비비고 있는 나를 보고 분심이 든 신부님이 왜 그러느냐고 물었다. 나는 동상 걸린 발이 열을 받아 몹시 가려워 비빈다고 했다. 당시 신부님의 침실과 내 방에만 연탄난로가 있었고, 성당 내부와 사제관 복도는 완전한 냉방이었다. 그 추위에 양말만 신은 채 차가운 마룻바닥을 걸어 다니다 보니 동상이 걸린 것이다.

잠시 말없이 가만히 계시던 신부님은 양말을 벗어 내게 발을 보여 주셨다. 온통 검붉은 색이었다. 깜짝 놀란 나는 아무 말을 할 수 없었다. 신부님은 다시 양말을 신었다. 겨울에도 에어컨을 트는 경우가 있을 정도로 지극히 안락한 미국 사회를 두고 신부님은 지극히 가난한 선교 나라에 오셔서 추위에 고생하시며 초인적인 인내심을 보여 주셨던 것이다.

- 『여전히 살아계신 우리 신부님』 중에서

알로이시오 신부를 또 힘들게 한 것은 음식이었다. 당시 모든 본당의 사제관에는 식복사가 있어 신부들은 그들이 준비해 주는 제대로 된 음식을 먹었다. 그러나 알로이시오 신부는 손수 준비한 지극히 검소한 음식으로 식사를 해결했다.

삶거나 프라이한 계란 하나와 토스트 한 조각에 버터와 잼을 발라 커피와 함께 아침으로 먹었다. 점심은 언제나 땅콩버터를 바른 빵 한 조각과 '탱'이란 상표가 붙은 오렌지 가루를 물에 타서 만든 주스 한 잔이 전부였다. 이런 단출한 식사는 훗날 그가 루게릭병에 걸려 병석에 눕기 전까지 한결같이 계속된 것이기도 하다. 저녁 메뉴만 조금 달랐는데 그래봤자 빵과 인스턴트 수프와 통조림 음식이 전부였다.

말로 표현할 수 없을 정도로 검소한 식사였다. 그나마 그렇게 먹고부터는 위장 장애가 덜했으니, 그는 체질적으로 한국의 음식과 기후가 아주 맞지 않는 사람이었던 셈이다. 물론 외국인이었으니 기본적으로 그럴 수밖에 없겠지만 당시 한국에는 많은 수의 외국인 신부와 수도자들이 있었는데 대부분 한국 음식과 기후에 잘 적응하는 편이었다. 그런 면에서 볼 때, 알로이시오 신부에게는 한국에서의 생활 그 자체가 엄청난 고통이었다는 것을 알 수 있다.

송도 본당으로 거처를 옮기기 전 주교관에서 생활할 때 알로이시오 신부가 유일하게 미국 음식을 즐긴 것은 부산 항구 3부두에 있던 미국 선원 클럽에 가서 먹는 샌드위치와 콜라였다. 그 클럽은 군수물자를 싣고 온 미국 상선의 선원들이 식사를 하고 술도 마시는 식당이었는데, 알로이시오 신부는 그 식당에 1주일에 한 번 또는 2주일에 한 번 정도 갔다.

그곳에서 그가 가장 좋아한 음식은 치즈를 넣어 철판에 구운 샌드위치였다. 그는 샌드위치를 콜라와 함께 먹었다. 하지만 그 식당도 송도 성당 발령을 받고 난 뒤에는 발길을 끊었다.

부산 교구에서 사목하던 미국 메리놀회 신부들은 월요일이면 서면에 있는 미군 부대에 가서 소고기 스테이크를 포함한 각종 미국 음식을 즐겼다. 하지만 알로이시오 신부는 단 한 번도 그곳에 간 적이 없다.

이렇듯 알로이시오 신부는 처음부터 한국의 가난한 사람들과 함께 하기 위해 스스로 가난한 삶을 택했다. 그가 쓴 『가난은 구원의 징표이다』라는 책에는 교구 사제들에게 권하는 10가지 권고 사항이 나오는데, 세 번째 항목에 이런 내용이 있다.

"자발적인 독신 생활이 육체적 만족을 주는 음식물을 탐닉해도 좋다는 무한의 허락으로 생각하지 마십시오. 러시아 격언에 '빵과 소금을 먹고 복음의 진리를 전하시오'라는 말이 있습니다."

176

우편 모금 중단 위기

—

다행인 것은 한국어 공부와 겨울 추위는 시간이 지나면 자연히 해결될 것이었고, 먹는 것 역시 손수 해결이 가능했으니 큰 문제가 되지는 않았다. 하지만 우편 모금 사업과 송도 본당 일은 하루도 조용할 날이 없었다. 더구나 대부분이 엄청난 노력과 시간을 들여야만 해결 가능한 일들이었다.

특히 우편 모금 사업은 미국에서 진행되고 있었기 때문에 문제가 생겼을 경우 미국으로 가야 해서 여간 어려운 문제가 아니었다. 그런 까닭에 우편 모금 사업은 여러 번 위기를 맞기도 했다.

우편 모금 사업은, 한국의 열악한 상황에 대해 쓴 알로이시오 신부의 편지와 사진 그리고 간단한 선물이 든 우편 봉투를 미국에 있는 우편 모금 위탁업체를 통해 미국 전역에 보내는 시스템이었다. 당시 알로이시오 신부는 돈이 많지 않았기 때문에 다른 사람들만큼 우편물을 많이 보낼 수는 없었지만 다른 우편 모금 편지보다 후원금을 받는 응답률은 높았다. 그의 편지가 받아 보는 사람들의 마음을 움직일 정도로 감동적이었기 때문이다.

여기에다 알로이시오 신부는 편지를 보내는 사람의 주체를 최재선 주교로 했다. 가톨릭교회의 고위 성직자인 주교는 국적을 불문하고 전 세계 사람들에게 권위와 신뢰를 인정받았기 때문에 다른 우편 모금 편지보다 응답률이 높았던 것이다. 따라서 후원금은 시간이 지날수록 많이 들어왔다.

하지만 알로이시오 신부의 성공적인 우편 모금 활동을 좋아하지 않는 사람들이 있었다. 바로 미국의 주교들이었다. 미국 주교들은 알로이시오 신부가 최 주교의 이름으로 하는 모금 활동이 못마땅했다. 다른 이유는 없었다. 그가 모금해 가는 돈 만큼 그들 몫의 후원금이 줄어들기 때문이었다.

미국 교회는 알로이시오 신부의 우편 모금이 성과를 거두면서 점점 더 많은 돈이 그에게 흘러 들어가자 노골적으로 불쾌한 감정을 드러냈다. 그러다가 모금 활동을 중지할 것을 대놓고 요구했다. 하지만 알로이시오 신부는 그 압력에 굴하지 않고 우편 모금을 계속해 나갔다. 그러자 몇몇 미국 주교들이 로마 교황청에 불만의 편지를 보냈다. 그들의 주장은 알로이시오 신부가 자신들의 구역을 침범하고 있다는 것이었다.

결국 교황청은 포교성성 장관인 아가지니안 추기경의 이름으로 1962년 최재선 주교 앞으로 편지를 보내 우편을 통한 모금 운동을 중지하라고 지시했다. 알로이시오 신부는 아가지니안 추기경에게 편지를 보내 자신의 우편 모금을 불편해하는 미국 주교가 누구인지 물었다. 직접 미국으로 가서 해당 주교를 만나 설득할 생각이었다. 하지만 추기경은 어떤 주교가 불평을 하는지, 그 불평의 내용이 구체적으로 무엇인지 정확하게 말해 주지 않았다.

게다가 알고 보니 미국의 주교들 가운데 어느 누구도 알로이시오 신부가 우편 모금을 통해 모은 돈으로 무엇을 하는지 물어본 적이 없는 것으로 드러났다.

한마디로 그들은 알로이시오 신부가 무슨 목적으로 돈을 모금하는지는 전혀 관심이 없었고, 단지 자신들의 관할 구역 안에서 모금을 하는 것 자체가 싫었을 뿐이다. 그 이유가 돈 때문이란 사실을 알로이시오 신부는 잘 알고 있었다.

교황청도 마찬가지였다. 알로이시오 신부의 모금 사업으로, 굶주리고 고통받는 가난한 한국 사람들의 형편이 좋아지고 있는지를 확인하는 일 따위에는 관심이 없었다. 오직 미국 교회 당국이 몹시 싫어하니 하지 말라는 말뿐이었다. 그러면서 한편으로는 교황청도 미국 주교들의 태도가 마음에 들지 않는다는 말로 알로이시오 신부를 위로했다.

교황청을 찾아가 담판을 짓다

이 문제를 해결하지 않고는 우편 모금 활동을 계속하기 힘들 것이라 생각한 알로이시오 신부는 모금 운동을 중지하라는 명령을 내린 아가지니안 추기경을 직접 만나 모금 사업의 정당한 사유를 설명하고자 1963년, 로마로 떠났다.

알로이시오 신부를 직접 만난 자리에서도 추기경은 불평을 한 미국 주교들의 이름과 그들의 불평 내용이 무엇인지는 밝히지 않았다. 알로이시오 신부는 아가지니안 추기경에게 자신이 벌이고 있는 사업 내용을 설명했다.

재미있었던 것은, 알로이시오 신부가 추기경을 만날 때까지 추기경의 지시를 따르지 않고 있었는데 오히려 그것이 더 긍정적으로 작용했다는 사실이다. 추기경은 자신이 중지 명령을 내렸기 때문에 알로이시오 신부가 모금 활동을 이미 중지한 줄로 알고 있었다. 그때는 모금을 중지하라는 지시가 나간 지 몇 개월이 지난 뒤였기 때문이다. 대화 도중 그 사실을 안 추기경은 크게 놀라며 이렇게 말했다.

"아니 지금까지 모금 활동을 중지하지 않았단 말입니까?"

추기경의 말에 알로이시오 신부는 침을 꿀꺽 삼키고 깊은 숨을 들이마시며 이렇게 대답했다.

"추기경님, 이해해 주셔야 합니다. 우편 모금 사업은 하루아침에 중지할 수 있는 것이 아닙니다."

그러고는 자신의 사업에 대해, 그리고 한국 교회와 한국의 가난한 사람들의 처지에 대해 설명했다. 알로이시오 신부는 당시의 현 상황을 기정사실로 하는 것보다 더 좋은 것은 없다고 생각했다. 추기경을 만나는 그 순간에도 그의 우편 모금 사업은 최대 속력으로 달리는 기차와 같이 활발히 진행되고 있었기 때문이다.

오랜 설득 끝에 마침내 추기경을 설득시켰고, 추기경은 알로이시오 신부의 입장을 받아들였다. 추기경은 더 이상 알로이시오 신부의 사업에 관여하지 않겠다고 말했다. 자신이 본체만체할 테니 알아서 하라는 뜻이었다. 그러면서 그가 하는 일에 마음으로 동참한다는 뜻으로 아주 큰 성작을 선물로 주었다.

사실 알로이시오 신부의 로마 출장은 단순히 추기경을 만나 자신의 뜻을 전하고 오는 것으로 끝나는 것이 아니었다. 떠나기 전 여러 차례 국제 전화를 하고, 꼼꼼히 보고서를 만들어야 했다. 우편 모금을 통해 모은 돈으로 어떤 사업을 하고 있는지 객관적으로 신뢰할 만한 자료가 있어야 했기 때문이다.

그것은 힘든 일이었고, 동시에 무척 위험한 일이기도 했다. 자칫 잘못해 교황청으로부터 사업의 정당성을 인정받지 못하게 되면 우편 모금 사업은 중단될 수밖에 없었고, 그렇게 되면 그가 계획하고 있던 모든 사업도 중단될 수밖에 없었다. 그러므로 알로이시오 신부는 추기경을 설득하기 위해 준비를 아주 철저히 했다.

그리고도 마음이 놓이지 않자 당시 영적 어머니로 생각하고 있던 부산 갈멜수녀원의 젤뚜르다 수녀(젤뚜르다 수녀에 대한 이야기는 뒤에 자세히 나온다)를 찾아가 자신이 처한 어려운 상황에 대해 이야기하고 노움을 청했나.

젤뚜르다 수녀는 알로이시오 신부가 로마로 떠나고 난 뒤 그를 위해 밤낮으로 기도했음을 훗날 알로이시오 신부에게 보낸 편지에서 밝히기도 했다. 이 이야기는 그가 다른 사람에게는 결코 내색하지 않았지만 얼마나 심리적으로 큰 부담을 갖고 로마로 향했는지 짐작할 수 있게 해 준다.

> 여행 내내 나는 눈에 보이지 않는 어떤 힘이 나를 이끌고 있다는 것을 느낄 수 있었습니다. 부산에 돌아온 뒤에야 그 느낌의 이유를 알았습니다. 내 여행이 성공하기를 바라며 밤낮으로 기도하던 사람이 있었습니다. 그분은 바로 젤뚜르다 수녀님이었습니다.
>
> ―『조용히 다가오는 나의 죽음』 중에서

우편 모금 운동 중지라는 급한 불은 껐지만 그것이 완전한 해결책이 아니라는 사실을 알로이시오 신부는 잘 알고 있었다. 추기경의 처사는 어디까지나 일시적인 집행유예 선고에 지나지 않았기 때문이다. 담당 추기경이 바뀌기라도 하면 언제든지 되풀이될 수 있는 문제였다. 실제로 그는 1년이 못 되어 로마로부터 똑같은 명령을 다시 받았다. 그때는 한국자선회가 설립된 지 3년이 되던 해였다.

위기를 더 좋은 기회로 바꾸다

—

천둥이 잦으면 비가 오기 마련이다. 알로이시오 신부는 근본적인 해결을 위해 고민을 해야 했다. 그는 진즉부터 이런 날이 오리란 걸 미리 내다보고 조금씩 준비하고 있었기에 큰 혼란은 일어나지 않았다.

우편 모금 활동이 계속되면서 알로이시오 신부는 이 사업에 대한 충분한 지식을 얻었다. 그렇게 되자 자신이 직접 사업을 진행할 수 있게 되었다. 그것은 엄청난 지출을 줄일 수 있다는 것을 뜻했다. 그동안 우편 모금 사업 대행료로 만만치 않은 금액이 소요되었기 때문이다. 그 지출은 어떤 의미에서 후원금의 용도에 맞지 않는 것이기도 했다.

후원금이 많아지면서 관리해야 할 일들이 늘어나자 알로이시오 신부는 워싱턴의 한국자선회 사무실 운영을 막내 여동생 존에게 맡겼다. 사무실도 그의 아버지 집에서 다른 여동생인 마가렛의 집 지하실로 옮겼다. 그러다가 존이 결혼을 하면서 일을 못하게 되자 이번에는 형 루이스에게 맡겼다. 이 모든 것은 오직 경비를 최소화하기 위한 자구책이었다.

훗날 한국자선회는 아시아자선회로 바뀌면서 다시 사무실이 워싱턴으로 옮겨 갔는데, 그때 워싱턴 사무실의 책임을 맡은 사람은 그의 매부 윌리엄 비타였다. 비타는 사무실의 책임자로서 자금 관리와 우편 모금에 필요한 구매 업무와 사업 진행을 맡아 했다. 그때노 비타 혼사만 전임 고용인이었고, 12명쯤 되는 여성들은 시간제로 일했다. 그 모든 것이 후원금을 모으는 데 있어 들어가는 비용을 최소화해야 한다는 그의 원칙에 따른 것이었다.

실제로 알로이시오 신부는 우편 모금 사업으로 상상할 수 없는 금액의 후원금을 받았지만 가능하면 모금액의 서의 전부를 가난한 사람들을 위해 사용하기 위해 노력했다. 그리하여 모금한 돈의 98%를 원래의 목적에 맞게 가난한 사람들을 위한 구호 자금으로 썼고, 극히 일부분인 2%만 한국자선회 사무실 운영비와 잡다한 비용에 사용했다.

우편 모금 사업을 알로이시오 신부가 직접 맡아 하자 한국자선회 운영 비용이 엄청나게 줄어든 것은 물론이고, 한국자선회 사무실이 미국에 있을 이유도 사라졌다. 그는 당장 한국자선회 사무실을 부산으로 옮겼다.

알로이시오 신부는 모금 편지를 한국에서 발송하면 미국 주교들이 불만을 토로할 근거가 없어질 것이라고 생각했다. 그것은 당시 한국의 국제 우편료가 미국의 국내 우편료보다 쌌기 때문에 가능한 것이기도 했다. 아무튼 여러모로 대단히 좋은 생각이었다. 실제로 그 뒤로 미국의 고위 성직자들로부터 불만이 제기된 적이 없었다.

뿐만 아니라 모금 결과도 크게 좋아졌다. 한국에서 우편 모금 편지를 보내기 시작하면서 알로이시오 신부만의 독특한 방법을 사용했기 때문이다. 그것은 편지 봉투의 주소를 손으로 정성스럽게 쓰고, 편지와 함께 손수건을 보내는 것이었다.

한국자선회 사무실을 부산으로 옮긴 알로이시오 신부는 큰 건물을 사들여 미국에 보낼 우편물 처리 작업장과 사무실로 개조했다. 그런 다음 2~3백 명의 야간 고등학교 여학생들을 고용해 편지지의 주소를 손으로 쓰게 했다. 우편물을 받는 미국 사람들이 기계로 인쇄된 편지를 받는 것보다 사람이 직접 손으로 쓴 편지를 더 좋아한다는 사실을 알고 있었기 때문이다.

당시 미국의 우편 모금 활동가들은 50만 달러나 하는 자동 주소 인쇄 기계를 사용해 순식간에 엄청난 양의 우편물을 처리했다. 알로이시오 신부는 그런 성의 없는 편지가 우편 모금 편지를 쓰레기 우편물로 취급하게 만드는 중요한 요인이라 생각했다.

손수건 자수 사업
—

알로이시오 신부는 가난한 사람을 돕는 가장 좋은 방법은 가난한 사람들이 스스로를 돕게 하는 것이라 생각했다. 이것은 그가 한국에서 펼친 수많은 구호 사업에서 가장 중요한 원칙이었고, 훗날 그의 사업이 다른 나라(필리핀을 시작으로 멕시코와 온두라스, 브라질,

과테말라, 탄자니아)로 확장될 때도 절대 변하지 않는 원칙이었다.

낭시 한국은 사람은 많지만 일자리는 적었다. 노동 인구의 약 40%가 일자리가 없거나 불완전한 고용 상태에 있었다. 그러한 사실을 잘 알고 있던 알로이시오 신부가 이 문제를 부분적으로나마 해결하기 위해 벌인 것이 손수건 자수 사업이다.

이 사업은 가난한 부녀자들에게 천과 실을 나누어 준 뒤 한국 고유의 문양을 수놓게 한 것으로, 부녀자들이 천에 수를 놓으면 그것을 손수건으로 만들어 우편 모금 편지에 넣어 미국으로 보냈다.

손수건 자수 사업에 참여한 부녀자들은 대부분 한 가정의 어머니들로 어떤 사람은 과부였고, 어떤 사람은 불구자이기도 했으니 모두들 무척이나 가난한 사람들이었다. 알로이시오 신부는 이 사업을 위해 부산 지역의 몇몇 성당에서 책임감이 강하고, 수예 기술이 있고, 사람들을 잘 관리할 수 있는 구역 책임자 몇 명을 뽑은 다음 작은 출장소를 만들었다.

책임자들은 자기 구역에서 손수건 사업에 참여하기를 원하는 가난한 부녀자들을 골라 그들의 수예 솜씨를 시험하고 때로는 가르치기도 했다. 천주교 신자인지 아닌지는 문제가 아니었고, 가난한 사람이어야 하고, 수를 놓을 수 있어야 한다는 것이 기준이었다.

말할 것도 없이 수놓기를 원하는 사람은 엄청나게 많았다. 실기 시험에 합격한 부녀자들에게 구역 책임자는 천과 실을 나누어 주었고, 부녀자들은 재료를 집으로 가져가 살림살이를 하면서 수를 놓았다. 집안일을 하고 아이들을 돌보면서 수를 놓을 수 있었기 때문에 자수 사업은 더할 나위 없이 인기가 좋았다. 부녀자들이 수를 놓아 구역 책임자에게 가져다주면 책임자는 검사한 뒤 임금을 주었다.

출장소에 모인 천들은 서구 토성동에 있는 한국자선회 본부 건물로 옮겨졌다. 그곳에서는 야간학교 여학생을 포함한 젊은 여성들이 천의 가장자리를 자르고 다듬어 예쁜 여성용 손수건으로 만들었다. 손수건이 된 제품은 마지막으로 비닐에 싸여 도움을 청하는 모금 편지와 함께 미국으로 보내졌다.

결과는 대성공이었다. 그 작은 손수건은 후원자들의 마음을 움직이는 데 큰 도움이 되었다. 가난한 한국 사람들이 직접 손으로 수를 놓은 예쁜 손수건은 성의 없는 싸구려 성물과는 비교할 수 없었다.

당시 우편 모금 편지에 대한 응답률은 평균 7%였는데, 알로이시오 신부의 편지에 후원금을 보내는 사람들은 무려 33%에 달했다. 실로 엄청난 것이었다. 이 사실을 알게 된 미국의 한 유명 사업가가, 성직자만 아니라면 자신의 회사에 스카웃하고 싶다고 했을 정도로 알로이시오 신부의 비즈니스 감각은 뛰어났다.

손으로 수놓은 손수건이 인기를 끌면서 더 많은 후원금이 들어왔고, 후원금 봉투를 보내는 우편물도 늘어났다. 당시 한국자선회가 한 번에 보내는 국제 우편물의 양은 수십만 통에 달했다.

한 통의 우편물이 완성되기 위해 봉투 속에 들어가는 것은, 도움을 청하는 알로이시오 신부의 편지와, 후원금을 넣어 보낼 수 있는 회신 봉투 그리고 포장된 손수건이었다.

먼저 겉봉투에 후원자의 주소와 이름을 쓰고, 회신용 봉투에도 똑같이 이름과 주소를 썼다. 여기에 편지와 손수건을 넣고 봉한 다음 우표를 붙이고 우체국에서 가져온 소인기로 우표 소인을 하고 나면 모금용 편지 하나가 완성되었다.

이렇게 완성된 모금 편지는 미국 각 주별로 구분된 우편 행낭에 담겨 우체국에서 보낸 컨테이너에 실렸다. 우체국 직원은 이 컨테이너를 부산항에 정박 중인 상선에 실어 미국으로 보냈다.

알로이시오 신부가 한 번에 보내는 우편 봉투의 양이 워낙 많다 보니 체신부는 엄청난 수익을 올릴 수 있었고, 그런 까닭에 손수건이 들어 있었지만 3종 인쇄물로 취급받아 싼값에 미국으로 보낼 수 있었다. 알로이시오 신부가 미국으로 보낸 손수건은 1964년 한 해만 해도 1백만 장이 넘었다.

이런 일련의 작업은 엄청난 사람의 손을 필요로 했다. 알로이시오 신부는 중고등학교 야간 학생들이 이 일을 할 수 있도록 했다. 다른 일에 비해 임금이 많았고, 공부에 크게 방해받지 않으면서 할 수 있었기 때문에 야간학교 학생들에게 무척 인기가 많았다.

스스로 자신을 돕게 하다

—

여러 번 이야기했듯이, 자립의 가치는 알로이시오 신부가 한국에서 펼친 모든 구호 사업의 핵심 가치이자 원칙이었다. 그는 우편 모금 편지 안에 넣을 손수건에 수를 놓게 하는 방법으로 가난한 부녀자들에게 일거리를 주었고, 야간학교 여학생들에게는 편지 봉투의 주소를 손으로 쓰게 해서 학비를 벌 수 있도록 했다.

손수건에 수를 놓기 위해서는 누군가가 그 일을 해야만 한다. 편지 봉투에 손으로 주소를 쓰기 위해서도 마찬가지다. 그렇게 하면 비용이 발생한다. 문제는 이 비용을 어떤 시각으로 바라보느냐에 따라 이 일을 할 수도 있고, 하지 않을 수도 있다. 손으로 수놓은 손수건을 넣고, 손으로 편지 봉투의 주소를 쓰게 되면 비용이 발생하는 것은 확실하지만, 비용을 들인 우편 모금 편지가 확실한 후원금으로 되돌아올지는 미지수였다. 곧 비용이 드는 것은 확실하지만 그만큼 모금이 될지는 불확실했다. 따라서 그 비용을 어떻게 볼 것인가는 무척 중요했다.

만약 그 비용을 단순 비용, 곧 손실로만 생각한다면 그 일을 하는 것은 쉽지 않다. 실제로 다른 우편 모금가들은 우편 모금 봉투 작업에 들어가는 돈을 단순 비용으로 생각했고, 그 비용을 줄이기 위해 모든 작업을 기계화해 최대한 적은 비용으로 더 많은 양의 우편물을 만든 뒤 불특정 다수에게 무차별적으로 보냈다.

그런데 그 일을 기계가 아니라 가난한 사람들에게 맡기면 어떻게 될까? 가난한 사람들의 입장에서 보면 손실이 아니라 수익이 된다. 누군가의 수익이 되는 비용이라면, 더구나 그 수익을 가져갈 사람들이 가난한 사람들이라면 그 비용은 가난한 사람들이 자립할 수 있는 좋은 방편이 되고, 최소한의 비빌 언덕이 된다. 그렇게 생각한다면 비용의 효과 여부와 상관없이 그 일은 할 만한 일이 된다. 극단적으로 비용 대비 모금액이 많지 않을지라도 충분히 의미 있다는 뜻이다.

알로이시오 신부가 그랬다. 그에게 있어 손수건에 수놓기와 손으로 주소 쓰기는 단순히 모금액을 늘리기 위한 것만이 아니라 그자체로 하나의 훌륭한 구호 사업이었다. 당시 손수건 자수 사업에 참여한 가난한 부녀자들은 3천 명이 넘었는데, 그들이 손수건에 수를 놓고 받는 돈은 한 달에 5천 원이었고, 당시 노동자의 한 달 평균 임금이 3천 원이었던 것을 생각하면 아주 좋은 일거리였음에 틀림없다.

후원자들을 구호 사업에 동참시키다

—

알로이시오 신부는 익명의 후원자들에게 보내는 편지를 직접 썼다. 그는 자신이 벌이고 있는 사업 하나하나를 직접 계획하고 감독했기 때문에 후원자들에게 자신의 사업 내용을 상세히 설명할 수 있었다. 그렇다 보니 후원자들은 자신이 후원한 돈이 어떻게 쓰이는지 정확하게 알 수 있었다.

그의 편지는 명확하고, 구체적이며, 살아있는 글이었다. 추상적이거나 모호하지 않았으며, 성경 구절을 인용해 신앙적 동기에서 기부하게끔 유도하지도 않았다. 대신 철저하게 가난한 한국인들의 삶을 보여주고, 그들의 후원금으로 혜택 받게 될 사람들의 실제 모습을 구체적으로 설명함으로써 후원자들로 하여금 가치 있는 구호 사업에 동참하도록 이끌었다. 그의 편지는 후원자들의 마음을 감동시키는 강한 호소력을 담고 있었다.

한편 알로이시오 신부는 한국자선회 사무실을 부산으로 옮긴 뒤 다시 미국에도 사무실을 열었다. 그것은 후원금 때문이었다. 당시 미국 사회에서는 우편물에 현금이나 수표를 넣는 것이 일반적이었지만 한국에서는 배달 도중 도난의 위험이 높았다. 그래서 후원금을 넣은 회신 편지가 도착하는 곳이 미국의 한국자선회 사무실로 되도록 했다. 따라서 모든 후원금은 미국 사무실로 들어왔다.

미국 사무실에서는 접수한 후원금의 액수와 후원자의 주소, 이름을 적은 목록을 한국으로 보냈다. 그러면 아르바이트 학생들이 일일이 펜으로 후원자 카드에 기록하고, 고액 기부자에게는 개인적으로 감사 편지를 보냈다. 이 감사 편지를 보내기 위해 알로이시오 신부는 25명의 타자수를 정규 직원으로 고용했는데, 이를 통해 당시 우편 모금 사업의 규모를 짐작할 수 있다.

이 감사 편지에 알로이시오 신부는 그들이 낸 돈이 어떻게 쓰이는지 자세한 내용을 담아 보냈다. 필요하면 사진도 보냈다. 이 편지로 인해 후원자들은 자신들이 낸 후원금이 알차고 정직하게 쓰인다는 사실을 알게 되어 더 많은 후원금을 더 오랫동안 보냈다.

이러한 방식은 오늘날 국제 구호단체들이 일상으로 쓰고 있는 방법인데, 반세기도 더 전에 알로이시오 신부가 이런 방법을 사용했다는 것은 그가 얼마나 사업적인 능력이 뛰어난 인물이었는지 잘 보여준다. 평균 7%인 우편 모금 응답률을 33%까지 높일 수 있었던 것은 그의 끊임없는 연구와 노력, 그리고 타고난 감각의 결과물이었던 것이다.

한편, 한국자선회는 원래 주교관 내의 임시 건물을 사용했는데, 한 번에 수십만 통의 우편물을 1년에 4, 5회 보내는 작업을 하다 보니 그 많은 인원과 작업 물량을 소화하기에는 너무 비좁았다. 그리하여 서구 토성동에 있는 3층짜리 예식장 건물을 매입해 한국자선회 사무실로 사용했다.

7년 동안 계속된 한국자선회의 자수 구호 사업은 가난한 3천여 가정의 주 수입원이었고, 우편물 작업에 종사한 3백여 명의 가난한 야간학교 여학생들에게는 학비와 생활비 마련의 기회가 되었다. 또한 수천만 통의 국제 우편물은 한국 정부에 엄청난 우편 수입을 올리게 했다. 이 밖에 한국 천주교회의 여러 구호 사업을 지원하기 위해 알로이시오 신부가 국내로 들여온 외화는 수천만 달러에 달했으니 당시 세계에서 가장 가난한 나라이던 한국 경제에도 큰 보탬이 되었다고 할 수 있다.

알로이시오 신부는 손수건 자수 사업을 더 확대해 계속하고 싶었지만 7년 동안밖에 할 수 없었다. 한국의 국제 우편료가 하루아침에 1,300% 올랐기 때문이다. 그런 까닭에 우편 모금 발송 작업을 다시 워싱턴으로 옮겨야 했다.

그러자 이번에는 손수건을 넣어 보낼 방법이 막혀 버렸다. 한국에서 만든 손수건을 화물로 미국에 보내려고 하자 관세가 붙어 비용이 너무 많이 발생했기 때문이다. 그렇게 해서 손수건 자수 사업은 아쉽게도 마무리할 수밖에 없었다.

그래도 다행인 것은 우편 모금 사업이 다시 미국으로 옮겨갔지만 미국 주교 가운데 불만을 터트리는 사람은 더 이상 없었고, 그는 안정적으로 우편 모금 사업을 계속할 수 있었다.

그렇다면 손수건 자수 사업으로 받은 후원금은 어디에 썼을까? 앞서 이야기했듯이 손수건 자수 사업 자체가 이미 훌륭한 구호 사업이었다. 따라서 대부분의 돈은 다시 손수건 사업에 투자

되었다. 그리하여 더 많은 가난한 사람들에게 일거리를 주어 그들이 스스로 가난에서 벗어날 수 있도록 했다.

그런가 하면 상당한 돈이 직접적인 구호 사업에 쓰이기도 했다. 알로이시오 신부는 손수건 자수 사업을 하는 동안 가난한 이들을 위한 무료 병원 하나와 진료소 두 개, 고아원 하나와 양로원 하나 그리고 청소년들을 위한 기술학교를 세웠다. 이 말고도 관개 사업과 협동 농장을 지원했고, 병원과 나환자 수용소, 고아원 등 30군데가 넘는 자선단체에 현금을 지원했다.

1966년 11월 경, 송도 본당에 있던 여 헬레나 수녀가 마리아수녀회로 가고, 1967년 5월 후임 수녀로 베네딕도 수녀회의 최 테트라 수녀가 송도 본당으로 발령받았다. 그해 초여름, 알로이시오 신부는 테트라 수녀와 함께 부산에 있는 아동 시설을 방문했다. 아래 글은 테트라 수녀의 증언으로, 당시 알로이시오 신부가 여러 시설들을 경제적으로 도왔다는 사실을 잘 알 수 있는 내용이다.

그날 신부님께서는 검은 가방 하나를 들고 계셨다. 첫 시설을 방문했다. 시설 이름은 기억에 없고 부산 수정동 부근인 것 같았다. 아이 한 명이 혼자 놀이터에서 그네를 타고 있었다. 아이는 너무 말라 있었다. 깡마른 얼굴에 커다란 눈, 너무 쓸쓸해 보였다. 그곳에 있는 아이였다. 신부님과 나는 동정과 연민의 눈길로 그 아이를 주시했다.

신부님은 안으로 들어가셨다. 정말 형편없는 시설이었다. 신부님께서는 원장님을 만나셨다. 그리고 한참 무엇인가 이야기를 하셨다. 지금 생각하니 '그 돈으로 아이들을 잘 먹이고 따뜻하게 잠재우라'는 이야기를 하신 것 같았다. 왜냐하면 신부님께서는 가방을 열더니 파란 돈 열 묶음을 세어 원장에게 주셨기 때문이다. 나는 속으로 생각했다. '이제 영양실조 상태에 있는 저 아이들이 좀 좋아지겠구나.'

두 번째 시설로 갔다. 그 곳은 목사가 운영하는 시설이었다. 그 시설도 너무 형편없었다. 아이들은 모두 말라 있었고 대부분 영양실조로 보였다. 그러나 먼저 시설보다는 조금 나아 보였다. 그곳에서도 신부님께서는 한참 목사님과 이야기를 하셨다. 그리고 가방을 열어 또 돈 열 뭉치를 꺼내 주셨다.

세 번째 시설로 갔다. 그 시설은 바오로회 수녀님이 운영하고 있었다. 아이들도 명랑하고 옷도 잘 입고 있었으며 아이들 혈색도 좋았다. 역시 수도자가 하는 시설이라 달랐다. 주위의 가난한 아이들보다 더 좋아 보였다. 한 방에는 신생아들이 우유병을 물고 있었고, 또 다른 방에는 3, 4세 아이들이 있었으며 중학생 정도의 소녀들도 있었다. 그곳에서 신부님은 수녀님을 만나 이야기하신 뒤 가방을 통째 주고 빈손으로 나오셨다.

-송도 본당 2대 주임 수녀 최 테트라 수녀의 증언

08

송도 본당
주임신부 시절

Rev. Aloyslus Schwartz

알로이시오 신부는 한국자선회를 통한 우편 모금 사업으로 모은 후원금으로 손수건 자수 사업과 다양한 구호 활동을 펼쳤지만 그때만 해도 본연의 임무는 송도 본당 주임신부였다.

　구호 활동을 한다는 이유로 본당신부로서의 역할을 소홀히 하는 것은 그가 가장 경계하는 것 중 하나였다. 그는 구호 사업가 역할을 했지만 어디까지나 사제였고, 사제의 가장 기본적인 임무는 자신이 맡은 본당 신자들의 영성 생활을 돕고 그들을 영적으로 성장시키는 것이었다.

　그래서 알로이시오 신부는 몸이 열 개라도 모자랄 정도로 많은 일을 하면서도 본당신부로서의 역할도 소홀히 하지 않았다. 그럴 수 있었던 비결은 그가 자신에게 주어진 시간을 단 한 시간도 사적으로 쓰지 않았기 때문이다.

앞서 이야기한 것처럼 당시 한국에 있던 외국인 신부들은 월요일이면 미군 클럽에 가서 소고기 스테이크에 맥주를 마시는 것을 당연한 것으로 여겼다. 하지만 알로이시오 신부는 단 한 번도 그런 곳에 가지 않았다. 이 한 가지만 보더라도 그가 자신에게 주어진 시간을 어떻게 사용했을지 짐작할 수 있다. 실제로 각종 보고서와 자료 사진들을 살펴보면 그는 송도 본당 주임신부로서 신자들의 영신 생활을 위해 최선을 다했던 것을 알 수 있다.

구제품을 둘러싼 갈등
—

당시 부산 교구의 모든 성당에는 한 달에 한 번 미국 가톨릭구제회 부산 사무실에서 보내 주는 밀가루와 옥수수 가루, 면실유, 버터, 헌옷이 도착했다. 성당들은 이 구호물자 분배를 놓고 하루도 조용할 날이 없었다. 얻어 가고자 하는 사람은 많고 나누어줄 물자는 부족하다 보니 생기는 자연스러운 현상이었다.

송도 본당도 예외가 아니었으니 이 문제로 무척 시끄러웠다. 구호물자 분배를 책임지고 있던 본당 회장이 공정하게 하지 않고 일부를 빼돌려 부정하게 처분하고 있다는 신자들의 불평 때문이었다.

　모든 분란의 원인이 구호물자를 분배하는 본당 회장에게 있다는 사실을 알게 된 알로이시오 신부는 그로 하여금 즉각 구호물자 분배에서 손을 떼게 했다. 그런 다음 자신에게 한국어를 가르치고 있던 박 다미아노에게 모든 권한을 넘겨주었다. 박 다미아노는 젊은 청년이었지만 강직한 성품을 갖고 있었고, 누구보다 알로이시오 신부의 뜻을 잘 헤아리는 사람이었다.

　본당 회장은 사사로운 이해관계 때문에 공정하게 분배를 하지 못했지만 젊은 다미아노는 공평하게 분배했기 때문에 몇 개월 지나지 않아 구호물자를 둘러싼 소음은 사라졌다. 그런데 구호물자와 관련해 불협화음이 사라질 즈음, 구호물자 보관 창고에 도둑이 들어 물건들이 사라지는 사고가 발생했다.

　구호물자 창고 관리 역시 박 다미아노가 맡아 했기 때문에 본당 신자들은 그를 의심했다. 그가 물건을 빼돌려 다른 곳에 팔아먹었다고 생각한 것이다. 본당 신자들이 박 다미아노를 의심한 결정적 이유는 도둑이 창고 문을 부수고 물건을 훔쳐 간 것이 아니라 열쇠로 창고 문을 연 뒤 물건을 훔쳐 갔기 때문이었다. 창고 열쇠를 갖고 있던 사람은 오직 박 다미아노뿐이었으니 그가 했거나 그의 협조가 없이는 도저히 일어날 수 없다고 생각했던 것이다.

　알로이시오 신부는 박 다미아노가 한 것이 아니라는 것을 잘 알고 있었지만 그냥 넘어갈 수도 없다고 보았다. 박 다미아노가 의심을 받게 된다면 그가 하고 있는 구호물자 분배도 의심을 받을 수밖에 없고, 그것은 새로운 분란을 의미했기 때문이다.

알로이시오 신부는 이런 문제를 내다보고 박 다미아노에게 진짜 범인을 밝혀내라는 주문을 했다. 박 다미아노는 며칠에 걸쳐 여러 사람들을 만난 뒤 마침내 진짜 범인을 찾아냈다.

당시 박 다미아노는 오전에는 알로이시오 신부의 한국어 선생 노릇을 하고 나머지 시간에는 성당 사무를 전적으로 맡아 보았다. 그러다 보니 오후에는 알로이시오 신부의 심부름으로 은행이나 우체국에 가기 위해 늘 외출을 했다. 이 사실을 잘 아는 누군가가 그가 외출한 사이 방문을 열고 들어가 열쇠를 훔쳐 창고 문을 열어 놓은 다음, 다시 열쇠를 제자리에 가져다 놓고 그날 밤 구호물자를 훔쳤던 것이다.

모든 사실을 알게 된 알로이시오 신부는 범인을 사제관으로 불렀다. 범인임이 밝혀진 사내는 오래된 본당 신자였다. 그는 구호물자와 관련해 이미 여러 번 신자들 사이를 이간질해 본당의 평화를 깨트린 전력이 있는 사람이었다. 게다가 진상을 알고 보니 이미 절도 사건이 있기 이전에 박 다미아노를 협박해 구호물자를 빼돌려 팔아 나눠 가지자고 했던 것까지 드러났다.

알로이시오 신부는 그에게 두 가지 안을 제시하고 하나를 선택하게 했다. 절도 사건을 용서해 주는 대신 송도 본당을 떠나는 것과, 송도 본당 신자로 남는 대신 죗값에 해당하는 것만큼 감옥살이를 하는 것이었다. 사내는 고개를 숙인 채 용서를 빌었다. 그리고 한 달 이내에 가족과 함께 본당을 떠나겠다고 약속했다.

성직자의 생각, 사업가의 판단
—

구호물자를 훔친 사내의 일을 처리한 알로이시오 신부의 방식을 보면 아흔아홉 마리의 양보다 길 잃은 한 마리 양을 찾아 나선 예수가 생각난다. 그런데 알로이시오 신부는 예수가 한 것과 정반대로 아흔아홉 마리의 양을 위해 한 마리 양을 내치고 말았다. 그는 왜 그런 결정을 내렸던 것일까?

분명 성직자로서 쉽게 내릴 수 있는 결정은 아니었을 것이다. 일반적인 관점에서 보았을 때 성직자라면 그 사내를 회개시켜 올바른 하느님의 어린 양으로 이끄는 것이 맞다. 그것이 성직자가 해야 할 기본적인 역할이자 의무이기 때문이다. 그런데 알로이시오 신부는 그를 아흔아홉 마리의 무리에서 내보내고 말았다.

알로이시오 신부의 그 같은 결정은 성직자이자 동시에 구호 사업가로서 내린 결정이라 할 수 있다. 그가 성직자로서 내린 결정은 그를 용서해주는 선까지였다. 그리고 구호 사업가의 판단으로 그를 본당에서 내보냈다. 이것은 훗날 알로이시오 신부의 구호 사업을 이해하는 아주 중요한 포인트가 된다.

그는 성직자로서 가난한 사람들에 대해, 그리고 버림받은 어린 아이들과 병든 사람들에 대해 무한한 애정과 연민을 갖고 있었다. 알로이시오 신부에게 가난하고 소외받은 사람들은 너무나 중요한 사람들이었고, 그가 선교지로 선택한 한국에는 그런 사람들이 너무나 많았다. 이 사실은 그로 하여금 언제나 마음을 급하게 했다.

그는 긴급히 그들을 구호해야 했고, 그 일을 하기에도 너무 바빴다. 그런 상황에서 한 마리 길 잃은 어린 양을 찾아다닐 여유는 없었다. 물론 몸과 마음, 그리고 시간과 물질적 여유가 충분하다면 위험에 처해 있는 아흔아홉 마리의 양도 잘 돌보고, 길 잃은 어린 양 한 마리도 잘 돌보았을 것이다. 하지만 그에게는 당장 구호하지 않으면 안 될 정도로 위험에 처한 양들이 너무 많았다. 그것도 아흔아홉 마리가 아니라 수백, 수천 마리 이상으로 많았다. 그런 상황에서 한정된 시간과 한정된 육체적 에너지, 한정된 물자로 그가 할 수 있는 최선의 방법을 찾았으니, 길 잃은 한 마리 양은 스스로 길을 찾도록 최소한의 조치만 취해 주고(여기서는 용서가 될 것이다) 자신은 다른 양들을 돌보는 것이 더 중요하고 더 효과적이라고 생각했을 것이다.

그러므로 똑같은 상황이 다시 벌어진다고 해도 그는 도둑질을 한 그 사내를 교화시키기 위해 에너지를 쏟지 않았을 것이다. 그에게 있어 그것은 결코 좋은 방법이 아니었다. 거기에 쏟을 에너지를 다른 데로 돌리면 더 많은 양들을 구할 수 있었기 때문이다.

이것은 어떤 것에 들이는 비용 대비 효과의 문제이다. 순전히 비즈니스적인 시각으로 이해할 수 있는 문제이기 때문에 보기에 따라 알로이시오 신부에 대해 오해를 불러일으키는 빌미가 될 수도 있다. 하지만 한편으로는 앞서 이야기한 것처럼 그의 구호 사업을 이해하는 중요한 키워드가 되기도 한다.

훗날 그가 펼친 수많은 구호 사업의 중심에는 바로 이 비용 대비 효과의 문제가 아주 중요하게 작용했다. 이것은 그가 성직자로서 가지고 있던 마인드가 아니라 사업가로서 가지고 있던 마인드였다. 그가 성직자로서 갖고 있던 마인드는 구호 사업을 하는 그 자체에 있었고, 사업가로서의 마인드는 그 사업을 어떻게 이끌어 가느냐는 문제에 작용했다.

송도 본당의 구호물자를 가난한 사람들에게 공평하게 나눠 주는 것은 성직자로서의 마인드만으로 충분하지만, 어떻게 하면 더 효과적으로 배분할 수 있는가 하는 문제는 사업가로서의 마인드가 더 필요하다. 이런 면에서 그는 훌륭한 성직자요 뛰어난 사업가였다고 할 수 있다.

더 중요한 것은 이 둘 사이에 균형이 평생 깨지지 않았다는 사실이다. 이 균형이 깨지게 되면 무능한 사업가가 되거나 탐욕스러운 성직자가 되는 것은 한순간이다.

만약 그가 성직자의 마인드만 내세워 도둑질한 사내를 용서하고 없던 일로 했더라면, 그 사내는 그 뒤에도 비슷한 사건을 일으켜 본딩 내에서 분란을 일으켰을 것이고, 알로이시오 신부는 그 문제를 해결하기 위해 엄청난 에너지를 소모해야 했을 것이다.

반대로 구호 사업가의 마인드만 내세웠다면 인정사정 봐주지 않고 당장 경찰에 신고부터 했을 것이다. 하지만 알로이시오 신부는 그렇게 하지 않았다. 성직자와 사업가의 마인드가 적절히 어우러진 결정으로 사내를 용서는 해 주되 분란의 씨앗은 확실히 없애 버렸다.

구호 사업을 하는 성직자에게 있어 이는 너무나 중요한 덕목이다. 실제로 우리는 주변에서 이 균형을 유지하지 못하는 성직자들을 심심찮게 볼 수 있다.

하지만 알로이시오 신부에게 있어 이 균형은 단 한 순간도 깨진 적이 없다. 성직자와 사업가 사이에서 늘 아슬아슬한 줄타기를 했지만 한 번도 떨어지지 않고 마지막 순간까지 그 균형을 유지했다. 그래서 그는 훌륭한 성직자로, 또 뛰어난 구호 사업가로서 사람들의 존경과 신뢰를 받을 수 있었다.

그가 균형을 잃지 않은 것은 특별한 비결이 있어서가 아니다. 균형을 잃지 않기 위해 늘 노력하고 자신을 경계했기 때문이다. 그리고 끊임없이 기도했기 때문이다. 그의 위대함은 바로 여기에서 비롯되었다고 할 수 있다.

가난하고 또 가난했던 사제

—

알로이시오 신부가 송도 본당 주임신부라는 모자를 쓰고 살았던 기간은 그가 장차 한국에서 벌일 자선사업을 위한 사업가로서의 마인드를 정립하는 좋은 훈련의 시간이었다. 가난한 한국의 현실을 누구보다 깊이 이해할 수 있었고, 그들을 위해 가장 긴급하고 중요한 것이 무엇인지, 그리고 한국인의 정서와 사고방식을 이해할 수 있는 중요한 시간이었기 때문이다.

만약 그가 송도 본당 주임신부를 하지 않았다면, 그래서 주교관에서 신자들과 동떨어진 채 생활하다가 구호 사업을 시작했더라면 한국의 정서나 상황에 맞지 않는 구호 사업을 펼쳤을 수도 있다. 물론 그랬더라도 기본적으로 사업 감각이 뛰어났기 때문에 빠른 시간 안에 제자리를 찾았을 것은 틀림없지만 불필요한 시행착오 역시 피할 수 없었을 것이다. 그런 의미에서 4년 9개월 간의 송도 본당 주임신부 생활은 그에게 구호 사업가로서 축복의 시간이 아닐 수 없었다.

한편 송도 본당 주임신부 생활은 성직자의 중요한 덕목이자 구호 사업을 하는 성직자가 반드시 갖추어야 할 가난의 덕목을 실천함으로써 그의 영적 성장이 이루어진 시기이기도 하다. 그리고 그가 평생 몸소 실천했던 가난의 신비를 가장 잘 보여준 것도 송도 성당 주임신부 시절이라 할 수 있다.

알로이시오 신부를 설명하는 단 하나의 단어를 고르라고 한다면 그것은 '가난'이 될 것이다. 성직자가 다른 사람들에게 존경을 받는 것은 성직자로서 편하고 부유한 삶을 누리며 살 수 있는데도 불구하고 가난하게 살기 때문이다. 가난하게 살지 않아도 되는 사람이 가난하게 살기 때문에 사람들은 성직자를 존경하고, 그 존경의 힘으로 교회를 이끌어 간다.

성직자가 가난하게 살지 않는다면 그 순간 성직자는 자신이 가진 모든 권위와 힘을 잃고 만다. 사람들은 가난하지 않은 성직자를 어려워할 수는 있지만 존경하지는 않는다. 성직자가 가진 모든 영광과 영예와 힘과 능력은 바로 가난한 삶에서 나온다고 해도 지나친 말이 아니다.

이런 의미에서 알로이시오 신부는 성직자가 보여 주어야 할 참모습을 보여 주었다. 너무나 철저하리만큼 가난하게 살았기 때문에 감히 예수 그리스도를 닮은 가난을 실천했던 사제라 할 수 있다. 사람들은 이 때문에 그를 존경했고, 그 존경의 표시로 많은 물질적 후원을 아끼지 않았다. 그 덕분에 그는 가난한 사람들을 위한 다양한 사업을 펼칠 수 있었다.

알로이시오 신부가 가난한 사람들을 위한 사업에 쓴 돈은 일반인들이 감히 상상할 수 없을 정도다. 여기에다 구호 사업을 펼치는 동안 그는 엄청난 거리를 이동하고, 정부 관료들을 비롯해 수많은 사람들을 만나고, 무엇인가를 결정했다. 그 과정은 여느 대기업 회장과 다르지 않았다. 그렇기에 그는 대기업 회장까지는 아니더라도 그와 비슷한 생활방식이 필요했을 수도 있다. 구걸하는 사람들을 위한 일을 한다고 해서 굳이 자신까지 궁색해질 필요는 없었으니 말이다.

하지만 알로이시오 신부는 가난한 사람들을 위해 사는 만큼 그 자신도 가난하게 살았다. 단지 마음으로 가난하게 산 것이 아니라 물질적으로도 아주 가난하게 살았다. 가난한 사람들을 위해서는 당시로서는 최신식이라 할 수 있는 편의시설을 갖춘 건물을 짓고, 심지어 다른 사람들의 비난에도 부모 잃고 거리를 헤매는 아이들을 위해 수영장까지 지은 그가, 정작 자신을 위한 사제관은 그 건물에서 가장 쓸모없는 공간에 아주 작게 지었다.

그가 자신을 위해 지은 첫 번째 사제관은 부산 소년의 집 안에 지은 사제관이다. 그 사제관은 단층에다 시멘트로 지은 집이라 여름에는 덥고 겨울에는 추웠다. 게다가 아주 작았다.

문을 열고 들어가면 겨우 신발 몇 켤레 놓을 수 있는 공간이 나왔고, 현관 옆 벽쪽 창가에 책상이 있고, 책상을 마주보고 딱딱한 나무 침대가 있었다. 침대는 밤에는 그의 잠자리가 되었고, 낮동안에는 수녀들과 회의를 하거나 수녀들을 지도할 때 의자 역할을 했다.

책상 앞에는 의자가 하나 있었는데, 그 의자는 손님이 올 때면 탁자 역할도 했다. 그는 그 위에 생과자통이나 찻잔을 올려놓고 손님이 오면 손수 차를 대접했다. 사무실과 침실 겸용의 위치에 작고 낮은 밥상이 하나 있었는데, 두세 군데가 갈라져 있었다. 밥상 위에는 간단한 식사를 할 수 있는 빵과 병에 든 잼, 가루로 된 오렌지 주스, 커피, 사탕, 후추, 소금통이 놓여 있었다. 한마디로 서 있는 자리에서 뱅뱅 돌면 침실, 서재, 현관, 부엌이었다.

훗날 알로이시오 신부가 서울에 머물 때 생활했던 사제관은 어땠을까? 4평도 안 되는 아주 작은 사제관 안에 작은 욕실과 화장실이 딸려 있었고, 방 안에 있는 것이라고는 작은 침대 하나, 작은 철제 옷장 하나, 작은 책상과 의자 그리고 낡은 타자기 한 대와 몇 권의 책이 전부였다.

그 작은 공간에 여러 명의 수녀들이 모여 회의라도 할 때면 의자를 놓을 수가 없어 침대 위에 다닥다닥 붙어 앉곤 했다. 4평이면 요즘 아파트의 큰 방 하나만 한 크기다. 그 작은 공간에 침실과 욕실, 서재까지 들어 있었으니 얼마나 비좁았을지 쉽게 상상할 수 있다.

사람들은 어떤 사람의 생활 정도를 파악할 때 그가 얼마나 넓은 평수를 차지하고 사는지 따져 보곤 한다. 그가 차지하고 사는 집의 넓이, 땅의 넓이를 통해 그가 어느 정도 부유한지 혹은 힘 있는 사람인지 가늠한다. 그런 의미에서 오직 개인 공간이라고는 4평밖에 되지 않았던 알로이시오 신부는 참으로 가난한 사람이었다.

훗날 소년의 집 사업이 필리핀과 멕시코까지 확대되었을 때도 소년의 집마다 그가 머무는 사제관이 있었지만, 모두 예외 없이 10평 남짓한 작은 공간에 침실과 사무실, 식당이 있었다. 그 작은 사제관에서 그는 평생을 살았다.

판잣집 사제관
—

알로이시오 신부의 가난한 삶을 가장 잘 보여 주는 것이 바로 송도 본당 사제관이다. 송도 본당 주임신부로 발령을 받은 알로이시오 신부는 주교관을 떠나 송도 성당으로 거처를 옮겼다. 당시 송도 성당은 본당신부는 물론이고 본당 수녀도 없이 비어있다시피 했다.

알로이시오 신부는 부임하자마자 본당 수녀들부터 초빙할 계획을 세웠다. 그리하여 최재선 주교의 도움으로 세 사람의 분도회 수녀를 파견받기로 했다. 하지만 한 가지 문제가 있었다. 수녀들이 와도 생활할 수녀원이 없었던 것이다. 성당 가까운 곳에 작은 수녀원을 지을 땅은 있었지만 시간적 여유가 없었다. 당시 각 본당들은 수녀들을 원하고 있었지만 수녀회마다 파견할 수녀가 많지 않았다. 그래서 지체했다가는 파견 약속을 받은 수녀들을 놓칠 수도 있었다.

그때 알로이시오 신부의 눈에 들어온 것이 성당 오른쪽 언덕에 있는 판잣집이었다. 그 집은 본당 신자 대부분이 생활하는 판잣집처럼 콜타르를 칠한 판자 지붕에 흙벽으로 만든 볼품없는 오두막이었다. 그 집에는 사람이 살고 있었지만 성당 땅 안에 있었기 때문에 알로이시오 신부는 그 집 사람들에게 다른 곳으로 이사할 돈을 주고 집을 비우게 했다. 그리고 원래의 사제관을 수녀들의 생활 공간으로 내주고 자신은 그 판잣집을 고쳐 사제관으로 쓸 생각을 했다.

그 집에 살던 사람들이 이사를 간 뒤 알로이시오 신부는 집을 살펴보았다. 밖에서 보던 것보다 내부는 훨씬 열악했다. 마음에 들지 않는 것은 당연했고, 사람이 살기에 너무 부족해 보였다. 하지만 알로이시오 신부는 그곳을 사제관으로 쓰기로 마음 먹었다. 바람이 불면 지붕이 날아가 버릴 것 같은 그 허술한 사제관이 그가 한국에 와서 처음으로 갖게 된 자신만의 사제관이었다.

알로이시오 신부의 계획을 들은 본당 신자들은 소스라치게 놀랐다. 그들이 살고 있는 집도 그 판잣집과 다를 바 없었기에 그 집에 산다는 것이 무엇을 의미하는지 잘 알고 있었기 때문이다. 그들이 내뱉는 끔찍한 예언들은 알로이시오 신부를 불안하게 만들었다. 그 판잣집에 살면 폐결핵에 걸리든지 아니면 쥐가 그를 산 채로 뜯어먹을 것이라는 따위의 말들이었다. 병에 걸리지 않고, 쥐한테 잡아먹히지 않는다 해도 밤에 강도가 들어 그를 죽일 것이라고 했다.

알로이시오 신부 역시 두려운 마음이 전혀 없었던 것은 아니다. 무엇보다 그가 걱정한 것은 살다가 혹시 못 살겠다고 나오기라도 한다면 사람들의 웃음거리가 되지나 않을까 하는 것이었다. 하지만 그는 용기를 내어 결심했다. 물론 이것을 두고 그는 결심이라고 표현했지만 다른 사람들은 어리석은 고집으로 여겼다.

그는 상관치 않고 판잣집 사제관을 선택했다. 알로이시오 신부는 고칠 수 있는 데까지 판잣집을 고쳤다. 그리고 이사를 했다. 생각보다 살아갈 만했다. 그러나 곧바로 몇 가지 곤경에 부딪히고 말았다. 첫째는 냄새였다. 똥 냄새, 죽은 동물의 썩는 냄새, 흙 냄새, 쓰레기 냄새, 벌레 냄새 그 외에도 정체를 알 수 없는 냄새가 너무 지독해 잠을 잘 수 없었다. 밤이면 침낭을 들고 집 안 여기저기를 돌아다니며 신선한 공기를 찾아야 했다.

그러다 하루는 냄새의 원인을 찾아 없애기로 작정했다. 집 안을 샅샅이 뒤진 결과 벽과 벽지 사이에서 죽은 쥐 두 마리를 찾아냈다. 그리고 화학 약품을 사용해 집 안의 냄새를 몰아냈다. 그러는 동안 예민한 그의 미국 코는 조금씩 무디어져 갔다.

죽은 쥐 냄새도 문제였지만 밤에 천장을 뛰어다니는 요란한 쥐

소리도 골칫거리였다. 그들은 심한 춤꾼이었다. 알로이시오 신부가 잠자리에 들려고 하면 그때부터 활동을 시작해 그의 머리 위에서 디스코를 추기 시작했다. 그는 잠자리에 들기 전 긴 막대빗자루를 침대 옆에 두었다가 쥐가 왕성하게 소란을 피우면 빗자루로 천장을 때렸다. 그러면 놀란 쥐들이 잠시 동안 움직임을 멈추었다. 그렇게 그는 쥐와 전쟁을 벌이면서 잠을 자야 했다.

또 다른 고통은 추위였다. 겨울 내내 얼음같이 차가운 바람이 문틈과 벽 틈새로 쏟아져 들어왔다. 그렇다 보니 실내 온도를 유지하기가 무척 어려웠다. 판잣집 사제관도 다른 모든 집과 마찬가지로 연탄을 때는 온돌 구조였다. 방바닥을 달궈 주는 연탄은 아주 좋은 연료였다.

그러나 연탄에서는 치명적인 일산화탄소가 발생했다. 특히 저기압으로 공기가 무거우면 가스가 제대로 빠져나가지 못해 방바닥 틈새로 새어 나왔다. 그런 날이면 집 안이 연탄가스로 가득했다. 그 때문에 알로이시오 신부는 혼미한 상태에서 몇 번 문 쪽으로 넘어진 적이 있었고, 술집을 나서는 주정뱅이처럼 비틀거리기도 했다.

연탄이 너무 위험하다는 것을 안 그는 석유난로를 설치했다. 그런데 어느 날 밤 이상한 냄새에 깨어 보니 난로에서 새어나온 기름에 불이 붙고 있었다. 다행히 크게 번지기 전에 불을 꺼서 큰 피해는 없었지만 늘 조심해야 했다.

마지막 고통은 변소였다. 변소는 방문에서 6미터쯤 떨어진 마당 끝에 있었다. 공중전화 박스 크기의 변소였는데, 똥통 위에는 꼭 필요한 곳에 구멍이 난 판자가 불안하게 놓여 있었다. 그 위에 올라앉으면 판자가 흔들거려 몸의 균형을 잡느라 애를 많이 써야 했다.

무엇보다 장마철에 변소에 가려면 상당한 용기가 필요했다. 송도 성당은 언덕에 있었는데, 판잣집 사제관은 그보다 더 높은 언덕에 있어 송도의 유명한 바닷바람이 아래쪽에서 세차게 불어오면 우산도 소용이 없었다. 그런 날이면 판잣집 문을 열고 앞을 노려보고 있다가 진창으로 변한 6미터 마당을 쏜살같이 가로질러 변소 안으로 뛰어들어 가야 했다. 그리고 몸의 위치를 잡았다.

그때까지는 만사 오케이였다. 그러나 웅크리고 앉자마자 머리 위로 빗물이 떨어지고, 판자로 된 변소 벽이 바람에 흔들리면서 연방 쓰러질 것만 같아 여간 불안하지 않았다.

다음에 그의 눈길은 자동적으로 휴지를 놓아 둔 곳으로 향했다. 그러나 있어야 할 두루마리 휴지는 없을 때가 많았다. 도둑이 훔쳐 간 것이다. 너무나 난감한 상황이 아닐 수 없었다. 쥐 소동도, 겨울 추위도, 연탄의 치명적인 독가스도 견딜 수 있었다. 그러나 휴지 문제만은 견디기 어려운 고통이었다.

이런 일이 되풀이해서 일어났지만 휴지 도둑에 대한 미스터리는 도저히 풀 수 없었다. 그에게 있어 휴지는 결코 사치품이 아니었다. 국산이 아니라 외제이긴 했지만 시장에서 쉽게 구할 수 있었다. 대부분의 한국 사람들이 변소에서 사용하는 잉크투성이 신문지는 도저히 사용할 수 없어 일로이시오 신부는 휴지만은 외제를 사용했다. 그러나 도대체 누구인지 알 수 없는 사람이 그의 변소에 몰래 들어와 늘 휴지를 훔쳐 갔다.

이것이 그가 한국에서 직접 경험한 가난한 생활에 대한 이야기들이다. 때로는 고통스럽고, 때로는 불편하기 짝이 없었지만 알로이시오 신부는 아무런 불평 없이 가난한 생활을 받아들였다. 알로이시오 신부는 훗날 그가 창설한 마리아수녀회 수녀들과 그가 돌보던 아이들과 함께 송도 성당에서 멀지 않은 곳에 수녀회와 아동 복지사업의 본부가 될 건물을 지어 이사할 때까지, 정확하게 4년 8개월 20일 동안 그 사제관에서 살았다.

알로이시오 신부는 그 기간을 은총의 시간이었다고 말한다. 가난한 사람들을 위한 삶을 준비하는 그에게 있어 안성맞춤인 시간이 되었기 때문이다.

사람이 살아가는 생활환경은 그 사람의 사고에 영향을 미친다. 가난하게 생활하면 가난하게 생각할 수 있고, 가난하게 느낄 수 있고, 가난한 이들과 같은 파장 속에 머물 수 있다.

알로이시오 신부가 그랬다. 판잣집에 살면서 한국의 가난한 사람들과 거의 비슷한 식생활을 하는 동안 그는 누구보다 한국의 가난을 뼈저리게 경험할 수 있었고, 그 경험은 가난한 사람들을 위해 자신이 무엇을 어떻게 해야 할지 분명히 알게 했다. 그런 면에서 송도 본당 주임신부 시절은 그가 말한 대로 은총의 시간이 분명했다.

판잣집 사제관 생활이 은총의 시간이 되었던 이유는 또 있다. 그곳에 사는 동안 그는 한국의 가난한 이들과 그리스도의 가난에 관한 첫 번째 책『굶주린 자와 침묵하는 자』를 썼다. 마리아수녀회도 그곳에서 창설했고, 가난한 사람들을 위한 본격적인 구호 사업도 그곳에서 시작되었다.

보호막이 되어 준 가난한 삶
—

판잣집 사제관은 외부 사람들로부터 나를 보호해 주는 것이 되기도 했다. 날이 갈수록 한국자선회에는 많은 돈이 들어왔다. 복지사업을 위해 큰 액수의 돈을 관리한다는 소문이 한국 교회 안에 퍼졌다. 많은 사람들이 많은 사업 계획서를 들고 나를 찾아왔다. 모두들 돈을 필요로 했다. 주교들, 신부들 그리고 수도자들이었다.

그들이 가져온 많은 사업 계획서 가운데는 계획성이 없거나 엉터리도 많았다. 책상 하나, 의자 하나, 그리고 작은 책장 하나가 겨우 들어가는 인형의 집 같은 내 사무실은, 쓸모없는 사업 계획서를 갖고 오는 사람들의 요청을 거절하는 데 안성맞춤이었다. 돈을 얻으려고 나를 찾아왔던 많은 방문객들은 내가 사는 모습을 보고는 도움을 청하려는 의욕을 스스로 꺾고 말았나.

- 『가장 가난한 아이들의 신부님』 중에서

이처럼 판잣집 사제관은 그를 보호해 주는 것이 되기도 했다. 당시 수많은 구호물자들이 한국에 도착했고, 구호물자들을 관리해 나눠 주는 일을 하는 사람들은 많은 사람들의 이목의 대상이 되었다. 그 사람이 물자들을 제대로 관리하는지에 대한 의심에 찬 관심이었다. 그런 상황에서 알로이시오 신부의 가난한 삶은 불필요한 오해를 피하게 해 주었다. 이것은 그에 대한 신뢰이기도 했는데, 적어도 그가 구호물자를 자신을 위해서는 사용하지 않는다는 믿음을 안겨 주었다.

당시 성당 신자 대부분은 구호물자 신자들이었다. 많은 사람들이 성당에서 무료로 나눠 주는 옥수수가루, 밀가루, 분유, 헌옷을 얻기 위해 영세를 하고 신자가 되었다. 그들 중에는 본당신부가 큰 액수의 구호금을 갖고 있다는 사실을 알고 그 돈에 대해 일정 부분 소유권을 주장하며 무리한 요구를 하는 사람들도 더러 있었다. 알로이시오 신부가 구호금과 구호물자를 후원받을 수 있었던 이유가 자기네 같은 가난한 사람들 때문이니 가난한 자기들에게도 어느 정도 소유권이 있다는 식의 주장이었다.

그러한 주장은 일견 타당성이 있었다. 그가 갖고 있던 돈과 물자들은 모두 가난한 사람들을 위한 것이었기 때문이다. 하지만 특정 누군가를 위한 것도 아니었다.

만약 알로이시오 신부가 호화스런 사제관에서 잘 먹고 잘살았더라면 그러한 공격에 속수무책으로 당할 수밖에 없었을 것이고, 그런 주장을 해오는 목소리 큰 사람들의 요구를 거절하기도 어려웠을 것이다. 그렇지만 그는 한국의 가난한 사람들만큼 가난하게 살았으니 그런 사람들의 무모한 요구를 쉽게 거절할 수가 있었다.

그렇다고 그의 가난한 삶이 마냥 다른 사람들한테 환영을 받았던 것만은 아니다. 본당 신자들 가운데는 자신들의 체면이 구겨졌다고 여기는 사람들도 있었다. 그들은 본당신부가 제정신이 아니라며 비웃으면서 못 본 체했다.

그런가 하면 알로이시오 신부의 가난한 생활이 마치 자신들의 부유한 생활을 질책하는 것처럼 보여 불편하게 생각하는 동료 성직자들도 있었다. 그들은 알로이시오 신부에게 이렇게 말했다.

"왜 당신은 다른 신부와 같은 생활을 하지 않소? 도대체 무엇을 증거하려는 것이요? 왜 본당신부의 역할을 제대로 할 수 있는 환경에서 생활하지 않는 거요?"

- 『가장 가난한 아이들의 신부님』중에서

그러면서 알로이시오 신부를 위선자라고 공격했다. 하지만 그는 누구에게도 교훈을 주려는 뜻이 조금도 없었다. 그리고 유난을 떨기 위한 것도 아니었다. 그래서 그늘의 지석에 상낭히 낭황할 수밖에 없었다.

그는 그저 마땅한 공간이 없어 그 판잣집에 머물렀던 것뿐이고 살 만하기 때문에 살았던 것뿐이다. 굳이 의미를 갖다 붙인다면 그리스도의 가난을 흉내 내어 가난하게 살고 싶은 그의 생각을 실천에 옮긴 것뿐이었다.

다양한 사람들에게 다양한 공격을 받긴 했지만 그래도 판잣집 사제관 생활은 부정적인 것보다 긍정적인 것이 무게를 달면 훨씬 무거웠다. 그래서 그는 그 생활을 계속했고, 결과적으로 판잣집 사제관 생활은 그에게 있어 빛과 은총의 시기가 되었다.

알로이시오 신부와 이태석 신부

—

알로이시오 신부가 송도 일대에서 구호 사업을 펼치던 그때, 남몰래 그의 삶을 자기 삶의 본보기로 삼은 사람이 있었다. 아프리카 수단에서 가난한 아이들을 위해 봉사 활동을 하다 2010년에 선종한 이태석 신부다.

이태석 신부는 알로이시오 신부가 송도 본당으로 발령을 받은 그해에 태어났다. 그리고 엄마 등에 업혀 송도성당에 다녔다. 알로이시오 신부가 송도 본당 주임신부였을 때 이태석 신부는 아직 어린아이에 지나지 않았지만, 훗날 알로이시오 신부가 송도 일대에서 가난한 사람들을 위한 구호 사업을 펼쳐 나갈 때 아주 가까이에서 그 모습을 지켜보며 중고등학교를 다녔다.

그때 소년 이태석은 알로이시오 신부의 삶을 보고 장차 자신도 알로이시오 신부처럼 가난한 나라에 가서 가난한 사람들을 위해 일생을 바치겠다고 다짐했다.

> 어릴 적 집 근처에 있었던 〈소년의 집〉에서 가난한 고아들을 보살피고, 몸과 마음을 씻겨 주던 알로이시오 신부님과 그곳 수녀님들의 헌신적인 삶의 모습은 내 마음을 움직이게 한 아름다운 향기였다.
>
> - 『친구가 되어 주실래요』 중에서

훗날 의사가 된 이태석 신부는 수도원에 들어가 사제 서품을 받은 뒤, 어릴 때부터 간직했던 그 생각을 실천에 옮겼다. 세계에서 가장 위험하고, 가장 가난한 나라인 수단으로 갔던 것이다.

그곳에서 병원을 지어 의사로서 환자들을 치료하고, 학교를 세워 교사로서 아이들을 가르쳤다. 마치 알로이시오 신부가 폐허가 된 한국 땅에 병원을 짓고 학교를 지었던 것처럼 말이다.

09

마리아수녀회의
탄생

Rev. Aloysius Schwartz

우편 모금 사업 초기에는, 한국자선회로 들어오는 구호금을 최재선 주교와 상의해 병원과 고아원, 나환자 수용소 같은 기존의 복지시설에 나누어 주었다. 구호금을 나눠 주다 보니 자연히 알로이시오 신부는 여러 곳의 고아원과 복지 시설들을 둘러볼 기회가 많았다.

그런데 그런 곳을 방문할 때마다 놀라운 광경을 보아야 했다. 가장 시설이 좋다는 고아원에 가 보아도 아이들의 얼굴에서 생기라곤 전혀 찾아볼 수 없었다. 아이들은 의기소침한 분위기 속에서 생활하고 있었는데, 이른바 '시설병'을 앓고 있었다.

알로이시오 신부가 찾아갔던 마산의 한 고아원은 작은 방 하나에 세 살부터 열두 살 되는 아이들이 무릎에 이불을 덮고 줄지어 앉아 있고, 손에 매를 든 10대 후반의 여자가 무서운 눈으로 아이들 앞에 서 있었다. 한창 뛰어놀아야 할 아이들이 혼돈과 공포가 가득한 눈으로 멍하니 허공을 보고 있는 모습은 참으로 끔찍했다. 게다가 겨우 먹고 자는 것만 해결하고 있을 뿐 교육을 받는 아이들은 전혀 없었다. 비참한 고아원 생활의 전형적인 모습이었다.

훌륭하다고 하는 고아원도 여전히 고아원이었고, 차갑고 제도적이며 냉혹한 생활환경만 있을 뿐이었다. 그런 환경에서 아이들이 행복하고, 건강하고, 꿈과 용기를 가진 젊은이로 자랄 수는 없을 것 같았다.

알로이시오 신부의 눈에는 고아원 아이들 대부분이 정서적으로 불안해 보였다. 아이들은 먹을 것보다 따뜻한 사랑을 간절히 바라고 있었지만 고아원은 그런 것을 전혀 주지 못하고 있었다. 그런 아이들을 마주하는 것이 알로이시오 신부에게는 너무나 큰 고통이 아닐 수 없었다.

충격을 받은 알로이시오 신부는 아이들이 사람의 따뜻한 정을 느낄 수 있는 가족 단위의 보육원을 만들어 직접 운영해야겠다는 생각을 하게 된다. 이것은 그동안 여러 구호단체들의 상황을 살펴보면서 미국에서 모금해 나누어 준 귀중한 돈이 잘못 사용되고 있는 것은 아닌가 하는 강한 의구심을 떨쳐내는 데도 큰 도움이 될 것 같았다.

마리아보모회 설립과 가정식 돌봄

—

1964년 8월 15일, 마침내 알로이시오 신부는 마리아수녀회의 전신인 '마리아보모회'를 설립한다. 그리고 복음 정신 안에서 가난한 아이들을 위해 자신을 봉헌할 뜻을 가진 젊은 여성 지원자를 모집하는 광고를 가톨릭신문에 실었다. 이와 별도로 전국의 본당 신부들에게 지원자 추천을 부탁하는 편지도 보냈다.

자격은 24세에서 35세로, 영세한 지 3년 이상 지난 미혼 여성이었고, 초등학교 이상만 졸업했으면 가능했다. 그러자 전국 각지에서 75명이 지원했다. 알로이시오 신부는 그들 가운데 11명을 뽑아 마리아보모회를 시작했다.

지원자들을 모은 알로이시오 신부는 송도 성당 가까운 곳에 작은 집을 짓고 교육장으로 사용했다. 지원자들에 대한 교육은 당시 송도 본당에서 활동 중이던 분도회 수녀 가운데 한 사람이 맡았다. 그 수녀는 본원으로부터 미래에 가난한 아이들의 보모가 될 지원자들과 함께 생활해도 좋다는 허락을 받은 상태였다.

교육 과정은 실습과 이론으로 짜여 있었다. 오전에는 학습과 영성에 주력했다. 고아들의 어머니가 될 지원자들은 보육과 아동심리, 천주교 교리, 성서 그리고 수도 신학을 공부했다. 오후에는 2~3명이 한 팀이 되어 가까운 보육원에 가서 실습을 했다. 또 다른 팀은 부산 시내 빈민 지역 네 곳에서 실시하고 있던 한국자선회 손수건 구호 사업을 관리하도록 파견되었다.

그렇게 1년 동안의 실습 과정을 마친 지원자들은 네 가지 서약을 했다. 청빈과 정결과 순명 그리고 마지막으로 자신의 삶을 부모 없는 아이들을 돌보는 데 온전히 바치겠다는 서약이었다. 그러고 난 뒤 현장에 배치되었다. 지원자들은 처음 3년 동안은 이 서약을 해마다 갱신하고, 그 뒤에 영구적인 서약을 하도록 했다.

현장은 송도 성당 인근에 지은 20여 채의 작은 단독주택이었다. 마리아보모회 지원자들이 교육을 받는 동안 알로이시오 신부는 아이들이 살 집을 짓고, 여러 보육원을 다니며 아이들 수가 지나치게 많거나, 재정적으로 부담을 안고 있는 보육원의 아이들을 데려왔다.

대부분 여섯 살에서 일곱 살 사이의 남녀 아이들로, 120명 정도가 되었다. 알로이시오 신부는 그 아이들을 6명에서 7명으로 나누어 하나의 가정을 이루게 하고, 마리아보모회 지원자 한 사람이 그 가정의 엄마가 되도록 했다.

이 어린이 복지사업은 처음에는 큰 성과를 거두지 못했다. 여러 보육원에서 온 아이들은 대부분 크고 작은 병을 가지고 있었다. 진행성 결핵 같은 심각한 질병을 앓고 있는 아이들도 있었다. 그렇다 보니 몇몇 아이는 오자마자 죽는 경우도 있었다. 하지만 시간이 지나면서 점차 안정되어 갔다. 제대로 보살핌을 받기 시작하자 아이들의 건강이 하루가 다르게 좋아졌던 것이다. 얼굴에 생기가 돌자 아이다운 모습도 나타나기 시작했다. 그렇게 알로이시오 신부의 어린이 복지사업은 조심스럽게 발걸음을 내딛기 시작했다.

마리아수녀회 탄생

—

알로이시오 신부는 궁극적으로 마리아보모회를 수도회로 발전시킬 계획을 품고 있었다. 마리아보모회에 지원한 여성들은 수녀원에 입회하고 싶어도 가난하고 고등교육을 받지 못해 입회하지 못하는 경우가 많았는데, 자칫 잃어버릴 수도 있었던 그들의 수도 성소를 마리아보모회를 통해 받아들일 수 있도록 하고 싶었기 때문이다. 그리하여 최재선 주교에게 교구 소속의 실험적 수도회로 허가해 줄 것을 청했고, 최 주교는 기꺼이 허락해 주었다.

한편 알로이시오 신부는 가난한 사람들에게 봉사하기 위해 자신의 삶을 봉헌한 지원자들에게 수도자의 신분을 갖도록 하기 위해 수도복을 입을 필요성이 있다고 생각했다. 그리하여 처음에 느슨하게 조직되었던 마리아보모회는 마침내 '마리아수녀회'란 이름의 수도회로 발전하게 되었다. 그와 동시에 수도복을 입어도 좋다는 최재선 주교의 허락을 받아 1965년 5월 23일, 회원 두 명이 처음으로 수도복을 입었다.

당시 한국 교회의 수녀회는 대부분 고등학교 졸업자 이상을 입회 자격으로 내세우고 있었다. 알로이시오 신부는 이런 사실을 잘 알고 있었다. 하지만 그는 당시 한국 상황에서 여성이 고등학교 이상의 교육을 받는 것이 쉽지 않다는 것을 잘 알고 있었다.

그는 단지 고등교육을 받지 못했기 때문에 수도 성소를 가진 여성들이 자신들의 성소를 살리지 못한다는 것을 받아들일 수 없었다. 더구나 그들이 교육을 받지 못한 것은 그들의 잘못도 아니었다. 알로이시오 신부가 마리아수녀회 자격 요건을 초등학교 졸업 이상으로 낮추었던 것은 이 때문이다. 하지만 이로 인해 일부 기존 수녀회들은 마리아수녀회를 곱지 않는 시선으로 바라보기도 했다. 제대로 배우지 못한 사람들이 수녀복을 입고 자신들과 동등한 대접을 받는 것이 못마땅했던 것이다.

그러나 알로이시오 신부에게 있어 중요한 것은 많이 배우거나 많이 배우지 못한 것이 아니었다. 그가 중요하게 여긴 것은 그리스도의 정신대로 살려는 마음이 얼마나 강하고 진실한지였다. 그래서 기존 수녀회들의 못마땅한 시선에 대해서는 전혀 개의치 않았다.

그렇게 시작된 마리아수녀회는 훗날 알로이시오 신부가 구호 사업을 펼칠 때 중요한 협조자가 되었다. 모든 구호 사업의 기초는 모금 기관인 한국자선회였고, 그 집의 벽돌과 시멘트는 바로 수녀들이었다. 그래서 알로이시오 신부는 기회가 있을 때마다 '한국자선회를 뺏으면 모든 것이 주저앉고, 수녀들이 없으면 모든 사업이 분해되고 먼지로 바뀌고 말 것이다.'라는 말을 자주 했다.

교구와의 갈등
—

앞서 이야기했듯이 우편 모금 사업은 알로이시오 신부가 직접 운영했지만 그 안에 들어가는 모금 편지에는 최재선 주교의 이름과 알로이시오 신부의 이름이 같이 들어가 있었다. 그러므로 후원금은 최 주교와 알로이시오 신부가 공동으로 관리했고, 알로이시오 신부는 최 주교와 상의해 다양한 복지사업을 후원했다.

그 소문이 한국 교회 안에 널리 퍼지면서 많은 성직자들이 사업에 필요한 돈을 얻으러 알로이시오 신부를 찾아왔다. 알로이시오 신부는 당연히 타당한 사업에 대해서는 지원을 아끼지 않았다. 그 결과 그는 한국 주교들에게 사랑받는 존재가 되었다.

하지만 시간이 지날수록 돈의 사용처를 놓고 최 주교와 갈등이 벌어지기 시작했다. 알로이시오 신부는 가난한 사람들을 위한 곳에만 후원금이 쓰이기를 원했지만, 최 주교는 교세를 확장하는 데도 그 돈이 쓰이기를 원했다. 알로이시오 신부는 가난한 사람들을 먹이고 입히고 교육시키라고 보내 준 돈을 후원자들의 뜻에 맞지 않게 사용하는 것에 대해 심한 부담감을 느꼈다. 하지만 최

주교는 자신의 이름으로 모금을 하고 있으니 그 돈은 자신의 돈
이고, 자신의 뜻대로 사용하겠다고 했다.

1969년까지만 해도 나는 부산 교구의 귀염둥이였습니다. 그러나 그
것도 잠시, 나는 부산 교구로부터 버림받은 신세가 되고 말았습니다.
이어 한국의 모든 주교님들로부터도 버림을 받았습니다. 한국의 주교
님들은 서로 친밀한 관계에 있었기 때문입니다. 그렇다면 도대체 내가
무슨 나쁜 짓을 했기에 한국의 고위 성직자들로부터 버림받은 신세가
되었을까요?

1969년, 나는 나의 소속(부산 교구) 주교님에게 제공하던 자금 공급을
중단했습니다. 내가 제공한 기부금을 주교님이 다른 용도로 사용했기
때문입니다. 내가 모아준 기부금은 가난한 사람들을 위해 사용하도록
특정되어 있었는데, 그 돈이 그러한 목적을 위해 사용되지 않았던 것입
니다. 그리하여 나는 나의 주교님뿐만 아니라 한국의 어떤 주교님에게
도 더 이상 수표를 써 줄 수 없다고 선언했습니다.

나는 그러한 선언을 하기 전에 몇 달 동안, 아니 몇 년 동안 주교님
을 설득하려 노력했습니다. 나는 가난한 아이들을 위한 사업을 하러 왔
고, 그러므로 내가 가진 돈은 그 목적을 위해서만 사용되어야 하며, 교
구의 다른 사업을 하는 데 사용해서는 결코 안 된다고 했습니다.

하지만 주교님의 생각은 달랐습니다. 주교님은 교구의 여러 가지 사
업 역시 가난한 한국 사람들을 위한 사업이라고 생각했습니다. 결국 나

는 더 이상 수표를 써 줄 수 없다고 선언했고, 주교님은 기회가 있을 때마다 나를 교구에서 내보내려고 했습니다.

- 『조용히 다가오는 나의 죽음』 중에서

알로이시오 신부는 후원금의 사용처에 대해 확고한 생각과 기준을 갖고 있었다. 후원금을 사회 활동, 교회와 학교 건물의 신축이나 증축, 본당 설립을 위한 부지 매입에 사용해서는 절대로 안 된다는 것이 그의 생각이었다. 그것은 후원자들의 기부 의향과 맞지 않았고, 후원자들에게 동의를 구한 것도 아니었다.

더 중요한 것은 많은 후원자들이 천주교 신자가 아니라는 사실이었다. 그들이 후원금을 보낸 이유는 모금 편지의 내용과 그 안에 들어 있는 사진에서 본 굶주린 사람들을 위한 급식과 교육을 위한 것이었지 가톨릭교회의 교세 확장을 위해서가 아니었다.

알로이시오 신부는 사제로서 주교에게 순명해야 했지만, 반면 후원자들과 후원자들이 도와주기를 원하는 가난한 사람들에게도 충실해야 했다. 최 주교의 권위에 복종하든지, 아니면 후원자들의 의향에 충실하라는 양심의 명령에 따라야 할지 선택의 갈림길에 선 그는 후원자들에게 충실하기로 했고 모금 편지에서 최 주교의 이름을 빼는 결정을 단행했다. 그것은 앞으로 후원자의 뜻에 어긋나는 곳에는 단 한 푼의 돈도 쓰지 않겠다는 의지의 표명이었다.

교계제도와의 충돌

—

사제인 알로이시오 신부가 자신의 주교인 부산 교구장의 후원금 사용에 대한 결정과 방법에 순명하지 않는다는 것은 가톨릭교회의 교계제도와 정면으로 충돌하는 일이었다. 교계제도는 가톨릭이라는 종교가 다른 종교와 구별되는 핵심적인 요소다. 교계제도는 신품권에 따라 주교와 사제, 부제, 평신도로 나뉘는데, 이 질서는 지극히 수직적이다. 다시 말해, 절대 평등하지 않다.

게다가 가톨릭교회의 기초 단위는 교구이지 본당이 아니다. 사제는 단지 주교의 위임을 받아 각 본당에 파견되어 주교의 가르침을 전해주는 사람에 지나지 않는 것이 교계제도의 핵심이다. 그러므로 사제는 가톨릭교회 안에서 독립성이 전혀 없고, 따라서 독립적으로 자신의 사업을 펼칠 수도 없다. 이것은 주교와 갈등을 빚는 교구 사제가 가톨릭교회 안에 존재한다는 것이 불가능하다는 것을 뜻한다.

개신교나 불교의 경우, 종단과 마찰을 일으키더라도 독립해 자신의 절이나 교회를 세워 활동을 계속할 수 있다. 그런 절이나 교회가 대한민국에 수없이 많고, 그러다가 용케 잘 살아남으면 자신의 교단을 만들 수도 있다. 오늘날 개신교와 불교가 수없이 많은 종파로 나뉘어져 있는 것은 이 때문이다.

하지만 가톨릭은 이것이 원천적으로 불가능하다. 교계제도 때문이다. 주교와의 갈등으로 교구를 떠나는 순간 그는 이미 가톨릭 성직자가 아니다. 평신도도 마찬가지다. 평신도 역시 교계제도의 한 축을 이루기 때문에 교구를 떠나는 순간 가톨릭교회의 구성원 자격을 박탈당한다.

가톨릭교회가(로마 가톨릭) 2천 년 동안 특별한 분열 없이 이어져 올 수 있었던 것은 바로 이 강력한 교계제도 때문이다. 그러므로 교계제도와 충돌한 상태에서 성직자의 자격을 유지한 사람은 역사적으로 아무도 없었다. 그 유일한 예외가 바로 알로이시오 신부였다.

그런데도 그는 교회 안에서 살아남았을 뿐 아니라 자신이 창설한 마리아수녀회도 가톨릭교회의 이름으로 활동할 수 있도록 했다. 이것은 세계 가톨릭 역사에서 전무후무한 일이라 할 수 있다.

물론 알로이시오 신부가 최 주교의 뜻과 요구에 동의하지 않은 것이 칭찬받을 만한 일이라는 뜻은 아니다. 핵심은 절대 극복할 수 없을 것 같은 상황을 그가 극복했다는 사실이다. 도대체 그 힘은 어디서 나온 것일까? 아마도 가난한 사람들에 대한 깊은 연민과 한결같은 사랑이 아니었을까?

만약 그가 개인적인 욕심이나 다른 문제로 최 주교와 갈등했더라면, 또 그가 구호 사업을 한다는 핑계로 거들먹거리고 탐욕스럽게 살았더라면 아마 최 주교는 그를 파문했을 것이다. 최 주교에게는 그럴 수 있는 힘이 있었다.

하지만 최 주교는 그러지 않았다. 그런 극단적인 조치를 내리기에는 알로이시오 신부의 삶이 너무나 고귀했기 때문일 것이다. 그는 알로이시오의 신부가 어떤 마음으로 한국에 왔고, 어떤 모습으로 한국에서 살고 있는지 그 누구보다 잘 알고 있었기에 그럴 수 없었을 것이다.

물론 알로이시오 신부가 미국인이었다는 사실도 적지 않은 영향을 미쳤을 것이다. 만약 알로이시오 신부가 한국인이었다면, 어쩌면 그날로 사제로서의 모든 권한을 잃어버렸을지도 모른다. 다행히도 그는 미국인이었고, 이미 한국 교회 안에서 펼치고 있던 구호 사업의 규모도 엄청났기 때문에 그런 상황까지는 가지 않았다. 그렇지만 서로를 그토록 신뢰했던 두 사람 사이에 건널 수 없는 강이 생긴 것은 안타깝지만 사실이었다.

한국 교회의 귀염둥이에서 문제아가 되다

—

앞서 이야기했듯이 최 주교와의 갈등은 곧 한국에 있는 다른 모든 주교와의 갈등을 뜻했다. 심지어 교황대사도 예외가 아니었다. 알로이시오 신부는 한국에서 활동하는 동안 예닐곱 명의 교황대사를 상대했는데, 부산 교구와의 갈등이 절정에 달했던 어느 해,

이탈리아 국적의 교황대사가 알로이시오 신부를 불렀다. 그리고 무척 심각한 표정을 지으며 그에게 사제직과 교회를 떠나야 할 것이라고 충고했다.

알로이시오 신부는 그것이 지나친 충고임을 지적하고, 그 충고의 근거가 무엇인지를 물었다. 교황대사는 어깨를 으쓱하면서 두 손을 들어 올리는 이탈리아식 몸짓으로 대답을 대신했다. '당신이 더 잘 알고 있을 텐데 무슨 설명이 필요하냐'는 뜻이었다. 그러면서 그가 부산 교구에 평지풍파를 일으키고 있으며, 부산 교구라는 배를 마구 흔들어 놓았다고 했다. 교황대사는 뱃멀미를 느끼고 있으며, 따라서 문제 해결을 위해서는 그가 배 밖으로 나가는 것이 가장 좋은 방법이라고 했다.

이처럼 알로이시오 신부는 최 주교와의 갈등으로 한국 주교들은 물론이고, 그의 편이 되어 줄 가능성이 가장 높은 교황대사마저도 그가 가톨릭교회를 떠나기를 바랄 정도였으니 당시 그가 얼마나 곤란한 상황에 처해 있었는지 짐작할 수 있다.

그런데도 알로이시오 신부가 흔들리지 않고 자신의 일을 해 나갈 수 있었다는 것은 대단한 영적 힘을 갖고 있었음을 뜻한다. 인간적인 힘만으로는 그 상황을 견뎌내기 너무 힘들었을 것이기 때문이다. 오늘날 어떤 신부가 그를 보호해 주는 주교도 없고, 자신을 이해해 주는 동료 성직자도 없는 상황에서 신부 생활을 한다고 가정해보면 당시 알로이시오 신부가 가졌을 인간적인 고뇌와

외로움을 짐작할 수 있을 것이다.

사실 알로이시오 신부는 최재선 주교를 진심으로 존경했다. 앞서 이야기했듯이 최 주교는 선천적으로 권위의식이 없었고 누구에게나 다정했으며 지극히 소탈하고 가난하게 살았다. 그 부분에 있어서는 두 사람의 성정이 잘 맞았기에 두 사람은 서로에 대한 신뢰가 무척 깊었다. 최 주교 역시 우편 모금으로 들어온 후원금을 단 한 푼도 허투루 쓰는 것은 용납하지 않았다. 그 점에 있어서는 알로이시오 신부만큼이나 소신이 분명한 사람이었다.

알로이시오 신부가 주교관에서 최 주교와 같이 생활했던 초창기 시절, 당시 부산 중앙성당의 주임신부였던 장병화 신부도 같이 생활했는데, 장병화 신부는 식사 때마다 술을 마신 것으로 유명했다. 그것이 최 주교에게는 무척 못마땅했던 모양이다. 그렇지만 신학교 동창이다 보니 직접 말은 못하고 늘 알로이시오 신부에게 무슨 사람이 때마다 술을 마시는지 모르겠다며 불평을 하곤했다. 또 교구 사제 모임에라도 가면 담배를 반도 피우지 않고 재떨이에 비벼 꺼버리는 신부들을 보고(당시에는 담배가 유행이었고, 신부들은 거의 담배를 피웠는데 대개 선물로 받은 비싼 양담배를 피웠다), "다 안 피울 거면 피우지 마라. 안 아깝나?"라고 말하기 좋아했다. 그만큼 검소하고 소탈한 사람이 최 주교였다.

실제로 최 주교는 은퇴 후 2008년 아흔여섯의 나이로 선종할 때까지 부산의 한국외방선교수녀회 정문에 붙어 있는 2평 남짓한 안내실에서 살았다. 그 방은 에어컨도 없고, 난방도 안 되는 방이라 여름에는 덥고 겨울이면 감기를 달고 살아야 할 정도로 추웠다. 하지만 그는 불평하지 않고 마지막 순간까지 그 방에서 살았다. 그리고 교구에서 나오는 생활비 대부분을 복지시설 기부금으로 내놓았다.

이처럼 후원금을 허투루 쓰지 않는 것에는 두 사람의 생각이 같았지만 지출의 용도를 놓고는 생각이 조금 달랐다. 알로이시오 신부는 오직 가난한 사람들을 위해 쓰는 것이 허투루 쓰지 않는 것이라 생각했고, 최 주교는 교회를 위해 사용하는 것이 무엇이 잘못되었냐고 생각했다.

최 주교와의 갈등으로 알로이시오 신부는 한국 교회의 사랑받는 귀염둥이에서 하루아침에 문제아가 되고 말았다. 그로 인해 한국 교회의 고위 성직자들로부터 버림받은 신세가 되었고, 그들의 냉대를 감수해야 했다. 게다가 부산 교구의 임시 인가를 받아 (그것도 최 주교의 구두 상으로) 막 출범한 마리아수녀회의 정식 인가 문제도 표류하기 시작했다.

이 문제는 두고두고 알로이시오 신부를 힘들게 했으니, 훗날 마리아수녀회가 본원을 필리핀으로 옮기는 결정적인 이유가 되기도 했다.

10

가난한 사람들을 위한
의료 사업

Rev. Aloyslus Schwartz

최 주교와의 갈등이 조금씩 표면화
될 즈음, 알로이시오 신부는 마리아수녀회 수녀들의 양성과 수련
에 더 힘을 쏟아야 했고, 구호 사업 운영에도 점점 더 많은 시간
이 필요했다. 자연히 송도 본당 사목을 위한 시간은 자꾸만 줄어
갔다.

알로이시오 신부는 최 주교에게 아이들을 위한 구호 사업에 전
념할 수 있도록 본당 소임을 면해 달라고 청했고, 최 주교는 흔쾌
히 받아들였다. 그리하여 송도 본당을 보좌신부에게 맡기고 성당
에서 멀지 않는 곳에 땅을 사 가족 단위 보육원과 수녀원, 작은
사제관을 지었다. 그리고 공사가 끝난 1966년, 아이들과 함께 이
사를 갔다. 훗날 그곳은 알로이시오 신부의 구호 사업의 중심지

가 되었다.

송도 성당을 보좌신부에게 맡기고 구호 사업에만 매진하자 알로이시오 신부의 사업은 속도가 붙기 시작했다. 가장 먼저 시작한 것은 의료 사업이었다.

1966년, 알로이시오 신부는 쓰레기 더미와 똥구덩이였던 부산시 서구 아미동과 감천동 경계에 있는 시유지를 부산시로부터 샀다. 그곳은 부산에서 가장 가난한 두 동네를 양 허리에 끼고 있는 산의 꼭대기 부분이었다.

가난한 사람들은 그곳에다 온갖 쓰레기와 똥을 갖다 버렸다. 알로이시오 신부는 일꾼들을 고용해 구덩이에서 똥을 퍼내고 땅을 다듬은 뒤 무료 진료소를 세웠다. 1명의 의사와 2명의 간호사, 그리고 관리 책임 수녀 한 사람으로 구성된 아미동 진료소는 가난한 지역에 들어선 최초의 무료 의료 기관이었다.

진료실 문을 열자 첫날부터 환자가 넘쳐났다. 의사 한 사람이 하루에 150명에서 200명의 환자를 진료해야 했다. 진료소 한 곳으로는 밀려드는 환자들을 감당할 수 없게 되자 알로이시오 신부는 다음해인 1967년, 암남동과 보수동에 또 다른 진료소를 세웠다. 그리고 결핵 요양소도 만들었다.

세 군데 진료소에서 진료 받는 환자들이 하루 400명에서 500

명에 달했다. 결핵 요양소에는 120명의 환자들이 있었다. 하지만 여전히 부족한 점이 많았다. 병원이 아닌 진료소만으로는 환자들을 치료하는 데 한계가 있었기 때문이다. 제대로 된 의료 사업을 하기 위해서는 현대식 의료 장비를 갖춘 병원이 필요했다.

당시 한국에는 부산뿐 아니라 그 어느 곳에도 가난한 환자들에게 돈을 받지 않고 치료해 주는 병원은 없었다. 그렇다 보니 가난한 사람들은 '참는 것이 약이다'는 말을 입에 달고 살았고, 적절한 치료를 받지 못해 죽는 경우가 허다했다. 이런 사실을 잘 알고 있던 알로이시오 신부는 최대한 빠른 시간 안에 가난한 사람들을 위한 무료 병원을 세우기 위해 구체적인 계획을 세워 나갔다.

한국 최초의 무료 병원 '구호병원'
—

계획을 세웠으면 거침없이 추진하는 것이 알로이시오 신부의 방식이었다. 그는 먼저 마리아수녀회 가까운 곳에 땅을 샀다. 그리고 건축가를 고용해 설계를 하고, 건설업자를 정해 공사를 시작했다. 물론 쉽지 않았다. 토목공사를 위해 허가를 받아야 했고, 건물을 짓기 위해서는 다시 건축허가를 받아야만 했는데 절차가 무척 까다로웠다.

한편, 알로이시오 신부는 엑스레이 기계와 소독기, 병리 검사기기, 수술대와 수술기기 같은 의료 장비와 기구를 미국에 주문했다. 시간이 지나자 장비와 기구들이 도착했고, 까다로운 통관 절차를 거쳐 병원에 설치할 수 있었다.

가장 어려운 일은 훌륭한 의사와 간호사, 의료기사를 구해 의료진을 짜는 일이었다. 알로이시오 신부는 실력 있는 의료진을 채용하기 위해서는 월급을 많이 주어야 한다는 사실을 잘 알고 있었다.

그는 환자들이 모두 가난하고 소외받은 사람들이라는 사실을 늘 머리에 둘 수 있는 그런 직원들을 원했다. 대부분의 한국 의사들은 깨끗한 옷을 입고, 교양 있고, 몸에서 냄새가 나지 않았으며, 돈 많은 환자들이 의사에게 병원비 외에 고마움의 표시로 선물이나 돈을 주는 것을 좋아했다. 게다가 병원 수익을 위해 과잉 진료를 하거나 제약회사와 결탁해 부정한 거래를 일삼기도 했다.

이런 사정을 잘 알고 있었기에 그는 다른 병원보다 월급을 10~20% 더 주는 조건으로 실력이 뛰어난 의사와 직원들을 구했다. 그렇게 해서 전문 의료 인력을 갖추고 병원 문을 열 준비를 끝냈다.

1970년 10월 25일, 마침내 마리아수녀회가 운영하는 구호병원이 부산 시장이 참석한 가운데 개원식을 했다. 재미있는 사실은, 그날 개원식에 대학병원 의료진이 많이 참석했는데, 그들은 구호병원의 수술실과 검사실의 의료 장비를 둘러보면서 대학병원급 병원에서도 갖추지 못한 신제품 모델들이라면서 무척 부러워했다는 것이다.

실제로 알로이시오 신부가 구호병원에 들여 놓은 엑스레이 기계는 미국 제품으로 당시로서는 최첨단이라 할 수 있는 전자동 엑스레이였다. 가난한 사람들이기 때문에 더 좋은 의료 시설에, 더 실력 있는 의료진들로부터 치료를 받아야 한다는 것이 알로이시오 신부의 생각이었다.

소문은 빠르게 퍼졌다. 부산뿐 아니라 다른 지역에서도 가난한 사람들이 병원으로 모여들었다. 문을 열고 환자를 받기 시작한 첫날, 알로이시오 신부는 다음과 같은 안내문을 병원 입구에 붙였다.

"구호병원은 한국의 가난한 사람들을 치료하기 위해 미국 후원자들이 보내준 기부금으로 설립되었습니다. 그러므로 후원자들의 뜻에 따라 우리 병원의 주인은 가난한 사람들임을 밝힙니다. 우리 병원의 모든 직원들은 그 뜻을 엄격히 따라 가난한 환자가 중심이 되도록 노력할 것입니다. 다만 우리 병원의 주인이 될 환자는 단지 가난하다는 이유만으로는 대상이 될 수 없으며, 지극히 가난하고 또 거처할 곳이 없고 심하게 아픈 환자만이 대상이 될 수 있음을 말씀 드립니다. 단 한 개의 빈 침대라도 남아 있는 한, 단 한 사람의 가난한 환자도 거절당하지 않을 것입니다."

알로이시오 신부가 병원 입구에 이런 안내문을 붙인 것은 가난하지 않은 사람이 가난한 척하면서 치료를 받으러 오는 것을 막고, 한편으로는 가난한 환자들이 필요 이상으로 주눅 들지 않도록 하기 위한 것이었다. 가난한 사람들을 위해 지은 병원인 만큼 가난한 사람들이 이 병원의 주인이며, 마땅히 치료를 받을 수 있는 권리가 있음을 알렸던 것이다.

가난한 사람들을 위한 병원
—

당시 구호병원에서 가장 큰 혜택을 받은 환자들은 외과 수술로 건강을 되찾은 사람들이었다. 수술을 해야 한다는 사실을 잘 알면서도 돈이 없어 적절한 치료를 받지 못하던 사람들이 구호병원에서 수술을 받고 건강해진 경우가 많았다.

구호병원에서 많이 행해졌던 수술로는 일반외과 수술, 신경외과 수술, 폐 절제 수술, 정형외과 수술, 성형외과 수술 등이었다. 가끔은 구호병원에서 수술할 수 없는 질병으로 입원하는 환자도 있었다. 그럴 때는 외부 의사를 불러 수술을 하도록 했다. 이때 외부 의사들은 최소한의 보수를 받거나 어떤 경우에는 전혀 받지 않기도 했다.

진료소를 찾아온 환자 가운데 수술이 필요하다고 해서 무조건 구호병원에 입원시키지는 않았다. 병상은 한정되어 있었고, 입원을 원하는 사람들은 늘 많았기 때문이다. 실제로 구호병원의 적정 수용 인원은 120명 정도였는데 병원은 언제나 150명이 넘는 환자가 입원해 있었다. 그래서 1차로, 가벼운 질병의 환자들은 알로이시오 신부가 세운 무료 진료소에서 치료를 끝내는 경우가 많았다. 입원 치료나 수술이 필요하다는 진단이 내려지면 구호병원에 근무하는 담당 수녀가 환자의 집을 찾아가 정말 가난한 사람인지 확인을 하고 판단을 내렸다.

이것은 가난한 사람들의 고통을 덜어주기 위해 세운 병원의 원래 목적에 충실하기 위해서였다. 입원 환자에게 들어가는 진료비용은 무척 비쌌고, 따라서 그 비용을 도움이 꼭 필요한 사람에게 사용하는 것은 무척 중요한 일이었다.

알로이시오 신부가 무료 병원을 운영하겠다고 했을 때, 다른 병원에 갈 수 있으면서도 가난뱅이 행세를 하는 환자들로 병원이 넘쳐날 것이라는 경고성 충고가 많았다. 그러나 실제로는 그렇지 않았다. 가정 방문을 통해 생활 정도를 확인했기 때문에 조금이라도 여유가 있는 사람들은 거절당할 것을 알고는 처음부터 병원에 오지 않았다.

알로이시오 신부의 병원 사업은 그 자체로 가난한 사람들을 위한 하느님의 선물이었을 뿐 아니라 그가 하는 어린이 복지사업에도 큰 도움이 되었다.

그에게 맡겨진 아이들 대부분 건강 상태가 좋지 않았는데 그 아이들을 종합적으로 치료할 수 있는 자체 병원이 있다는 것은 무척 다행스러운 일이었다. 실제로 150명에 이르는 입원 환자 가운데 10명 내지 20명은 언제나 소년의 집 아이들이었다.

구호병원을 찾는 환자들은 어떤 의미에서 보면 특별한 경우의 환자들이었다. 한 가지 병만 가진 환자는 거의 없었고, 구호병원에 오기 전에는 현대 의학의 혜택을 받은 경험도 전혀 없었다.

그렇다 보니 가끔 의사들은 환자의 정확한 병 내용과 병력을 알 수가 없어 치료에 애를 먹었다. 의사가 주의 깊게 질문하고 탐색하지 않으면 환자 자신이 과거에 겪었던 고통이나 현재의 아픔을 제대로 표현하지 못했기 때문이다.

반면 의사들은 다른 병원의 환자와 구호병원 환자들의 차이점에 가끔 놀라기도 했다. 구호병원 환자들은 음식과 휴식만으로도 병이 낫는 경우가 많았기 때문이다. 그만큼 구호병원에 입원하는 환자들은 자신의 몸을 거의 돌보지 못했고, 그 때문에 약간의 치료와 휴식, 영양가 있는 식사만으로도 병이 낫는 경우가 많았던 것이다.

마리아수녀회 수녀들도 병원을 성공적으로 운영하는 데 없어서는 안 될 중요한 위치에 있었다. 비록 전문교육을 받은 간호사나 의료기사는 아니었지만 그들은 병원의 중심인물들이었다. 각 부서에서 의료진과 함께 일하면서 환자들이 최상의 의료 서비스를 받을 수 있도록 도와주었다.

수녀들은 친절한 모습으로 환자들에게 다가가 그들을 위로하고, 함께 기도하고, 마지막 순간에는 임종을 도와주기도 했다. 알로이시오 신부가 말했듯이, 그가 세운 다른 복지사업체의 경우처럼 병원 사업도 수녀들이 없었다면 활기가 없고 무기력하고 혼이 빠진 사업이 되고 말았을 것이다.

행려환자구호소를 인수하다

—

1960년대 후반 부산 거리에는 병든 행려자와 죽어 가는 거지들이 무척 많았다. 부산시 당국은 이들이 거리를 더럽히고 외국 관광객에게 혐오감을 준다며 큰 골칫거리로 여겼다. 그리하여 이들을 대대적으로 단속해 서구 아미동 부산대학병원 뒤쪽에 있는 한 목조 건물에 수용했다. 그러고는 '행려환자구호소'라 이름 붙였다.

이 구호소는 서구 토성동에 있던 한국자선회와 가까웠다. 그래서 알로이시오 신부는 처음부터 이 구호소의 존재에 대해 알고 있었다. 그러다가 부산시는 주변 사람들의 반발이 심하다는 이유로 구호소를 서구 장림동으로 옮겼다. 옮겨간 곳은 마리아수녀회에서 약 5킬로미터 떨어진 곳이었다. 처음에는 어디로 옮겼는지 몰랐는데 마라톤을 하다가 발견하게 되었고 마리아수녀회에서 가까웠던 관계로 알로이시오 신부는 자연히 구호소에 대해 알 수밖에 없었다.

새로 옮긴 행려환자구호소는 시멘트 블록으로 지어진 직사각형 건물 두 동으로 되어 있었다. 한 건물은 진료소와 사무실로 쓰고 다른 건물은 환자동으로 사용하고 있었다. 그곳은 '행려환자구호소'란 이름이 붙어 있었지만 알로이시오 신부의 눈에 그들은 전혀 환자들이 아니었다. 환자란 일정한 치료와 진료를 받는 사람을 뜻하지만 그곳 사람들은 치료라고는 전혀 받지 못하고 있었다.

그들을 수용하고 있는 건물은 몇 개의 큰 방으로 나뉘어져 있었는데, 각 방에는 나무 침상이 놓여 있고, 침상 위에 사람들이 누워 있었다. 100~120명의 남녀가 젊은이와 노인 구분 없이 함께 수용되어 있었는데, 말로 표현할 수 없는 고통과 절망 속에서 인간쓰레기 같은 취급을 받고 있었다.

수용자들은 대부분 이런저런 병을 앓고 있었다. 가장 많이 앓고 있는 병이 결핵이었고, 간장 질환을 앓는 환자나 말기암 환자도 있었다. 또 상당수는 정신질환을 앓고 있었다.

환자동 건물은 60명 정도를 수용하면 그런 대로 괜찮을 수준이었다. 하지만 두 배가 넘는 사람들을 수용하고 있었기 때문에 상황은 말로 표현하기 힘들 정도로 열악했다. 누우면 서로 포개질 정도였고, 나무 침상 사이로 떨어진 환자들의 대소변이 시멘트 바닥에 그대로 널려 있었다. 어떤 환자는 옷을 반쯤 걸치고 있고, 또 어떤 환자는 옷을 전혀 입지 않고 있었다. 도망을 가지 못하게 하기 위해서였다.

알로이시오 신부의 눈에 만약 이 세상에 지옥이 있다면 바로 그곳이라는 생각이 들 정도로 구호소의 상황은 최악이었다. 그는 그곳에서 나는 악취를 '마치 도끼로 공기를 자르는 것이 불가능하듯이 도저히 없앨 수 없을 정도로 지독했다'고 표현했다. 악취뿐 아니라 구소호 내부에는 이와 빈대를 비롯해 파리와 모기떼가 극성을 부렸다.

식품과 환자 치료에 필요한 약간의 운영비가 지급되고 있었지만 제대로 집행되지 않다 보니 직원 대우는 형편없었고, 음식은 더럽고, 약과 돈은 부정하게 없어지고, 환자들은 그냥 내팽개쳐져 있었다.

어느 날 알로이시오 신부는 미국인 손님과 함께 구호소를 방문하게 되었다. 그 미국인은 주인 잃은 개와 고양이를 죽을 때까지 보호하는 미국의 동물보호소의 모습이 떠오른다고 했다. 그만큼 그곳에는 희망이나 꿈이라고는 손톱만큼도 없었고, 최소한의 인간적 존엄성도 없었다.

 알로이시오 신부는 구호소 사람들을 그냥 두고 볼 수가 없었다. 다행히 마리아수녀회에서 가까웠기 때문에 일요일마다 규칙적으로 수녀들과 함께 구호소를 방문했다.
 수녀들은 환자들을 목욕시키고, 머리를 손질하고, 손톱을 깎아주고, 먹을 것을 주고, 책을 읽어 주며 함께 기도하고, 함께 성가를 불렀다. 겸손한 봉사정신으로 버림받고 내팽개쳐진 그들의 삶을 좀 더 인간답게 만들어 주려고 노력했다.
 그렇지만 상황은 좀체 나아지지 않았다. 늘 새로운 사람들이 수용되어 들어왔지만 120명의 원생 중에서 한 달에 20명에서 30명의 사망자가 생겨나고 있었기 때문에 전체 인원은 언제나 비슷했다.
 시체 처리는 쓰레기를 치우는 정도로 간단했다. 가마니로 똘똘 말아 수레에 싣고 공동묘지로 끌고 가 산허리의 땅을 얕게 파서 시체를 묻고, 나무 막대기로 표시해 두는 것이 전부였다. 또 상당수의 시체는 의학 연구용으로 대학병원에 팔려 가기도 했다. 그런 식으로 해서 구호소 직원들은 상당한 부수입을 챙기기도 했다.

 이런 상황을 알게 된 알로이시오 신부는 그냥 있을 수가 없었다. 구원을 갈구하는 그들의 비명 소리가 그의 귀에 계속 들려왔기 때문이다. 그는 이 문제를 마리아수녀회 수녀들과 의논했다. 수녀들은 비록 걱정이 되기도 하고 앞날에 대한 불안감이 없지 않았지만 무언가를 해야 한다는 데는 알로이시오 신부와 생각이 같았다.

수녀들의 의향을 확인한 뒤, 그는 당장 부산 시장을 찾아가 행려환자구호소 운영을 마리아수녀회에 위탁해 줄 것을 요청했다. 상당 기간의 행정 절차와 이유를 알 수 없는 지연 끝에 위탁 계약서에 서명하고 마리아수녀회는 구호소를 정식으로 인수할 수 있었다. 1969년 7월 23일의 일이다.

그는 몇 명의 수녀와 진료소 의사와 함께 지프를 타고 구호소로 갔다. 부산시 공무원들이 여기저기 서 있었는데, 그들의 행동이 알로이시오 신부의 신경을 자극하기 시작했다. 그들은 마리아수녀회에 인계할 물건들의 목록을 작성하고 있었는데, 대부분 부서져 못 쓰게 된 가구와 잡동사니 물건들이었다.

그의 마음을 괴롭힌 것은 한 푼의 가치도 없는 그런 물건에는 온갖 신경을 쓰면서도 수용되어 있는 환자들에게는 전혀 관심을 갖지 않는 그들의 태도였다. 그래도 어쩔 수 없이 몇 시간을 참고 기다린 끝에 그 물건들을 인수하는 서류에 도장을 찍었다. 하지만 다음날 그는 인수받은 대부분의 물건들을 불태워 없애 버렸다. 쓸 만한 것이 하나도 없었기 때문이다.

환자들에게 받은 선물

—

부산시 공무원들이 떠난 뒤, 알로이시오 신부와 수녀들은 모두 소매를 걷어 올리고 일을 시작했다. 환자들의 몸을 씻기고 새 옷으로 갈아입혔다. 그 일은 쉽지 않았다. 환자들의 몸은 말하지 못할 정도로 더러웠다. 원인을 알 수 없는 피부병을 앓는 환자들도 있었다. 그러나 수녀들은 용감하게 그들을 씻기고 새옷으로 갈아입혔다.

알로이시오 신부도 죽어 가는 환자를 목욕시키는 수녀들의 일에 동참했다. 흰 모자를 쓰고 하얀 러닝셔츠 차림의 그는 마치 즐거운 놀이를 하듯 휘파람을 불며 따뜻한 물로 환자들을 목욕시켰다.

그때 옆에서 다른 환자를 목욕시키고 있던 한 수녀가 그 모습을 사진으로 남겼다. 그 사진 덕분에 사람들은 알로이시오 신부가 가난하고 버림받은 사람들을 어떻게 대했는지 알게 되었다. 만약 그 사진이 없었더라면 사람들은 그가 미국에서 들어오는 엄청난 후원금으로 편안히 책상에 앉아 서류나 만지며 일을 했다고 생각했을지도 모른다.

알로이시오 신부는 그렇지 않았다. 그는 자신이 특별한 사람이라고 생각한 적이 단 한 번도 없었다. 그저 다른 수녀들과 마찬가지로 한 사람의 봉사자라고 생각했다. 다만 자신이 맡은 역할이 달라 다른 일을 할 뿐이지 기본적으로 가난한 아이들과 병든 사람들에 대한 봉사의 임무가 자신에게도 있다고 생각했다. 그 한 장의 사진이 그것을 잘 말해 주고 있다.(13쪽 사진 참고)

그날 알로이시오 신부는 행려 환자들을 목욕시키는 과정에서 그들로부터 선물 하나를 받았다. 선물이란 말은 그가 한 표현인데, 다름 아닌 손가락에 옮은 피부병을 뜻했다. 그때 옮은 피부병 때문에 그는 7~8개월 이상을 고생해야 했다. 하지만 알로이시오 신부는 불평 한마디 하지 않았고, 오히려 그리스도를 따르는 삶이 안겨 준 작은 선물로 여겼다.

지옥에서 천국으로 바뀐 구호소
—

마리아수녀회 수녀들의 헌신적인 노력으로 구호소 환경은 조금씩 좋아졌다. 알로이시오 신부는 부산에 주둔하고 있던 미군 공병대에 부탁해 연막 소독을 했고, 벽과 시멘트 바닥에 페인트칠도 새로 했다. 그리고 작은 건물을 더 짓고 그곳에 진료실과 성당, 관리 책임을 맡은 수녀들의 숙소를 만들었다. 그리고 사무실로 사용하던 건물은 환자들에게 돌려주었다.

그러자 환자들은 비로소 비좁은 공간에서 해방될 수 있었다.

환자들을 돌볼 수 있는 건물이 두 동이 되자 남자와 여자를 구분할 수 있게 됐고, 이전 같은 혼숙의 폐단도 없앴다. 또 식사의 질과 양을 향상시켰고, 진료다운 진료도 시작했다.

한 명 한 명 환자들의 상태를 확인한 알로이시오 신부는 정신질환을 앓고 있는 환자들이 많다는 사실을 알고는 그들을 어떻게 대해야 할지 배우기 위해 직접 정신과 의사를 찾아가기도 했다. 그는 이렇듯 적극적으로 일했고, 그가 돌보는 사람들에게 필요한 도움을 주기 위해 늘 고민하고 행동하기를 주저하지 않았다.

알로이시오 신부가 구호소를 위탁받고 서너 달이 지나자, 한 달 평균 20~30명씩 죽어 나가던 환자가 2~3명으로 줄었다. 더욱 반가운 것은 환자들의 얼굴에 생기가 돌고 표정이 밝아졌다는 사실이었다. 시한부 인생을 살고 있던 어떤 환자는 짧은 기간 동안 자신에게 일어난 놀라운 변화를 보고 믿을 수 없는 일이라고 하면서 지옥이 천국으로 변했다고 했다.

또 중요한 것은 종교적 분위기가 형성되었다는 사실이다. 그들은 하느님을 알게 되었고, 형제처럼 서로를 돕도록 지도를 받았다. 기도하는 법을 배운 환자들은 성당 안에서 기도하며 오래 머물기도 했다.

알로이시오 신부가 환자들에게 종교적인 것을 강조한 것은 종교가 정신적으로 도움을 줄 뿐만 아니라 육체적 질병에도 치료

효과가 있다고 생각했기 때문이다. 실제로 종교적인 사람은 비종교적인 사람에 비해 희망과 긍정적인 분위기를 갖기가 더 쉽다. 이처럼 구호소는 수녀들의 헌신적인 봉사로 점점 사람이 살 수 있는 곳으로 바뀌었다.

11

부산 소년의 집

Rev. Aloysius Schwartz

행려환자구호소의 운영을 맡은 뒤부
터 알로이시오 신부는 구호소 건너편에 있는 이상한 건물에 관심
을 갖기 시작했다. 구호소 건너편에는 습지를 메운 넓은 땅이 있
었는데, 그 땅 한쪽에 마치 군대 막사처럼 생긴 낮은 시멘트 건물
이 여러 채 있었다.

알로이시오 신부는 이전에도 그 근처를 지난 적이 몇 번 있었
지만 별로 관심을 두지 않았다. 사람의 인기척이라곤 전혀 없었
기 때문이다. 그러다가 구호소를 맡고부터 날마다 보다 보니 절
로 관심이 갔다.

알로이시오 신부는 그쪽을 볼 때마다 이상한 분위기를 느낄 수
있었다. 처음에는 폐기된 군대 막사이거나 양계장이라고 생각했

다. 그런데 그곳이 길거리에서 생활하는 아이들과 부랑인들을 수용한 집단 수용소라는 사실을 알게 된 깃은 그로부터 얼마 되지 않아서였다.

마치 2차 세계대전 중 나치가 달갑지 않은 시민들을 단속해 특별히 지정한 장소에 집단으로 가둬 놓은 것처럼, 불쌍한 사람들이 버스 터미널이나 기차역, 다리 밑에서 단속되어 그곳에 수용되어 있었다. 그곳의 이름은 영화숙(아동 복지시설)과 재생원(성인 부랑시설)이었는데, 두 시설은 건물만 달리한 채 한 울타리 안에 있었다.

지옥 같았던 영화숙과 재생원

—

당시 부산시는 시내에서 발생하는 부랑아와 부랑인들을 단속해 18세 이하의 미성년자들은 영화숙에, 어른들은 재생원에 수용했는데, 이 두 시설의 운영을 이순영 원장이란 사람이 맡고 있었다. 알로이시오 신부는 이 원장을 '대부'라고 불렀다.

덩치가 큰 이 원장은 늘 둥근 소풍 모자에 발목까지 내려오는 코트를 입고 다녔다. 마치 미국 서부 활극에 나오는 총잡이 같은 옷차림이었다. 그는 복지사업을 하면서 많은 재산을 축적했고, 그 돈으로 엄청난 사람들을 매수해 부산에서는 어떤 기관도, 어떤 사람도 감히 그를 대적하지 못하는 상황이었다.

대부분이 전과자인 이 원장의 부하들은 밤이 되면 기차역과 시외 버스 터미널 주변에서 활동하면서 거지와 행려 환자, 가출한 아이들을 무조건 붙잡아 갔다. 불쌍한 아이들은 놀란 토끼처럼 도망쳤지만 그들은 끝내 아이들을 찾아내 트럭에 쓸어 넣고, 마치 쓰레기를 운반하듯 영화숙으로 데려갔다.

그곳에는 1천2백 명이 넘는 남녀 성인과 아이들이 수용되어 있었다. 그들 중에는 정신 질환자도 있었고, 지체 장애인도 있었다. 특히 많은 아이들이 영양실조와 눈병, 피부병을 앓고 있었고, 폐결핵을 앓는 아이들도 있었다.

원장은 부산시로부터 운영 보조비를 받고 있었고, 외국 구호단체로부터 구호품도 받았다. 자세한 사정을 모르는 구호단체들은 영화숙과 재생원에 정기적으로 밀가루와 옥수수가루, 고기 등을 보내 주었다. 하지만 낮에 시설 안으로 들어간 각종 구호물자들은 밤이면 밖으로 나와 암시장에서 팔려 나갔다.

그렇다 보니 원생들이 먹는 음식은 늘 보잘것없었고, 원생을 위한 교육 시설이나 의무 시설도 전혀 없었다. 사정이 이런데도 시설이 시내에서 많이 떨어진 한적한 곳에 있다 보니 사람들의 눈에 잘 띄지 않아 문제점이 드러나지 않았던 것이다.

알로이시오 신부는 여러 가지 구실을 붙여 수녀들과 함께 영화숙과 재생원을 자주 방문했다. 그리하여 원장이라는 사내도 알게 되었다. 그는 마치 대형 불도저 같은 몸집을 갖고 있었는데 심지어 웃을 때조차 그의 얼굴에는 차가운 기운이 감돌았다. 그래도 알로이시오 신부가 찾아가면 원장은 시설과 원생들에 관해서, 특히 아이들에 관해 너털웃음을 지으며 열심히 설명했다.

건물과 주위는 제법 깨끗해 보였으나 전체적인 분위기는 공포의 수용소 같았다. 특히 영화숙의 경우, 한 방에 50~60명의 아이들이 입을 꼭 다물고 앉아 있었는데, 모두 양반다리를 하고 오직 앞사람 뒤통수만 쳐다보고 있었다. 몽둥이를 든 덩치 큰 아이가 그들 사이에 서서 사나운 눈초리로 아이들을 감시했다. 이것이 사회와 가정에서 버림받은 아이들을 재교육하고 갱생시키는 원장의 방식이었다.

시간이 지나면서 알로이시오 신부는 많은 아이들이 틈만 생기면 도망을 친다는 사실을 알게 되었다. 아이들의 탈출 시도가 잦다 보니 밤이면 경비들이 영화숙을 둘러싸고 지킬 정도였다. 그렇다 보니 대단히 담력이 큰 아이들만 탈출을 시도했다. 그러다가 붙잡히면 매를 심하게 맞아야 했고, 심지어 고문도 당했다. 원장의 부하들은 붙잡힌 아이들의 발바닥을 담뱃불로 지지거나 막대기로 심하게 때렸다. 이런 폭력으로 불구가 된 아이도 있었고, 심지어 죽은 아이도 있었다.

황필호(가명) 씨는 전쟁고아다. 부모님 얼굴은 고사하고 유류품 하나 없이 살아온 그의 생의 첫 기억은 여덟살 무렵 영화숙에서 시작된다. 부산에는 길거리와 기차역, 다리 밑에서 단속한 아이들과 부랑아, 걸인들을 수용하는 영화숙이라는 곳이 있었는데 이곳은 사회 복지시설을 표방했지만 사실상 소년원과 다를 바 없는 혹독한 공간이었다. 배고픔과 학대를 견디지 못한 꼬마 황필호는 몇 차례 영화숙을 탈출했지만 번번이 다시 잡혀가 심한 매질을 당했다.

소년이 되었을 때 그는 재생원에 인계돼 수용됐고, 성인이 될 무렵에는 형제원으로 끌려갔다. 20대 중반까지 그는 이름만 달리한 수많은 사회 복지시설에 감금돼 채찍을 맞아가며 강제 노동을 해야 했다. 고아란 이유로 그 모든 폭력은 정당화되었고, 이 시설들이 부정부패와 가혹한 인권침해 논란으로 폐쇄됐을 때야 비로소 그는 자유인이 됐다.

- 유해정 (인권연구소 「창」 활동가)

알로이시오 신부는 시체 처리 책임을 맡은 한 경비원으로부터, 수용소 뒷산 중턱에 밤중에 몰래 묻은 시체만 해도 1년에 300구 이상 된다는 말을 듣고 경악하지 않을 수 없었다. 사망자의 대부분은 보호 소홀과 영양실조, 질병 그리고 여러 가지 폭력으로 죽었다고 했다.

그곳은 불쌍한 사람들이 모여 있는 곳이었지만 그들은 아무런 보살핌도 받지 못한 채 굶주림과 질병, 폭력으로 죽어 갔다. 그리고 여자 원생들은 이 원장의 부하들에 의해 수시로 성폭행을 당하고 있었다.

마리아수녀회가 구호소 운영을 맡고 나서 처음 서너 달 동안 적어도 5명 이상의 영화숙과 재생원 원생들이 치료를 받으러 구호소 진료소로 왔다. 모두 폭력의 희생자들이었다. 한 번은 머리가 깨진 노인이 왔는데, 진료소에 도착한 뒤 서너 시간 만에 죽고 말았다.

영화숙 이 원장과의 전쟁
—

어느 무더운 여름날, 알로이시오 신부는 자료 사진을 찍기 위해 구호소에 갔다. 그때 구호소 의사가 영화숙에서 막 데리고 온 어린 소녀를 진찰하고 있었다. 그 아이는 수척한 몸에 심한 결핵을 앓고 있었다. 애처로운 얼굴을 한 소녀는 영화숙에서 1년 이상 살았다고 했다. 하지만 치료나 간호는 전혀 받아 보지 못했다고 했다. 결국 소녀는 구호소 진료소에 온 지 이틀 뒤 죽고 말았다.

그 어린 소녀의 죽음은 알로이시오 신부로 하여금 결단을 내리게 했다. 그에게 영화숙 아이들과 재생원 원생들은 가난한 이웃이었다. 알로이시오 신부는 그들의 모습을 보면서 부잣집 문 앞에 앉아 있던 라자로를 떠올렸다. 하지만 그들은 라자로와 달리 그들의 상처를 핥아 고통을 덜어줄 개도 없었다. 완전히 버림받은 불쌍하고 비참한 사람들이었다.

알로이시오 신부는 영화숙과 재생원의 불법 사실들을 수집해 보고서를 만든 뒤 부산시 보건사회국장을 만나 직접 건넸다. 그러나 국장은 별 관심을 보이지 않았다.

알로이시오 신부는 그 보고서를 다시 관할 경찰서장에게 가져갔다. 그런데 서장은 잔뜩 흥분한 채 알로이시오 신부에게 이 원장과 그의 시설 문제에서 손을 떼라고 명령하듯 말했다. 그러면서 "그렇지 않으면…." 하고 오히려 알로이시오 신부를 위협하는 듯한 말을 했다. 마지막으로 부산시장을 찾아가 문제를 제기했으나 그 역시 무관심했다.

알로이시오 신부는 물러서지 않았다. 부산에서 아무 반응을 얻지 못한 그는 보고서 사본을 대통령과 국무총리, 내무부 장관, 검찰총장, 보건사회부 장관에게 보냈다. 그러자 부산시장과 지방 관리들은 알로이시오 신부가 일으킨 소동 때문에 단단히 화가 났다. 그렇지만 알로이시오 신부는 당당했다. 그들에게 먼저 기회를 주었지만 그들이 아무런 행동을 취하지 않았을 뿐이었다.

서울에서 먼저 반응이 있었다. 그러자 부산에서도 갑작스런 움직임이 느껴졌다. 경찰과 중앙정보부 사람들이 알로이시오 신부를 찾아왔다. 부산시장도 증거를 확보해 이 원장을 고발했다.

마침내 모든 사람을 놀라게 한 사건이 벌어졌다. 이 원장이 감옥에 갇힌 것이다. 지방 신문들은 즐거이 이 원장을 공격하는 기사를 실었다. 이 원장을 순진한 아이들의 피를 빨아먹는 흡혈귀로 표현했다. 이 원장이 철창 속에 갇혀 있는 동안 지방 언론은 능숙한 필치로 정의를 부르짖었다.

하지만 상황은 금새 뒤집혔다. 이 원장은 만일 자신이 하수구에 깊이 빠지면 부산시의 수많은 공무원들도 함께 빠지게 된다는 것을 검찰 관계자들에게 내비쳤다. 그는 부산시의 수많은 고위 공무원들이 그의 비리를 눈감아 줬다는 증거를 갖고 있었고, 그것은 많은 사람들을 불안하게 만들었다. 그리하여 오래지 않아 그에 대한 고발은 취하되었고, 그는 알로이시오 신부에게 복수를 다짐하면서 감옥에서 나왔다.

악마와의 협상

이 원장은 감옥에서 나오자마자 마치 강력계 형사처럼 알로이시오 신부를 공격하기 시작했다. 먼저 명예훼손과 무고죄로 고소했다. 당시 우리나라는 명예훼손과 무고죄에 대한 법률이 명확하지 않았고 이 원장은 검사와 판사, 지방 경찰과 기자들과 친분이 있어 알로이시오 신부가 불리했다.

한편 이 원장은 알로이시오 신부와 수녀들에게 물리적 위협을 가하기도 했다. 그의 부하들은 적어도 스무 번 이상 수녀원을 찾아와 수녀들을 협박하고, 욕설을 퍼붓고, 수녀원 생활을 어렵게 만들었다.

그런가 하면 이 원장은 부하들을 시켜 알로이시오 신부를 24시간 감시하기도 했다. 그에게서 성직자로서의 흠을 찾아내기 위해서였다. 이 원장의 부하들은 수녀원 내 외딴 언덕에 있는 알로이시오 신부의 사제관 주위에 숨어 그의 행동 하나하나를 살폈다. 어떤 날은 사제관 지붕 위에까지 숨어 들어 밤새도록 그의 동태를 살피기도 했다. 또 어떤 날은 고양이를 사제관 창틀에 묶어 두어 알로이시오 신부가 고양이 울음소리에 밤새 잠을 잘 수 없게 괴롭히기도 했다.

시간이 지나면서 이 원장의 행패는 더 심해졌다. 영화숙에서 5킬로미터 정도 떨어진 곳에 성화원이란 작은 규모의 나환자 정착촌이 있었는데 그곳 역시 이 원장이 관리하고 있었다.

정착촌의 나환자들은 전염성이 없는 음성 환자들이었는데, 살아온 환경 때문에 행실이 무척 거칠었다. 그들 대부분은 이 원장의 하수인이었는데, 영화숙과 재생원에 있는 이 원장의 부하들보다 더 사나웠다.

오랫동안 사회로부터 격리된 채 멸시받으며 살아온 그들은 도대체 두려워하는 것이 없었다. 나병 때문에 경찰들도 그들을 기피하다 보니 그들의 불법적인 행동은 이 원장의 부하들보다 더 광범위하게 여러 분야에 퍼져 있었다.

그들 역시 이 원장을 위해 수녀원과 구호소를 수없이 찾아와 난동을 부렸다. 그들은 알로이시오 신부를 한국에서 쫓아내라는 플래카드를 들고 구호소로 몰려와 행패를 부렸다. 그러자 구호소에서 괴상한 장면이 연출되기도 했다.

정착촌 나환자들이 구호소에 난입해 알로이시오 신부를 쫓아내라고 외치자, 이번에는 구호소 환자들이 알로이시오 신부를 옹호하는 뜻에서 병실에서 몰려 나와 결핵균을 옮길 수 있는 침을 나환자들 얼굴에 뱉었던 것이다. 화가 난 나환자들은 문드러진 손으로 구호소 환자들을 공격했고, 그로 인해 구호소는 한바탕 아수라장이 되고 말았다.

알로이시오 신부의 여러 노력에도 불구하고 행정 당국과 경찰의 무관심으로 인해 변한 것은 아무것도 없었다. 영화숙 아이들과 재생원 원생들은 여전히 비인간적인 상태에서 매질과 굶주림, 온갖 질병에 시달리며 살아야 했다. 결국 알로이시오 신부는 불쌍한 원생들을 구해내기 위해 이 원장과 협상을 벌일 수밖에 없었다.

몇 주 동안의 협상 끝에 합의점을 만들어 냈다. 알로이시오 신부가 원생들을 위해 2만 달러에 해당하는 식료품과 의복을 구입해 재생원과 영화숙에 전달하는 대신 마리아수녀회 수녀들이, 식료품 납입하는 날을 비롯해 수시로 영화숙과 재생원의 주방을 방문할 수 있도록 허락받았다. 그리고 영화숙의 운영 부담을 덜어 주기 위해 301명의 아이들을 마리아수녀회가 인수하기로 했다.

소년의 집, 그 시작
—

다행히 합의대로 301명의 아이들은 마리아수녀회에 인계되었다. 이 원장의 부하들은 마치 피난민처럼 보이는 어린아이들을 군인같이 줄을 세워 먼 길을 행진시켜 수녀원으로 데리고 왔다.

마침 수녀원 뒤 천마산 언덕에는 알로이시오 신부가 가난한 아이들의 무료 교육을 위해 지어 놓은 학교 건물이 있었다. 다행히 아직 개교를 하지 않은 상태라 비어 있었는데, 알로이시오 신부는 그 건물을 아이들의 숙소로 개조했다. 훗날 그의 대표적인 어린이 보육 사업이 된 부산 소년의 집은 그렇게 시작되었다. 이때가 1970년 5월이다.

영화숙에서 온 아이들은 마치 야생의 패거리 같았다. 고정되지 않은 물건들이 사라지기 시작했다. 문손잡이며 구리 전선, 자물쇠, 수도꼭지 따위가 없어졌다. 고정되지 않은 물건뿐만 아니라 시멘트 바닥에 깊이 박힌 구리선까지 파내 갔다. 모두 엿장수에게 가져다주고 엿과 바꿔 먹기 위해서였다.

이뿐이 아니었다. 화장실이 있었지만 아이들은 마치 동물처럼 건물 구석마다 똥과 오줌을 예사로 쌌다. 며칠이 지나자 온 건물에서 동물원 같은 냄새가 났다.

알로이시오 신부는 아이들과 이야기를 나누어 보았다. 아이들은 저마다 가슴 아픈 사연을 안고 있었다. 그 사연은 어린아이가 감당하기에는 너무나 컸다. 대부분 전쟁 통에 부모를 잃었고, 어떤 아이들은 어린 나이에 부모로부터 버림을 받아 순전히 혼자 힘으로 살아가야 했다. 그런 아이들은 길에서 구걸을 하거나 도둑질을 하며 살아야 했고, 부산시의 여러 곳에 흩어져 있는 넝마주이 소굴에서 살기도 했다.

알로이시오 신부는 단순한 보육 형태로는 이 아이들의 정서를 좋게 하기 어렵다고 판단해 가족 같은 분위기를 만들어 주기로 했다. 그리하여 아이들을 30명 단위로 묶은 뒤 한 사람의 수녀가 엄마 역할을 하면서 그들을 한 가족이 되게 했다.

30명의 아이들은 마치 한 가족처럼 같은 지붕 아래서 함께 먹고, 자고, 공부하면서 엄마 노릇을 하는 수녀의 보살핌을 받기 시작했다. 그러자 아이들은 정서적으로 안정되어 갔다.

아이들이 정서적으로 안정되자 알로이시오 신부는 아이들을 학교에 보낼 계획을 세웠다. 먼저 자격을 갖춘 교사를 채용해 아이들에게 예비 교육을 시키게 했다. 대부분의 아이들이 학교 교육을 잠깐 받았거나 전혀 받지 못한 상태라 일반 학교에 입학을 시키려면 그 방법이 가장 좋았기 때문이다.

> 기초 학습을 시킨 뒤 아이들을 인근 두 곳의 초등학교에 나누어 입학을 시켰다. 그러나 현실은 너무나 차가웠다. 또래 아이들과 학부모들은 물론 교사들조차 우리 아이들을 멸시하며 고아, 거지, 인간쓰레기라고 놀리며 따돌렸다. 교실에서는 날마다 싸움이 벌어졌고, 교사들은 일방적으로 우리 아이들에게 책임을 씌워 벌을 주거나 교실 맨 뒤에 세워 놓았다.

> -『가장 가난한 아이들의 신부님』 중에서

학교에 간 아이들은 제대로 적응을 하지 못했다. 심한 차별을 받았기 때문이다. 학교생활에 흥미를 갖지 못했으니 당연히 공부를 잘할 리 없었다. 그런 와중에 엄마 수녀가 책값이나 수업료라도 쥐여주면 아이들은 이때다 하고는 돈을 갖고 사라져 버렸다. 그리고 곧바로 거리의 생활자로 돌아갔다. 아직 다듬어지지 않은 아이들에게는 참을 수 없는 유혹이었던 것이다.

자체 정규 학교를 가진 보육기관

—

이 문제를 해결하기 위해 고민에 빠진 알로이시오 신부가 찾아낸 해결책은 자신의 아이들만을 위한 학교를 세우는 것이었다.

결정을 했으면 신속히 추진하는 것이 알로이시오 신부다운 모습이었다. 그는 당장 학교 법인을 만들고, 일반 학교보다 더 높은 봉급을 제시하며 능력 있는 교사들을 채용했다. 그리하여 정규 초등학교를 만들었다(1973년 3월 2일 개교). 이로써 그는 세계에서 최초로 자체 교육기관을 가진 보육 시설을 만든 사람이 되었다.

당시 한국 정부에서 관리하는 아동 복지시설들은 먹이고 입히고 재우는 데 그치는 초보적인 단계에 머물러 있었다. 심지어 그런 기본적인 것조차 제대로 못하는 곳도 많았다. 그런 상황에서 자체 정규 초등학교를 갖춘 보육 시설을 운영한다는 것은 믿기지 않을 정도로 놀라운 일이었다.

일부 보육사업 종사자들은 알로이시오 신부를 향해 정신 나간 사람이라고 비난하기도 했다. 아이들을 교육시킬 돈으로 더 많은 아이들을 먹이고 입히고 재울 수 있지 않느냐는 것이 그들의 논리였다. 게다가 일반 가정의 아이들 중에도 초등 교육을 받지 못하는 경우가 허다한데, 고아들한테 무슨 공부냐며 공격했다.

하지만 알로이시오 신부의 생각은 달랐다. 이미 여러 번 이야기했듯이 그의 보육 철학은 단순히 가난한 아이들을 먹이고 입히고 재우는 데 있지 않았다. 그것은 기본이었고, 궁극적으로 목표하는 것은 '자립'이었다. 한 아이가 가난에서 벗어나 스스로 살아갈 수 있도록 하는 것이었다.

부모형제가 없는 아이가 훗날 성인이 되어 스스로 가난에서 벗어나 자립할 수 있으려면 배우는 것 말고는 다른 방법이 없었다. 알로이시오 신부는 그것을 잘 알고 있었고, 다행히 한국은 배우기만 하면 어느 정도 자립할 수 있는 나라였다.

교육은 알로이시오 신부가 가장 중요하게 생각하는 자립의 중요한 기본 토대였기 때문에 그 무엇과도 바꿀 수 없었다. 따라서 잠자리와 먹을 것과 입을 것을 해결한 아이는 누구라도 학교에 가서 공부해야 한다는 것이 알로이시오 신부의 생각이었다.

하지만 학교에 간 아이들이 멸시와 차별을 받는다면, 그 때문에 오히려 공부에 대한 흥미를 잃어버리게 된다면 그것은 학교에 가지 않는 것보다 못한 일이었다. 그가 자신의 보육 시설 안에 자체 교육기관을 세우기로 결정한 것은 이 때문이었다.

나는 무엇보다 아이들의 교육을 가장 중요하게 생각했다. 하지만 당시 국가에서 관리하는 아동복지 사업은 먹여주고 재워주는 데 그치는 초보적인 단계에 있었다. 사람들은 그것만 해도 대단한 것이라고 생각했다. 먹지도 못하고 입지도 못하는 아이들이 너무 많던 시절이었기 때문이다.

그렇지만 아이들이 교육을 받지 못하면 스스로 살아갈 수 있는 힘을 갖지 못하게 되고, 스스로 살아간다 해도 사회의 밑바닥 생활을 벗어날 수 없게 된다는 사실을 나는 너무나 잘 알고 있었다.

- 『가장 가난한 아이들의 신부님』 중에서

교육과 가난은 서로가 서로에게 원인이자 결과로 작용한다. 배우지 못했기 때문에 가난해 의식주 해결이 힘들고, 의식주 해결이 힘들다 보니 교육은 꿈도 못 꾸는 식이다. 따라서 알로이시오 신부는 의식주와 교육은 함께 풀어 나가야 할 문제라고 보았고, 실제로 그렇게 했다.

그리고 알로이시오 신부는 자신의 아이들이 다른 사람들에게 멸시 당하고, 차별 받고, 부당한 대우를 받는 것을 무척 싫어했다. 그리하여 초등학교를 졸업한 아이들이 차별 받는 일 없이 계속해서 공부할 수 있도록 중학교(1974년에 소년의 집 실업학교로 설립 인가. 1999년 알로이시오중학교로 교명 변경. 2016년도에 폐교)와 고등학교도 세웠다(1976년에 세운 부산 소년의 집 기계공업고등학교. 1999년 알로이시오 전자기계공업고등학교로 교명 변경. 2018년 폐교). 나중에는 전문대학(알로이시오전자공업전문대학, 1984년 폐교)까지 세웠다. 이것은 보육 역사에서 세계적으로 그 유래를 찾아볼 수 없는 일이다.

알로이시오 신부는 교사들을 채용한 뒤 직접 오리엔테이션을 진행했는데, 그때 교사들에게 요구한 것을 보면 그가 얼마나 아이들의 교육에 관심과 깊은 애정을 갖고 있었는지 잘 알 수 있다.

· 학생들 수준에 맞는 수업 준비를 할 것
· 빈손으로 교실에 들어가는 일은 절대 있어서는 안 됨(잘 준비한 교안을 들고 들어가 학생들 앞에서 가르칠 것)
· 아버지가 없는 학생들이니 아버지의 역할과 모델이 되어야 함
· 학생들을 눈 안에 두고 늘 관찰하고 지도할 것
· 학생들에게 무관심하거나 차별하지 말 것

한편 알로이시오 신부가 공부 못지않게 중요하게 생각한 것이 운동이다. 운동 역시 자립의 중요한 요소로 생각했다. 알로이시오 신부와 수녀들이 언제까지나 아이들을 돌볼 수 있는 것은 아니었다. 아이들이 자라 성인이 되면 소년의 집을 떠나 힘든 세상 속에서 혼자 살아가야 한다. 그때 아이들에게 필요한 것이 공부 다음으로 건강이었다. 알로이시오 신부는 몸이 건강하기 위해서는 어릴 때부터 운동이 생활화되어 있어야 한다고 생각했다. 그래서 소년의 집 안에 축구장을 만들고, 심지어 외부 사람들의 비난을 무릅쓰고 수영장까지 만들었던 것이다.

마지막으로 알로이시오 신부가 아이들의 자립을 위해 중요하

게 생각한 덕목을 한 가지 더 보태면 그것은 신앙생활이었다. 공부가 자립을 위한 생활을 뒷받침하는 것이고, 운동이 자립을 위한 육체적 건강을 뒷받침하는 것이라면 신앙은 자립을 위한 영혼의 건강을 뒷받침하는 것이었다.

따라서 그는 아이들에게 늘 기도하라고 가르쳤고, 수시로 아이들의 피정을 지도하기도 했다. 이처럼 공부와 운동 그리고 신앙생활은 알로이시오 신부가 아이들에게 강조한 기본적인 세 가지 덕목이었다.

도움을 베푸는 사람들을 위한 자립

—

알로이시오 신부는 가난한 사람들의 자립을 중요하게 생각했지만 그들을 도와주는 사람들의 자립도 중요하게 생각했다. 그는 엄청난 카리스마로 대규모 구호 사업을 펼쳤다. 그 구호 사업이 알로이시오 신부 개인의 강력한 카리스마로 시작되었고, 오랜 시간에 걸쳐 성장하고 유지된 것은 사실이지만 그는 구호 사업의 동료인 마리아수녀회 수녀들을 단순한 조력자로 생각하지 않았다.

알로이시오 신부는 아주 오래전부터, 그러니까 그가 미국에서 모금한 후원금으로 가난한 아이들을 먹이고, 입히고, 재우고, 공부시키는 초기 단계의 구호 사업을 시작할 때부터 마리아수녀회 수녀들을 그의 사업에 참여시켰다. 그리하여 훗날 자신이 이 세상을 떠난 뒤에도 구호 사업이 멈추지 않고, 자생력을 갖고 계속될 수 있도록 했다.

이를 위해 알로이시오 신부는 무엇인가를 결정해야 할 때면 그것이 크고 작음에 상관없이 수녀들의 의견을 물어 보았다. 이때는 수녀들의 나이가 많고 적고를 따지지 않았다. 오직 한 사람의 동료로서 수녀들의 의견을 물어보았을 뿐이다. 그리고 그 의견이 타당하고 합리적인 것이라면 언제나 적극적으로 반영했다. 형식적으로 물어본 것이 아니라는 뜻이다. 이 원칙은 알로이시오 신부가 마지막 숨을 거둘 때까지 계속되었다.

1975년 예비 수녀 때의 일이다. 아이들을 학교에 보내고 뒷정리를 하고 있는데 사제관에서 회의가 있으니 엄마 수녀들은 사제관으로 모이라는 방송이 나왔다. 시간이 되어 사제관으로 올라가는데 옆방의 허원 수녀님이 "자매님은 예비 수녀니까 회의에 안 가도 될 것 같은데요."라고 하셨다.

그 말에 다시 내려가 주방을 정리하고 있었다. 그런데 잠시 뒤 수녀님 한 분이 내려오셔서 빨리 사제관으로 가자는 것이었다. 나도 학생 담당이니 신부님이 부르신다고 했다.

나는 급하게 사제관으로 갔다. 신부님은 내가 올 때까지 회의를 진행하지 않고 계셨다. 회의에 참석하지 않아도 된다고 하신 옆방 수녀님은 무척 미안한 표정을 짓고 있었다. 사제관에 들어가사 신부님은 "어서 오세요, 수녀님. 수녀님을 기다리고 있었습니다."라고 말씀하시고는 곧바로 회의를 시작하셨다.

-『소 알로이시오 신부님과의 추억』 중에서

이런 방식은 마리아수녀회 수녀들로 하여금 알로이시오 신부가 벌이고 있는 사업체의 운영에 능동적이고 적극적으로 참여하도록 하는 결과를 가져왔다.

알로이시오 신부가 전체 사업을 총괄하고 지휘하고 이끈 것은 사실이지만, 마리아수녀회 수녀들은 각자 맡은 소임에 충실하면서도 한편으로는 자신들의 사업체 안에서 무슨 일이 일어나고 있으며, 그 일이 어떻게 진행되고, 처리되고, 해결되고 있는지를 잘 알고 있었다.

그렇다 보니 어떤 예기치 못한 상황이 벌어져도 누구라도 적절한 대응 방안을 내놓을 수 있었고, 실제로 효과적으로 대응할 수 있었다. 이러한 사실은 알로이시오 신부가 선종한 뒤에도 특별한 흔들림이나 동요 없이 소년의 집 사업이 계속해서 성장하고 다른 여러 나라로 확장된 것을 보면 잘 알 수 있다.

이처럼 알로이시오 신부가 가장 중요하게 생각한 자립의 원칙은 가난한 삶을 지향한 그 자신에게서 비롯되어 가난한 사람들에게로 뻗어 나가고, 마침내 그가 만든 공동체까지 확장되었으니 그의 구호 사업에서 가장 중요한 가치는 자립이었음이 분명하다.

12
___

끝나지 않은 싸움

Rev. Aloysius Schwartz

영화숙에서 구해낸 301명의 아이들
로 소년의 집 사업을 시작한 알로이시오 신부는 이 원장의 그늘
에 있는 나머지 원생들도 구해 내야겠다고 생각했다. 하지만 그
생각을 현실화시키는 것은 쉽지 않았다. 알로이시오 신부와 이
원장 사이에는 승부 없는 싸움이 계속되었고, 이 싸움은 부산 공
무원 사회에 재미있는 이야깃거리가 되었다.

　사실 이 싸움은 처음부터 정당하지 못했다. 이 원장은 협박과
폭력을 사용했고, 신문기자와 경찰, 검사, 일반 관리들을 돈으로
매수해 싸움에 끌어들이는 것을 주저하지 않았다. 또 자신의 목
적을 달성하기 위해서라면 거짓말이나 속임수를 사용하는 데 전
혀 양심의 가책을 느끼지 않았다. 여기에다 안개 속에서 운영되

는 한국의 사법제도에도 정통했다. 그에 견주면 알로이시오 신부는 늘 쉽게 속아 넘어가는 사람이있다.

하지만 이 싸움의 시작부터 알로이시오 신부와 마리아수녀회 수녀들이 지켜 온 믿음은, 그들이 옳은 일을 하고 있으며 하느님을 따르는 사람으로서 마땅히 해야 할 일을 하고 있다는 것이었다. 이런 믿음에서는 자연히 큰 힘이 솟기 마련이다.

'굶어 죽어 가는 거지를 만났을 때 먹을 것을 주지 않는다면, 사실상 그 거지를 죽인 것과 다름없다'는 암브로시오 성인의 말을 늘 되새기며 살던 알로이시오 신부는 영화숙과 재생원에 억류되어 있는 아이들과 성인 원생들에 대해 도덕적 의무감을 갖고 있었다. 그는 그들을 도울 수 있는 위치에 있었고, 그가 돕기를 거절하고 등을 돌려 버린다면 사실상 그들을 죽이는 것과 다를 바 없고, 살인의 죄를 범하는 것이라고 생각했다.

영화숙에서 온 남자 아이 301명은 알로이시오 신부와 수녀들의 날개 속에 그들의 보금자리를 마련했지만, 영화숙과 재생원에는 그 아이들 말고도 여전히 400~500백 명의 아이들이 있었고, 또 성인들도 그만큼 있었다. 알로이시오 신부는 영화숙과 재생원을 찾아가 계속 관심을 가졌지만 변화되는 것은 하나도 없었다.

오히려 아이들과 성인 원생들 가운데 탈출하는 숫자만 늘어났고, 그들 가운데 일부는 보호를 받기 위해 수녀원을 찾아왔다. 영화숙과 재생원을 탈출한 아이들과 성인 원생들은 그곳에서 벌어지고 있는 폭행과 학대와 죽음에 대해 알로이시오 신부에게 자세히 설명했다.

하루는 이 원장 밑에서 몇 년 동안 일했다는 한 사내가 재생원을 도망쳐 알로이시오 신부를 찾아와 보호를 요청했다. 그 사내는 엄청난 공포에 질려 있었다. 하지만 알로이시오 신부에게는 그를 피신시킬 적절한 피난처가 없었다. 그렇다고 수녀원에 둘 수도 없었기 때문에 얼마간의 돈을 주면서 피할 만한 곳을 찾아가라고 했다.

다음날 아침, 그 사내는 수녀원에서 그렇게 멀지 않은 한 여관 마당에서 두개골이 파열되어 누워 있는 채로 발견되었고, 시립병원으로 옮겨졌으나 몇 시간 만에 죽고 말았다. 경찰은 사망 경위를 조사했으나 실족사로 결론을 내렸다. 이 일로 알로이시오 신부는 몹시 마음이 아팠으며 죄의식을 느꼈다.

세상의 무관심 속에 고통 받던 사람들
—

경찰과 공무원들은 물론이고 교회마저도 영화숙과 재생원의 원생들을 구해 내려는 그의 노력에 무관심했다. 특히 부산 교구는 무관심을 넘어 오히려 이 원장 편을 든다는 생각이 들 만한 행동을 했다.

　실제로 이 원상은 주교관을 사주 드나들있다. 이 원장이 주교관을 드나들 이유는 어디에도 없었다. 그런데 그가 주교관을 드나드는 모습을 마리아수녀회 수녀들이 보고 난 며칠 뒤, 주교관에서는 '요즘 마리아수녀회 때문에 교회가 시끄러우니 지금이라도 문제를 수습해야 한다. 그러기 위해서는 알로이시오 신부를 외국으로 추방해야 한다. 왜 망신스럽게 남의 사업을 건드려서 교회를 소란하게 하는지 모르겠다'는 소리가 들려오기 시작했다.

　믿을 수 없는 내용이었지만 사실이었다. 이것만 보아도 알로이시오 신부가 얼마나 힘들게 이 원장과 싸웠을지 짐작할 수 있다. 알로이시오 신부는 오직 불쌍한 아이들과 병들어 죽어 가는 사람들을 구해 내야 한다는 생각만으로 그 힘들고 외로운 싸움을 계속해 나갔던 것이다.

　알로이시오 신부는 걱정과 의심으로 많이 망설이다가 이 원장과 다시 협상을 시작했다. 이 원장이 자기 소유의 재산을 팔고 싶어 한다는 말을 전해 들었기 때문이다.

　하지만 알로이시오 신부의 관심은 땅덩어리나 가치 없는 건물이 아니라 시설의 '운영권'이었다. 힘없고 불쌍한 사람들을 이 원장의 손아귀에서 구해 내는 길은 당시로서는 돈으로 이 원장을 시설에서 내보내는 방법밖에 없었다.

이 원장은 도무지 믿을 수 없는 인물이었기 때문에 협상은 긴장된 분위기 속에서 이루어졌다. 여러 차례 만나고 논의한 끝에 계약서 문안을 작성했다. 알로이시오 신부가 시설 전체를 인수하는 조건으로, 합의금은 75만 달러로 정했다.

75만 달러가 엄청난 돈이긴 했지만 수많은 아이들과 불쌍하고 버림받은 사람들이 위험한 상태에 처해 있는 상황에서 알로이시오 신부는 선택의 여지가 없었다. 그리하여 괴로운 고민 끝에 이 원장의 제안을 받아들이기로 했던 것이다.

그런데 계약서에 서명하기로 되어 있던 날, 이 원장은 약속을 깼다. 그러고는 새로운 제안을 내놓았다. 알로이시오 신부가 그를 믿고 영수증이나 계약서 없이 선금으로 4만 달러를 먼저 주고, 정식 계약은 국회의원 선거가 끝나고 난 뒤 체결하자는 것이었다. 그때 4만 달러를 뺀 나머지 돈을 주면 그의 재산과 원생들을 알로이시오 신부에게 전부 넘기겠다고 했다.

알로이시오 신부는 이 원장이 왜 그런 제안을 했는지 나름대로 이유를 조사했다. 그의 형이 국회의원에 출마할 예정이었는데, 당시만 해도 비례대표 국회의원이 되려는 사람은 소속 정당에 많은 돈을 정치 헌금으로 내야 했는데, 첫 번째 의석도 이 원장이 준 돈으로 산 것이었다. 그리고 이번에도 다시 의석을 사려는 계획을 세웠던 것이다. 그래서 먼저 4만 달러가 필요했던 것이다.

문제는 당시 중앙정보부가 돈으로 의석을 사려는 사람들의 재정 상황을 감시하고 있다는 사실이었다. 만일 이 원장이 선거 전에 영화숙과 재생원을 넘기게 되면 엄청난 돈이 이 원장의 손으로 들어가게 되고, 그렇게 되면 돈의 출처를 밝혀야 되는데, 그것이 의석을 사려는 형의 계획을 망칠 수도 있었다. 그 때문에 이 원장은 계약을 선거 뒤로 미루고 싶었던 것이다. 이런 사실을 알게 된 알로이시오 신부는 이 원장에게 모든 일을 없었던 것으로 하자고 한 뒤 흥정을 취소해 버렸다.

이 원장의 폭행과 위협
—

화가 난 이 원장은 또다시 본성을 드러냈다. 하루는 알로이시오 신부가 구호소에서 미사를 마치고 밖으로 나오자 이 원장의 부하들이 마당에서 기다리고 있었다. 이 원장이 급한 일로 알로이시오 신부를 자신의 사무실에서 만나기를 원하니 같이 가자는 것이었다. 알로이시오 신부는 잠시 주저했지만 따라갔다.

그런데 알로이시오 신부가 재생원 사무실에 들어가자마자 이 원장의 부하들이 그를 붙잡아 사무실에 가두었다. 이 원장은 미친 사람처럼 고함치기 시작했다. 그는 두 손으로 알로이시오 신부의 목을 누르며 위협했고, 부하들은 알로이시오 신부를 밀치며 거칠게 다루었다. 이 원장은 그렇게 1시간 정도의 장난질 끝에 알로이시오 신부를 풀어 주었다. 그들은 알로이시오 신부에게 육체적 상해를 입히기보다는 겁을 주려는 것이 목적이었다.

며칠 뒤, 알로이시오 신부는 부산시장을 찾아가 폭행 사실을 알렸다. 시장은 대단히 노하면서 5월 선거가 끝나는 대로 경찰에게 사실 여부를 조사하게 하고, 이 원장의 복지사업을 중지시키겠다고 했다. 하지만 그날 알로이시오 신부가 시장으로부터 받은 느낌은 그저 자신을 달래기 위해 빈말을 한다는 것이었다.

실제로 우연히 한국자선회 사무실에 들른 부산시장의 비서는 시장이 알로이시오 신부를 일컬어 미꾸라지 한 마리가 강물을 흐리게 한다고 했다는 말을 하기도 했다. 자신의 정치적 영역 안에서 알로이시오 신부가 물을 흐리게 하는 것을 원치 않았던 시장은 부드러운 말과 달콤한 약속으로 그를 달랬던 것이다.

그로부터 2주가 지난 어느 날 정오, 알로이시오 신부는 재생원 근처에서 달리기를 하고 있었다. 그때 이 원장의 지프가 지나갔다. 이 원장은 길가에 차를 세우고 내려서는 알로이시오 신부의 허리를 붙잡았다. 그러고는 차로 끌고 가려고 했다.

알로이시오 신부가 버티며 저항하자 이 원장은 근처에 있던 안면 있는 사람에게 재생원으로 가서 부하들을 불러 달라고 했다. 그 순간 알로이시오 신부는 이 원장의 손을 뿌리치고 산비탈을 달려 바닷가 쪽으로 뛰어갔다. 이 원장이 비록 알로이시오 신부보다 몸집이 크고 힘은 셌지만 달리기는 느렸다.

이처럼 상황이 점점 심각해지자 알로이시오 신부는 이 원장을 정식으로 고발하기로 마음먹었다. 그러나 한국 검찰이 법정에서 이 원장을 처벌할 수 있을 만큼 충분하고 확실한 증거를 내놓을 수 있을지 걱정이 되었다. 그것은 위험한 게임이었다. 왜냐하면 한국 법정에서는 고발당한 자가 유죄 판결을 받지 않으면 고발한 사람이 오히려 무고로 고소를 당할 수 있었기 때문이다. 그러므로 무엇보다 확실한 증거가 필요했다.

알로이시오 신부의 고발 요점은 영화숙과 재생원 원생에 대한 학대와 폭행, 정부 보조금 횡령, 구호품의 불법 처분 그리고 알로이시오 신부 개인에 대한 폭행과 납치 기도였다. 이런 혐의에 대해 증거를 충분히 모은 다음 알로이시오 신부는 이 원장을 고발했다.

그러자 이 원장도 곧바로 알로이시오 신부를 고발했다. 그의 고발 내용은 알로이시오 신부의 고발 내용과 거의 비슷했다. 예를 들면 원생 학대에 대한 알로이시오 신부의 고발에 대해, 이 원장은 알로이시오 신부가 행려환자구호소의 환자들을 학대했다고 고발했다.

당연히 사실이 아니었다. 알로이시오 신부가 구호소 운영을 맡기 전에는 한 달에 서른 명 이상이 죽어 나갔지만 알로이시오 신부가 운영을 맡고부터는 사망자가 한 달에 세 명 정도로 현저히 줄었다. 하지만 이 원장은 그 세 명마저도 관리 소홀과 학대로 죽었다고 주장했다.

이 원장은 고발의 증거를 만들기 위해 밤중에 부하 두 명을 구호소의 시체실에 침투시켰다. 그러고는 다음날 장례를 치르기로 되어 있는 한 시신의 옷을 벗겨 흉한 모습을 만든 뒤 사진을 찍고, 그 사진을 근거로 알로이시오 신부가 환자들을 소홀히 다루며 시체도 아무렇게나 처리한다고 주장했다.

또한 알로이시오 신부가 운영하던 구호병원의 세무 보고서를 입수해 알로이시오 신부가 구호금을 떼어먹었다고 주장했다. 이 원장이 제시한 증거 서류의 날짜와 금액은 정확했다. 그러나 자세히 보면 병원 운영을 위해 알로이시오 신부가 매달 보조하는 4만 달러를 수입 목록에서 지출 목록으로 옮겨 놓고는 그 돈을 알로이시오 신부가 다달이 떼어먹었다는 식이었다.

터무니없이 조작된 고발이었지만, 당시 법을 집행하는 사람들에게 엉터리 내용은 큰 문제가 되지 않았다. 이 원장은 그런 고발장을 제출한 뒤 엄청나게 많은 사람들에게 로비를 했다. 그렇다 보니 수사관이나 검사는 말할 것도 없고 판사까지 알로이시오 신부를 의심할 정도였다.

압력은 알로이시오 신부뿐만 아니라 마리아수녀회 수녀들과 한국자선회 사무실 직원들에게도 가해졌다. 이 원장의 부하들은 시도 때도 없이 병원과 구호소, 수녀원을 찾아와 행패를 부렸다.

이 원장의 계산은 알로이시오 신부를 한없이 괴롭히고, 주변 사람들까지 힘들게 만들면 알로이시오 신부가 모든 것을 포기하고 두 손을 들 거라는 거였다.

알로이시오 신부를 외면한 교회
—

알로이시오 신부와 이 원장의 싸움이 날로 격해지고 있던 어느 날이었다. 알로이시오 신부의 일을 도와주고 있던 박 다미아노가 출근을 하려고 집을 나서는데, 이 원장의 지시를 받은 나환자 네 명이 골목에서 그를 기다리고 있었다. 그들은 이유 없이 시비를 걸어 말다툼을 벌였다. 그러다가 가벼운 실랑이가 벌어졌다. 그때 나환자 한 명이 난데없이 돌바닥에 넘어지면서 마치 상해를 당한 것처럼 고함을 치며 다리를 절뚝거렸다.

아침 8시경, 출근하려고 집을 나서는데 나환자 네 명이 대문 밖에서 나를 기다리고 있었다. 골목을 나서면 넓은 길이 나왔는데, 길 양쪽 끝을 따라 하수가 흐르는 고랑이 있었고, 그 고랑 위에 길이 1미터에 폭이 0.5미터 되는 거친 돌다리가 놓여 있었다. 그 돌다리를 건너려고 하자 그들 중 한 명이 나를 막아섰다.
내가 앞으로 계속 나아가려 하자 나를 막아서며 뒤로 밀리는 척 물러

서다가 갑자기 돌다리 위에 넘어지면서 엉덩방아를 찧는 시늉을 했다. 그러고는 "아이고 나 죽는다."하면서 그 자리에 드러누웠다. 당황한 나는 어쩔 줄 몰랐고, 그들은 넘어져 있는 자를 업고 큰길로 사라졌다.

- 『여전히 살아계신 우리 신부님』 중에서

며칠 뒤 박 다미아노는 상해죄로 고소를 당했다. 넘어진 다리에 미리 거짓 상처를 입혀 놓은 나환자가 같은 패거리의 의사로부터 6주 입원을 필요로 한다는 엉터리 진단서를 발부받았던 것이다.

엉터리 진단서를 발급해 준 의사는 원래 재생원 내 진료실에서 근무하던 사람이었는데, 의사로서 기본적인 양심이나 사명감은 전혀 없었고, 오직 이 원장의 지시에만 충실한 사람이었다. 그런 사람이 재생원에서 나가 개인 병원을 운영하고 있었으니 엉터리 진단서를 발급받는 것은 식은 죽 먹기나 마찬가지였다.

박 다미아노는 꼼짝없이 구속될 처지에 몰렸다. 더구나 현직 국회의원이던 이 원장의 형이 계속해서 경찰과 검찰을 압박하고 있었으니 구속을 피할 길이 없었다.

다급해진 알로이시오 신부는 이갑수 주교를 찾아갔다. 이 주교는 최재선 주교의 뒤를 이어 부산 교구장으로 있던 중이었다. 그런데 이 주교는 알로이시오 신부의 일에 개입하고 싶지 않다며 도움을 거절했다. 다행히도 박 다미아노의 형이 전직 부장판사 출신의 변호사였다. 그의 도움으로 구속은 피했지만 벌금형을 받는 것까지 막을 수는 없었다.

　이처럼 온갖 협박과 위협이 알로이시오 신부외 그의 주변에 있는 많은 사람들에게 몇 달 동안이나 계속되었다. 심지어 이 원장은 알로이시오 신부를 몰래 죽여 버리겠다는 말까지 하고 다녔다. 그런데도 교회는 알로이시오 신부에게 최소한의 울타리도 되어 주지 않았다.

　알로이시오 신부가 작성한 이 원장에 대한 고발장에는 영화숙과 재생원에서 벌어진 다섯 건의 살인에 대한 내용도 들어 있었다. 그 사건은 소년의 집으로 도망쳐 온 열일곱 살 소년이 직접 눈으로 본 사실이었다. 그 소년은 머리가 명석했고, 관찰력이 뛰어났다. 소년은 살인 사건의 상세한 내용과 그때의 주변 상황과 날짜, 시간 그리고 가해자를 정확하게 기억하고 있었다. 그 내용은 고발장의 중요한 부분이었다. 그런데 경찰에 고발장을 낸 몇 주 뒤 이 증언에 서명한 소년이 갑자기 사라져 버렸다.

　알로이시오 신부는 깊은 고민에 빠졌다. 그는 검사장을 찾아갔고, 시경국장에게도 소년을 꼭 찾아줄 것을 호소했다. 하지만 그들은 별 관심을 보이지 않았다. 알로이시오 신부는 신문에 광고를 실어 소년의 행방을 알려주는 사람에게는 후한 보답을 하겠다고까지 했다. 하지만 아무런 소식도 들을 수 없었다. 그 사이 알로이시오 신부는 또다시 이 원장으로부터 명예훼손을 이유로 고소를 당했다.

이 원장과의 싸움을 위해 고발장을 만들어 관계 기관에 보내기 전, 알로이시오 신부는 부산 교구 사제들에게 도움을 청했다. 모두 스물세 명의 신부들이 마리아수녀회에 모였다.

알로이시오 신부는 그 자리에서 행방불명이 된 소년의 진술 내용을 상세하게 설명하면서 이 원장이 영화숙과 재생원에서 저지르고 있는 온갖 악행에 대해 자세히 설명했다. 그러고는 고발장에 지지 서명을 해 줄 것을 요청했다.

물론 유일한 고발인은 알로이시오 신부였고, 그에 대한 모든 책임 또한 알로이시오 신부가 지기로 되어 있었다. 서명은 단지 그들의 사회적 지위를 빌려 알로이시오 신부의 주장에 좀 더 힘이 실리도록 하기 위한 것이었다. 외국인 신부들은 온 마음으로 그를 지지해 주었다. 하지만 한국인 신부들은 별 성의를 보이지 않았다. 그래도 다행히 고발장에 서명은 해 주었다.

이 지지 서명은 알로이시오 신부에게 큰 도움이 되었다. 그런데 이 원장이 어떻게 알았는지 서명을 한 신부들을 한 사람 한 사람 찾아가 협박과 위협을 했다. 그리하여 반도 더 되는 신부들이 고발 서류에서 자신의 이름을 빼 달라고 했다. 할 수 없이 알로이시오 신부는 나머지 신부들의 서명만 첨부된 고발장을 부산 지방 검찰청에 제출했다.

부산 시내가 다시 시끄러워졌다. 한 지방 신문은 알로이시오 신부의 고발 내용을 큰 기사로 실었다. 마치 금방이라도 이 원장이 붙잡혀 가고, 영화숙과 재생원이 정상화될 것 같았다. 하지만 달라진 것은 아무것노 없었다. 여선히 이 원장은 활개를 치고 다녔고, 영화숙과 재생원 원생들은 인간으로서의 존엄성을 빼앗긴 채 하루하루 고통 속에서 살아가고 있었다.

결코 물러설 수 없었던 5년 간의 싸움
—

알로이시오 신부는 다른 방법을 택했다. 부산 시민들에게 직접 호소하기로 한 것이다. 그는 마리아수녀회 수녀들과 4주 동안 길거리에서 시민들의 서명을 받았다. 영화숙과 재생원의 내막을 시민들에게 알린 것이다. 그 결과 당국이 사실을 파헤쳐 줄 것을 요구하는 진정서에 12만3천 명의 시민들이 서명을 했다.

알로이시오 신부는 이 서명 용지를 호소문과 함께 대통령에게 보냈다. 그리고 탄원서와 함께 재생원과 관련한 그 동안의 신문 기사들을 모두 복사해 220명의 국회의원들에게도 보냈다.

사건이 국회로까지 확대되자 이 원장의 형은 마치 칼에 찔린 돼지처럼 비명을 지르며 검찰총장을 찾아가 알로이시오 신부의 처벌을 요구했다. 이 원장의 형은 알로이시오 신부를 무고죄로 고소했고, 알로이시오 신부는 1년 동안 검찰과 법원에서 많은 시간을 보내야 했다. 심지어 무고죄로 기소되어 유죄 판결을 받은 첫 외국인 신부가 되었다. 하지만 알로이시오 신부는 물러서지 않았다. 대구 고등법원법에 항소했고, 그 결과 벌금을 1천 달러로 감형받을 수 있었다.

이 원장과 그의 형은 알로이시오 신부를 감옥에 보내려고 온갖 노력을 다했을 뿐 아니라 아예 한국에서 쫓아내려고 했다. 그러다 보니 온갖 괴상한 짓도 서슴지 않았다.

1970년 미국 하원의원 칼 알버트가 한국에 온 적이 있다. 그때 국회의원이던 이 원장의 형은 알로이시오 신부를 한국에서 쫓아내자는 진정서에 동료 국회의원 15명의 서명을 받아 그에게 전달했다. 그리고 알로이시오 신부를 비방하는 거짓 문서를 미국 국무성과 중앙정보국, 연방범죄수사국, 워싱턴 시장과 미국의 몇몇 일간지, 주한 교황대사, 미국 천주교 주교회의, 로마 바티칸 교황청에 보냈다.

그러는 사이 한국 정부는 알로이시오 신부의 서명 운동에 자극을 받아 행동을 취하기 시작했다. 대통령이 수사 지시를 내렸기 때문이다. 몇 개월의 수사와 재판 끝에 마침내 이 원장은 유죄가 인정되어 징역 5년 형을 선고받았다. 물론 집행유예를 선고받아 감옥에 갇히지는 않았다.

하지만 중요한 것은 영화숙의 아이들이 모두 알로이시오 신부가 운영하던 소년의 집으로 넘어왔고, 재생원 원생들도 다른 시설로 옮겨가게 되었다는 사실이다. 그렇게 해서 마침내 영화숙과 재생원 사건은 해결되었다. 그때까지 걸린 시간이 무려 5년이었다.

비록 이 원장이 알로이시오 신부에게 복수를 다짐했고, 알로이시오 신부는 늘 이 원장을 경계해야 하는 처지가 되고 말았지만 궁극적으로 사건은 지극히 행복한 결말로 끝이 났다. 더구나 그로부터 2년 뒤, 이 원장의 형도 공갈과 횡령죄로 감옥에 갇히게 되었다.

외로운 사제 생활

—

알로이시오 신부가 이 원장과 5년 동안이나 힘겨운 싸움을 하는 동안 교회는 그에게 아무런 도움을 주지 않았다. 엄연히 부산 교구 소속 신부였는데도 교구사제들까지 그를 외면했다. 여기에는 알로이시오 신부와 최재선 주교와의 갈등이 근본적인 원인으로 작용했다고 짐작할 수 있다. 하지만 그것만으로는 설명이 부족하다. 그렇다면 왜 이런 일이 벌어진 것일까?

짐작컨대 한국 신부들의 엘리트 의식 때문이었을 것이다. 전반적으로 학력 수준이 낮았던 당시 한국 사회에서 가톨릭 신부만큼 많이 공부한 사람은 드물었다. 그렇다 보니 그들은 절로 엘리트가 될 수밖에 없었고, 시간이 지나면서 자연히 엘리트 의식이 생길 수밖에 없었다.

실제로 대부분의 한국 신부들은 엘리트 의식이 강했고, 자신들을 특수한 계급의 사람이라 생각했다. 그것은 개별 신부들의 잘못이 아니었다. 사회가 그랬고, 그들의 상황이 그랬다.

가난한 사람들이 내는 보잘것없는 헌금으로 살면서도 신부들은 가난하게 살지 않았다. 그러면서도 마음이 불편하지 않을 수 있었던 까닭은 가난한 사람들과 자신들이 동등하다고 생각하지 않았기 때문이다. 그런 그들에게 문제가 되는 것은 오히려 알로이시오 신부였다.

알로이시오 신부는 처음부터 엘리트 의식이 없었다. 엘리트 의식을 따진다면 그만큼 엘리트인 사람도 없었다. 세계에서 가장 잘사는 나라 미국 사람인데다, 미국에서 학부를 마치고 대학원 과정을 유럽에서 공부한, 요즘 말로 하면 잘나가는 유학파였다. 게다가 상상할 수 없을 정도로 많은 돈을 움직여 구호 사업을 벌이고 있었으니 엘리트도 그런 엘리트가 없었다.

하지만 알로이시오 신부는 달랐다. 그는 뛰어난 사업 감각을 갖고 있었지만 사소한 것을 결정할 때도 마리아수녀회 수녀들의 의견에 늘 귀를 기울였다. 심지어 갓 수녀원에 입회해 아직 아무것도 모른다고 생각하기 쉬운 지원자의 의견도 주의 깊게 경청했다. 그리고 좋은 의견이라 생각하면 주저 않고 반영했다.

이런 알로이시오 신부였으니 다 쓰러져 가는 판잣집을 자신의 사제관으로 삼고, 한국의 가난한 사람 못지않은 소박한 음식으로 식사를 하고, 틈만 나면 줄무늬 운동복 차림으로 가난한 사람들을 찾아다니며 소탈하게 어울릴 수 있었던 것이다.

　게다가 가난한 사람들 중에서도 가장 가난한 사람들이라 할 수 있는 부랑인 수용소의 아이들과 어른들을 구해 내기 위해 온갖 모욕은 물론 폭행까지 당해야 했으니 그의 이런 모습은 권위와 특권의식으로 똘똘 뭉쳐 있던 당시 한국 신부들의 눈에 몹시도 불편했을 것이다. 한국 신부들이 알로이시오 신부를 외면했던 것은 이런 이유가 작용했을 것이라 짐작할 수 있다.

　이런 점을 생각하면 알로이시오 신부가 한국에서 보낸 그 오랜 시간 동안 인간적으로 얼마나 외롭고 힘든 날들을 보냈을지 짐작할 만하다. 가족이 없는 성직자가 자신의 어려움을 나눌 수 있는 사람은 오직 동료 성직자뿐인 것이 신부들의 세계다. 그런데 알로이시오 신부에게는 그런 사람이 없었다.

　물론 그를 지지하고 그에게 도움을 베푼 신부와 주교들도 많았다. 하지만 그것은 어디까지나 구호 사업가로서의 그에 대한 지지와 도움이었다. 성직자로서의 그에게 영적인 도움을 주는 신부는 없었다. 물론 언어 문제가 다소 걸림돌이 됐을 수도 있지만 진심이 통한다면 사실 언어는 그리 문제가 되지 않는다는 사실을 감안할 때 그는 참으로 외로운 사제 생활을 했던 것이 틀림없다.

영적 어머니 젤뚜르다 수녀

—

다행히 알로이시오 신부에게는 갈멜수녀원의 젤뚜르다 수녀가 있었다. 알로이시오 신부가 벨기에 출신의 젤뚜르다 수녀를 만난 것은 1957년 부산에 도착한 직후였다.

알로이시오 신부는 미국에서부터 알고 있던 워싱턴 출신의 갈멜회 수녀를 만나기 위해 부산 갈멜수녀원을 방문했다. 그 자리에서 젤뚜르다 수녀와 처음으로 인사를 나누었다. 당시 그녀는 60대였는데, 그날 이후 젤뚜르다 수녀는 알로이시오 신부를 영적 아들로 삼고 기도해 주기로 약속했다.

그 이후 알로이시오 신부는 젤뚜르다 수녀를 만나기 위해 갈멜수녀원을 자주 방문했고, 그런 날이면 오랫동안 영적 대화를 나누었다. 그러던 중 젤뚜르다 수녀는 자신을 방문하는 것 때문에 알로이시오 신부가 시간을 너무 많이 빼앗기자 직접적인 방문 대신 편지를 보낼 것을 권유했다. 그리하여 두 사람은 오랫동안 영적 편지를 나누었다.

알로이시오 신부가 보내는 편지는 주로 그의 구호 사업에 관한 내용과 그 사업을 이끌어 가면서 겪는 인간적 어려움을 토로하는 내용을 담고 있었다. 그리하여 알로이시오 신부는 해결하기 어려운 일에 부딪힐 때마다 젤뚜르다 수녀에게 편지를 보내 기도를 요청했다. 젤뚜르다 수녀는 알로이시오 신부의 편지를 다른 동료

수녀들이 읽을 수 있도록 하여 갈멜 공동체 모두가 알로이시오 신부의 사업에 영적으로 관여하고 지지할 수 있도록 했다.

1982년 5월 11일 화요일
젤뚜르다 수녀님께

4월 18일에 보내 주신 편지 고맙습니다. 수녀님의 모든 편지는 저에게 큰 기쁨의 근원이 됩니다. 수녀님께서 저번 사고로부터 건강이 완전히 회복되셨기를 바랍니다.

저는 마침내 일에서 벗어날 수 있었습니다. 지난 일주일 동안 왜관에 있는 베네딕도 수도원에서 지냈습니다. 이 시간 동안 충분히 쉬었고, 은혜 충만한 시간이었으며, 저는 이것에 대해 무척 고마운 마음을 가졌습니다. 저의 피정 지도자는 늘 성녀 데레사입니다.

저의 세계인 부산 어린이들과 가난한 자들에게 돌아온 뒤 저는 곧바로 수만 가지 문제들과 결제에 부딪혔습니다. 때때로 저는 이런 문제들로 기진맥진하게 됩니다. 그러나 이것 때문에 태어났습니다. 이런 것들 때문에 저는 이곳에 왔습니다. 그러니 더 이상 무엇이…. 저는 압니다. 제가 혼자가 아니라는 것을.

새로 짓고 있는 서울병원(도티기념병원) 공사는 빨리 진행되어 거의 완공 단계에 이르고 있습니다. 지금 우리는 세관으로부터 의료 기구들을 찾고, 그것들을 서울로 보내 설치하느라 바쁩니다. 6월 29일 정식으로 병원 문을 열 생각입니다.

과장급의 좋은 의료진들을 구하기가 참 어렵습니다. 높은 급료를 지불하겠다는데도 대부분의 한국 의사들은 가난한 사람들을 위한 병원에서 일하는 것을 좋아하지 않습니다. 또한 가난한 사람들을 위해 효과적이고 좋은 봉사가 되기 위한 병원 체계를 조직하는 것도 쉽지 않습니다. 비록 우리는 새로운 사업을 시작할 때마다 실수를 했지만, 결과적으로는 언제나 좋았고 병원 사업도 그렇게 될 것이라 생각합니다.

부산 구호소의 새 건물도 건축을 시작하려고 합니다. 우리는 부산에서 약 130명의 결핵 환자와 서울에서 약 160명의 환자를 돌보고 있습니다. 저는 서울 갱생원(뒤에 '은평의마을'로 이름을 바꿈)에 제대로 된 건물을 짓고 싶습니다. 이것은 절실히 필요합니다. 그러나 여기에는 두 가지 문제가 있습니다. 돈과 시청의 허락입니다.

서울시에서는 갱생원이 다른 곳으로 옮겨 가기를 바라고 있습니다. 하지만 우리는 다른 곳으로 옮기는 것을 반대합니다. 이것이 한 가지 문제입니다. 또 다른 문제는 돈입니다. 2백만 달러 정도가 필요할 것 같습니다. 그러나 하느님의 도우심으로 이 정도 금액은 모금을 할 수 있을 것 같습니다.

그리스도회 수사님들은 서울 갱생원에서 훌륭한 몫을 하고 있습니다. 우리 모두가 기뻐 놀랄 만큼 잘하고 있습니다.

성신강림 주일 한 주 전에 24명의 수련자들에게 피정을 지도해야 합니다. 수녀님께서 기도 중에 그들을 기억해 주시라라 믿습니다.

　　알로이시오 슈월스.

- 『소 알로이시오 신부의 기도』 중에서

　젤뚜르다 수녀는 진심으로 알로이시오 신부를 아꼈고, 그가 성직자로서 또 구호 사업가로서 자신이 맡은 소명을 잘해 나갈 수 있기를 진심으로 바랐다. 그런 사실을 알로이시오 신부도 잘 알고 있었기에 어려움이 있을 때마다 도움을 요청했던 것이다. 알로이시오 신부와 젤뚜르다 수녀가 주고받은 편지의 양을 보면(거의 책 한 권 분량이 된다) 그가 젤뚜르다 수녀에게 얼마나 많이 의지했는지 알 수 있다(젤뚜르다 수녀는 알로이시오 신부보다 2년 앞선 1990년 4월 선종했다).

　알로이시오 신부는 젤뚜르다 수녀로부터 영적 에너지를 얻고, 한 달에 한 번 내지 두 번의 하루 묵상과, 1년에 두 번 3일에서 5일 동안 왜관 분도수도원에서 가진 개인 피정 시간을 통해 인간으로서 갖는 어려움을 극복했다.

　그러면서도 그는 우물 안의 개구리가 되지 않기 위해 주간지 「뉴스타임」과 「뉴스위크」를 정기 구독했고, 「리더스 다이제스트」와 「뉴요커」, 「란너스 월드」 같은 잡지도 부정기적으로 사서 읽었다. 그리고 일간지 「워싱턴 스타」의 종교란을 늘 정독했다.

능력 있는 구호 사업가

—

이 원장이 사라지자 부산시장은 영화숙의 나머지 아이들도 알로이시오 신부에게 맡겼다. 대부분 남자아이들로 모두 700명 정도 되었다.

아이들이 많아지자 알로이시오 신부에게는 더 넓은 공간과 더 큰 건물이 필요했다. 앞서 이야기했듯이 그는 수녀원 가까운 곳에 땅을 마련해 '소년의 집'이라 이름 붙이고 건물을 짓기 시작했다. 그렇게 해서 아이들의 생활공간 말고도 교실과 체육관, 성당, 운동장, 수영장까지 갖춘 부산 소년의 집이 1972년 12월 완공되었다. 알로이시오 신부에게는 너무나 기쁘고 행복한 날이 아닐 수 없었다.

나이 많은 남자아이들 중에는 알로이시오 신부가 그들을 위해 목숨을 걸다시피 하며 이 원장과 싸웠다는 사실을 잘 알고 있는 아이들도 있었다. 아이들은 그런 사실을 고마워하면서 알로이시오 신부와 수녀들의 훌륭한 협조자가 되어 주었다. 이렇게 시작된 부산 소년의 집은 훗날 남녀 학생 수가 3천 명이 넘을 정도로 규모가 커지게 된다.

소년의 집 사업을 본격적으로 시작하면서 알로이시오 신부는 큰 시행착오 없이 사업들을 진행했는데, 겨우 몇 년 사이에 놀랄 만할 정도로 규모가 커진 보육 사업을 무리 없이 진행할 수 있었던 것은 기적과도 같은 일이었다. 단순히 돈만 있다고 할 수 있는 것이 아니었기 때문이다. 여기에는 치밀하게 준비하고 계획한 알로이시오 신부의 철저함이 큰 몫을 발휘했다고 할 수 있다.

사실 알로이시오 신부는 오래전인 송도 본당 주임신부 시절부터 소년의 집 사업을 구상하고 있었다. 1960년대 초는 손수건 자수 사업으로 무척 바쁠 때였다. 그런 상황에서도 그는 '일하는 소년의 집'을 만들어 자신이 구상하고 있던 청소년 보육 사업을 시범적으로 운영해 보았다.

알로이시오 신부는 한국자선회 마당에 작은 기숙사를 짓고 일정한 거처 없이 앵벌이와 구두닦이를 하던 15~16명의 청소년들을 모아 함께 생활하게 했다. 소년들은 낮에는 구두를 닦고, 밤에는 공부와 운동을 했다.

이 사업은 앵벌이와 구두닦기를 하면서 제멋대로 살아온 거리의 소년들이 단체 생활에 적응하고, 정서적으로 안정되어 가는 과정을 관찰할 수 있는 아주 좋은 기회였다. 실제로 알로이시오 신부는 그 소년들을 통해 청소년 보육사업에 대해 다양한 지식을 습득할 수 있었다.

신부님은 이 사업(일하는 소년의 집)을 유도 유단자이며 사회적으로 식견이 많은 50대 후반의 한 분에게 맡겼는데, 훗날 신부님은 이 사업이 매우 유익했고, 이 사업을 통해 소년의 집 사업에 대한 확신을 얻었다고 말씀하셨다.

- 『여전히 살아계신 우리 신부님』 중에서

그렇다고 알로이시오 신부가 단지 그 소년들을 실험 대상으로서만 생각했던 것은 아니다. 그들 중에는 운전면허를 취득해 훗날 소년의 집에서 정식 직원으로 근무한 사람도 있었고, 일부는 소년의 집으로 거처를 옮겨 학업을 계속하기도 했다.

이렇듯 알로이시오 신부가 엄청난 규모의 구호 사업을 벌이면서도 시행착오가 적고 효과적으로 사업을 이끌 수 있었던 것은 그의 뛰어난 사업가적인 능력과 더불어 철저한 준비와 연구의 결과였다.

13

서울 소년의 집

Rev. Aloysius Schwartz

알로이시오 신부가 부산 소년의 집을
세워 훌륭하게 운영한다는 소문은 삽시간에 전국으로 퍼졌다. 그
러자 서울시는 보건사회부 국장을 내려보내 살펴보게 한 뒤, 알
로이시오 신부에게 서울에서도 소년의 집 사업을 해 달라고 요청
했다.

당시 서울시는 약 2천 명의 집 없는 아이들을 서울시가 직접
운영하는 시립아동보호소에 수용하고 있었다. 알로이시오 신부
는 그 보호소에 두 번 간 적이 있어 내부 사정을 어느 정도 알고
있었는데, 그의 눈에는 영화숙보다 나은 점이라고는 하나도 없었
다. 그렇다 보니 소년의 집 사업을 서울로 진출시켜 달라는 서울
시장의 요청을 거절할 수가 없었다.

서울시는 아동보호소 일부 땅을 서울 소년의 집 건축을 위해
내 놓았다. 알로이시오 신부는 그 땅에 약 100만 달러를 들여 부
산 소년의 집과 비슷하게 아이들의 생활관을 비롯해 체육관과 성
당, 수영장을 지었다.

그런 다음 시립아동보호소 어린이 2천 명 가운데 8백 명의 남
자 아이들을 먼저 받아들여 1975년 1월 1일, 문을 열었다. 개원식
에는 당시 박정희 대통령의 딸 근혜 씨가 참석하기도 했다.

다음날 알로이시오 신부는 박정희 대통령의 만찬 초대를 받았
다. 서울시장과 서울시 교육감이 함께한 자리였다. 만찬 도중 알
로이시오 신부는 서울시장으로부터 아동보호소의 나머지 시설과
그곳에 있는 1천2백 명의 아이들도 받아 달라는 요청을 받았다.
알로이시오 신부는 자금 사정과 인력 문제로 확실히 자신할 수는
없었지만, 남은 아이들의 열악한 생활환경이 마음에 걸려 동의하
고 말았다.

그리고 3개월 뒤, 알로이시오 신부는 나머지 아이들과 시립아
동보호소의 모든 시설을 인수했다. 그리하여 2천여 명으로 늘어
난 서울 소년의 집 사업은 처음부터 대단위 보육 시설로 출발하
게 되었다.

아이들이 늘어나자 알로이시오 신부는 부산과 마찬가지로 서

울 소년의 집 안에도 정규 초등학교를 세웠다. 1년 뒤에는 부산 소년의 집 초등학생들을 모두 서울 소년의 집으로 옮겨 서울 소년의 집 초등학교로 일원화했다. 그렇게 해서 서울 소년의 집은 초등학생 중심으로 운영을 하고, 부산 소년의 집은 중고등학생 중심으로 운영하는 이원화 체제를 갖추었다.

이제 아이들은 서울 소년의 집에서 초등학교를 졸업한 뒤 부산 소년의 집으로 내려가 중고등학교 과정을 마치고 사회에 나갈 수 있게 되었다.

당시 서울에서는 거리에서 단속된 남녀 아이들이 하루 5명에서 10명씩 소년의 집에 들어왔다. 아이들의 나이는 대개 4~16세로, 대다수가 영양실조 상태에서 피부병이나 눈병, 결핵 같은 질병을 앓고 있었다. 알로이시오 신부는 중증의 아이들은 부산의 구호병원으로 내려보내고, 가벼운 질병의 아이들은 서울 소년의 집 안에 마련된 진료소에서 치료부터 받게 했다.

치료가 끝난 아이들은 상담을 통해 가족을 찾을 수 있으면 가족에게 돌려보내고 그렇지 않으면 소년의 집에 머물게 했다. 그리고 소년의 집 초등학교에 보내기 전에 먼저 학력 적응 교육을 받게 한 다음, 초등학교에 입학을 시켰다.

부산의 소년의 집 아이들과 마찬가지로 서울 소년의 집 아이들 역시 모든 아이들이 고등학교 교육까지 마쳐 큰 어려움 없이 일

자리를 얻고 사회로 진출해 스스로 살아갈 수 있도록 하는 것이 알로이시오 신부의 목표였다.

니콜라오 반 아이들을 사랑한 신부님
—

서울 소년의 집 아이들 2천 명 가운데 약 3백 명은 지적장애이거나 신체장애를 가진 아이들이었다. 알로이시오 신부는 그 아이들을 따로 모아 엄마 수녀의 보살핌을 받게 했다.

　여기서 눈여겨볼 것은 알로이시오 신부가 장애를 가진 아이들을 대하는 태도였다. 당시 서울 소년의 집에 지적장애와 신체장애를 가진 아이들을 따로 모아 보육하는 곳은 특수반인 니콜라오 반이었다. 니콜라오 반 아이들은 덩치는 컸지만 정신연령은 겨우 두세 살 수준이라 하루라도 조용히 넘어가는 날이 없을 정도로 보육하기가 힘들었다.

　하지만 알로이시오 신부는 무엇보다 니콜라오 반 아이들을 사랑했다. 그 아이들을 '1등 예수님'이라 부르면서, 서울에 머무는 날이면 반드시 니콜라오 반을 방문해 아이들과 함께 놀기도 하고, 어떻게 하면 더 잘 돌볼 수 있을지 끊임없이 생각하고 연구했다.

　똥오줌을 함부로 싸는 아이들이라 아무리 씻겨도 늘 지저분하고 냄새가 났지만 그는 아랑곳하지 않았다. 아이들을 안아주고

방 안에서 함께 뒹굴며 그들의 어리광을 다 받아 주었다.

한편 알로이시오 신부는 초등학생 아이들로 하여금 니콜라오 반 아이들을 도와주면서 함께 어울리게 했고, 그럼으로써 아이들 사이에 장애 아이들에 대한 편견이 생기지 않도록 노력했다. 요즘으로 치면 일종의 통합 교육을 시킨 셈이다.

초등학교 아이들은 수업이 끝나면 순번을 정해 한 명씩 짝을 지어 니콜라오 반 아이들과 손을 잡고 운동장을 돌았다. 그러자 잘 걷지 못하던 아이들도 잘 걷게 되었고 발음도 많이 좋아졌다. 그렇게 니콜라오 반 아이들은 건강한 친구들의 도움을 받으면서 육체적으로 또 정서적으로 눈에 띄게 건강해져 갔다.

초등학생 아이들의 반응도 좋았다. 장애를 가진 친구를 도와줌으로써 장애아에 대한 편견이 줄어든 것은 물론이고 도와주는 아이들의 자존감도 많이 높아졌다.

편견이란 함께 어울리지 않을 때 생기는 것이다. 지금도 그렇지만 우리나라 장애아들은 늘 특수학급 내지 특수학교에서 분리되어 교육을 받는다. 그렇다 보니 건강한 학생들은 장애아들과 함께 생활할 기회가 없다. 일반적으로 많은 사람들이 장애인에 대해 편견을 갖고 있는 것은 이 때문인지 모른다.

한국은 지금도 여전히 분리 교육 정책을 펴고 있지만 선진국에서는 통합 교육을 하고 있다. 단 한 명의 장애인 학생을 위해 학교에 엘리베이터를 설치하는 따위의 경제적 비용을 감수하고서라도 건강한 학생과 장애를 가진 학생이 한 교실에서 공부할 수 있도록 배려하고 있다.

이런 것을 생각해보면 알로이시오 신부는 40년도 더 전에 비록 부분적이었지만 통합 교육을 실행하였으니 그가 아이들을 교육하는 데 있어 얼마나 많은 고민과 연구를 했는지 짐작할 수 있다.

유명했던 소년의 집 축구부

—

알로이시오 신부가 부산과 서울의 소년의 집 안에 세운 초중고등학교는 더할 나위 없이 훌륭하게 운영되었다. 앞서 이야기했듯이 일반 사립학교보다 월급을 더 주고 우수한 교사들을 채용했기 때문이다.

다른 사람들은 고아들에게 무슨 교육이냐고 비아냥거렸지만 알로이시오 신부는 자신이 돌보는 아이들이 이미 넘칠 만큼 많은 고통과 마음의 상처를 받은 만큼 다시는 그런 고통과 상처를 입지 말아야 한다는 생각을 갖고 있었다. 그리고 가정과 사회에서 버림받은 아이들인 만큼 훨씬 더 좋은 환경에서 더 좋은 보살핌을 받고 자라야 한다고 생각했다. 그리하여 교육을 시키는 흉내를 낸 것이 아니라 실력 있는 교사들을 채용해 아이들에게 실제적으로 도움이 되는 교육을 하게 했다.

알로이시오 신부의 생각은 잘 맞아 떨어졌다. 교사들은 열심히 가르쳤고 아이들은 열심히 공부했다. 그러다 보니 학력평가 시험을 치면 주변의 공립학교나 사립학교보다 늘 성적이 우수했다.

공부도 잘했지만 스포츠 분야에서도 특별히 두각을 나타냈다. 앞서 말한 것처럼 운동은 소년의 집 전체 교육 과정에 있어서 아주 중요한 부분이었다. 운동이야말로 홀로서기를 해야 하는 아이들에게 꼭 필요한 덕목이었다. 그래서 소년의 집 학생들은 공부 못지않게 운동도 열심히 했는데, 소년의 집 축구팀과 농구팀은 전국대회에 나가기만 하면 늘 상위권을 차지했다. 심지어 부산 소년의 집 중학교 축구팀은 전국 우승을 두 번이나 했다. 부산의 수많은 중학교 가운데 그런 영예를 누린 학교는 소년의 집 중학교가 유일했다.

지금은 고교 축구가 별로 인기가 없지만 1970년대와 80년대는 고교 축구가 꽤나 인기 있는 스포츠였다. 그때 소년의 집 고등학교 축구부는 전국에서 가장 유명했는데, 창단 이래 전국 대회에서 세 번의 우승과 다섯 번의 준우승을 차지했다. 국가 대표 골키퍼로 지금도 많은 사람들의 사랑을 받고 있는 김병지 선수도 소년의 집 고등학교 축구부 출신이다.

알로이시오 신부님은 소년의 집 학생들의 축구 시합이나 육상 경기가 있을 때면 일부러 시간을 내어 운동장에 가서 응원을 했다. "뛰라,

뛰라!" 외치면서 하도 열심히 응원을 하다 보니 부산과 서울의 축구계와 육상계 사람치고 신부님을 모르는 사람이 없있다.

승리에 대한 집착도 대단해 심판이 편파적인 판정이라도 하면 심판을 향해 큰 소리로 항의하기도 했다.

- 『여전히 살아계신 우리 신부님』 중에서

초등학교 축구부도 유명하기는 마찬가지였다. 서울 소년의 집 초등학교가 개교한 지 고작 두 달이 지났을 무렵, 전국 소년체전이 대구에서 열렸다. 그때 서울의 초등학교 축구 대표팀이 바로 소년의 집 축구팀이었다. 소년의 집 축구팀이 서울의 다른 초등학교들을 다 물리치고 서울 대표가 됐던 것이다.

이때 전국체전 초등부 첫 축구 시합이 서울과 부산의 시합이었는데, 공교롭게도 부산의 초등학교 대표팀은 부산 소년의 집 축구팀이었다. 한마디로 전국체전에서 행복한 집안싸움이 벌어진 셈이었다.

경기 결과, 서울 소년의 집이 1대 0으로 이겼는데 이 경기에 알로이시오 신부를 비롯해 많은 수녀들이 참석해 응원을 했다. 그러자 아이들은 경기가 끝나고 알로이시오 신부와 수녀들에게 달려가 어느 팀을 응원했는지 질문을 쏟아붓기도 했다.

당시 전국체전에서 부산 소년의 집 농구팀은 결승까지 올라갔는데, 결승전에서 서울 대표팀인 금성초등학교와 붙어 44대 43으로 아깝게 패배해 준우승을 했다. 그렇지만 전국체전 후 소년의 집은 일약 스포츠 명문 학교로 떠오르기도 했다. 소년의 집 아이들은 축구뿐만 아니라 농구도 잘했다. 부산 소년의 집 초등학교 농구팀은 부산에서 3년 연속 우승을 차지하기도 했다.

이렇게 양질의 교육을 받은 아이들은 고등학교 졸업 후 대부분 취업을 하면서 소년의 집을 떠났다. 알로이시오 신부는 그 학생들에게 수입의 10%를 소년의 집에 기부할 것을 당부했다. 그렇게 함으로써 그들이 자란 소년의 집과의 관계를 이어 나가고, 또 날로 불어나는 소년의 집 운영 경비의 일부를 부담하도록 했던 것이다.

알로이시오 신부의 이런 당부를 많은 졸업생들이 받아들였고, 소년의 집을 떠난 후에도 설과 추석이 되면 한복을 곱게 차려입고 어린 자녀들을 데리고 소년의 집을 찾아왔다.

추기경의 메시지
—

서울시의 요청으로 서울 소년의 집 사업을 하기로 결정했지만 알로이시오 신부의 마음은 편하지 않았다. 소년의 집 사업을 하려면 관할 교구청인 서울 교구의 허락이 필요했기 때문이다. 게다가 수녀들을 위한 분원도 필요했다. 마리아수녀회 서울 분원을 만들기 위해서는 서울 교구상의 허락이 반드시 필요했다.

알로이시오 신부는 먼저 부산 교구의 이갑수 주교를 찾아가 사정을 이야기하고 서울 교구 김수환 추기경을 만나기 위해 방문 요청을 신청했다. 그런데 아무리 기다려도 응답이 없었다. 알로이시오 신부는 할 수 없이 직접 명동 주교관으로 추기경을 만나러 갔다. 하지만 만나지 못하고 돌아와야 했다.

추기경을 만나려고 기회를 보던 알로이시오 신부는 우연히 명동 주교관 앞에서 추기경과 정면으로 마주쳤다. 알로이시오 신부는 그런 식으로라도 기회가 주어진 것에 감사하며 추기경에게 다가가 인사를 했다. 하지만 거기까지였다. 추기경은 그를 못 본 척하고 그냥 지나가고 말았다. 결국 알로이시오 신부는 혼자 나무 밑에 우두커니 앉아 있다가 돌아와야 했다.

최근 저는 김수환 추기경님께 아주 정중하게 만나 뵙기를 청했습니다. 그러나 답은 없고 침묵뿐이었습니다. 저는 15년 동안 추기경님을 만나려 애썼으나 거절당했습니다.

－『소 알로이시오 신부의 기도』 중에서

추기경이 자신을 만나 주지 않자 알로이시오 신부는 마리아수녀회 원장 수녀를 서울 주교관으로 보냈다. 결과는 마찬가지였다.

그래도 알로이시오 신부는 포기하지 않았다.

마리아수녀회 김 미카엘라 수녀의 외사촌 오빠가 정하권 신부였는데, 미카엘라 수녀는 정하권 신부를 찾아가 추기경을 만나게 해 달라고 부탁했다. 정하권 신부는 김수환 추기경의 유일한 서품 동기로 격의 없이 지내는 사이였다. 정하권 신부는 그것이 뭐 그리 힘든 일이냐면서 당장 전화를 걸어 날짜와 시간을 정해 주었다.

약속한 날이 되어 미카엘라 수녀는 주교관으로 갔다. 그런데 마리아수녀회 수녀라는 연락을 받자 추기경은 부주교를 만나고 가라고 연락한 뒤 나타나지 않았다. 미카엘라 수녀는 이발하러 갔다는 부주교를 몇 시간이나 기다렸지만 부주교도 끝내 나타나지 않아 그냥 돌아와야 했다.

그날 미카엘라 수녀는 그동안 알로이시오 신부가 당해 왔던 수모와 서글픔을 그대로 경험했다. 미리 약속된 방문이었는데도 마리아수녀회 수녀라는 이유만으로 만남을 거절당했던 것이다.

알로이시오 신부는 그 속에서도 하느님의 뜻을 찾았다. 추기경의 무반응이 어쩌면 하느님의 안배하심인지도 모른다고 생각했던 것이다. 만일 추기경이 반응을 보여 자신의 관할 구역 안에서는 어떠한 사업도 하지 말라고 했다면 그 말을 어기기는 쉽지 않았을 것이다.

만약 추기경의 말을 어기고 서울 사업을 시작했다면 알로이시오 신부는 부산 교구와의 갈등을 넘어 한국 가톨릭교회와 정면으로 싸움을 벌이게 되는 것이었으니 그 싸움에서 그가 이길 가능성은 거의 없었다. 그렇게 되면 서울에서 소년의 집 사업을 못하게 되는 것은 물론이고 부산 소년의 집도 위험했다.

그런데 다행히도 추기경은 '하지 말라'는 말도 하지 않았다. 이에 알로이시오 신부는 '하지 말라고 하지 않았으니 하라는 뜻으로 알아듣겠다'는 심정으로 서울 소년의 집 사업을 시작했다. 서울시와 최종 계약서에 서명하고 공사 허가를 받은 뒤 건물을 짓기 시작했다. 오직 양심법에 따른 결정이었다.

서울시가 요청한 서울 소년의 집 사업은 사업의 소재지가 서울 대교구 관할이기 때문에 알로이시오 신부님은 사업을 시작하기 전 서울 대교구장의 허락을 받으려고 무척 노력했다. 하지만 허락을 받지 못했다.

알로이시오 신부님은 혹시 서울 소년의 집 사업이 중도에 실패하면 교회가 뒷감당을 해야 하는데 이를 염려한 서울 대교구가 처음부터 소극적인 입장을 취하는 것은 아닐까 하는 의구심을 갖기도 했다. 서울 소년의 집 사업은 규모가 엄청난데다 민간단체가 국가의 복지 기관을 위탁받아 운영하는 첫 사례였기 때문이다.

추기경을 만날 수 없었던 알로이시오 신부님은 마지막 방법으로, 그리고 교회법을 존중하고 최소한의 예의를 갖춘다는 의미에서 서울 소년의 집이 속한 응암동 본당을 찾아가 사업 개시를 신고했다. 당시 응암동 성당 본당신부는 함세웅 신부님이었다.

- 『여전히 살아계신 우리 신부님』 중에서

그런데 얼마 뒤 알로이시오 신부는 명동 주교관에서 보내 온 공문 한 장을 받았다. 그 공문 역시 애매했다. '나는 당신을 환영하지 않는다'라는 내용이었다.

하느님의 은총이 된 공문
—

이미 사업은 시작되었고, 불안을 느낀 알로이시오 신부는 교회법 박사인 이소 쉐이빌러 신부에게 자문을 받으러 갔다. 이소 신부는 스위스 국적의 분도회 소속 신부로, 알로이시오 신부의 고해 신부이기도 했다.

알로이시오 신부가 받은 공문을 살펴본 이소 신부는 "이 공문은 애매한 공문이고, 아무런 의미가 없는 공문입니다. 오지 말라고 하지는 않았으니 가도 됩니다. 교회법에 어긋나는 것은 없습니다."라는 상당히 위안되는 이야기를 했다. 이 말에 용기를 얻은 알로이시오 신부는 계속해서 서울 소년의 집 사업을 진행해 나갔다.

이런 상황에 대해 훗날 알로이시오 신부는 만약 그때 추기경이 '서울에 와서 사업을 하시오'라고 승낙했더라면 자신이 교만해졌을 것이라고 했다. 소년의 집 사업이 날로 성장해 많은 사람들의 칭찬을 받고 교회의 인정까지 받는다면 충분히 그럴 수 있었을 것이라는 말이었다. 만약 그랬더라면 가난한 이들과 멸시 당하는 이들의 심정을 잘 몰랐을지도 모른다고 했다.

그런데 서울 교구의 허락이 없는 상태에서 시작했기 때문에 조금이라도 교회에 누가 되지 않게 하기 위해서 알로이시오 신부와 수녀들은 최선을 다해 가난한 사람들에게 봉사했다. 따라서 결과적으로 추기경의 무반응은 알로이시오 신부와 마리아수녀회 수녀들에게 긍정적으로 작용한 셈이었다.

김수환 추기경은 가난한 사람들을 각별히 사랑했던 성직자로 널리 알려져 있다. 그는 난지도 사람들과 함께 미사를 하고, 몇 명 안 되는 소공동체도 즐겨 방문하는 것으로 유명했다. 게다가 그의 강론 내용은 화해와 용서, 가난한 사람들에 대한 봉사를 강조할 때가 많았다. 그런데 가장 가난한 사람들을 위해 봉사하는 마리아수녀회에 대해서는 왜 그런 태도를 보였던 것일까?

마리아수녀회 김 방지가 수녀는 추기경과 친척이었다. 어느 해 친척들이 함께 휴가를 가게 되었는데, 그날이 추기경의 영명축일이라 친척들은 함께 추기경을 방문해 축하 인사를 했다고 한다.

자연히 방지가 수녀도 추기경에게 인사를 하려고 하는데 추기경
이 친척으로는 인사를 받겠지만 마리아수녀회 수녀에게는 인사
를 받지 않겠다고 했다고 한다.

그리고 훗날 소년의 집이 필리핀으로 진출했을 때였다. 김대건
신부의 동상 제막식을 위해 추기경이 필리핀을 방문하게 되었다.
알로이시오 신부는 추기경에게 필리핀 소년의 집 방문을 요청하
기 위해 몇 시간 동안 차를 타고 추기경을 만나러 갔다. 하지만
추기경은 그의 말에 아무런 대꾸를 하지 않았다. 당연히 소년의
집 방문도 없었다.

필리핀에 살고 있는 교포들의 가정집도 방문하기를 마다하지
않은 추기경이 필리핀에서 그렇게 큰 규모의 복지사업을 하고 있
는 소년의 집은 방문하지 않았던 것이다.

하지만 훗날 알로이시오 신부가 선종한 뒤에는 '은평의마을'을
방문해 견진성사를 주는 등, 마리아수녀회가 벌이고 있는 여러
가지 사업들에 대해 긍정적인 반응을 보인 것을 보면 추기경 역
시 알로이시오 신부가 벌인 사업에 대해서는 충분히 공감하고 마
음으로 응원을 아끼지 않았던 것이 분명하다.

14

도티 씨 부부와의 만남

Rev. Aloysius Schwartz

알로이시오 신부를 이야기하면서 빠트릴 수 없는 사람이 있다. 그의 구호 사업에 아낌없는 지원을 베푼 자선사업가 도티 씨 부부다.

도티 씨는 미국의 유명한 투자은행 골드만삭스의 대주주로 부부가 독실한 가톨릭 신자였다. 그는 알로이시오 신부가 살아 있을 때는 물론이고 선종한 뒤에도 물질적으로 또 정신적으로 마리아수녀회를 끊임없이 후원했다. 그는 엄청난 금액의 후원을 통해 알로이시오 신부와 마리아수녀회가 벌이는 사업을 도와주었다.

도티 씨 부부는 1974년 알로이시오 신부의 초대로 부산 소년의 집을 처음 찾았다. 두 사람은 불우한 아이들이 소년의 집에서 수녀들의 헌신적인 사랑과 보살핌을 받으며 생활하고 공부하는 모습과 구호병원에서 가난한 환자들이 무료 진료를 받는 팡경을 보고 깊은 인상을 받았다. 여기에다 상상을 초월한 알로이시오 신부의 가난한 생활을 보고 그를 절대적으로 신뢰하게 되었다.

당시 알로이시오 신부는 그가 직접 만든, 부산과 서울의 가난한 사람들의 생활상을 담은 16mm 영화를 도티 씨 부부에게 보여 주었고, 건축 공사가 진행 중이던 서울 소년의 집 사업도 설명했다.

알로이시오 신부의 삶에 깊이 감동한 도티 씨 부부는 서울 소년의 집 건축의 한 부분을 돕고 싶다고 말했고, 알로이시오 신부는 야외 수영장 건축을 도와 달라고 했다. 도티 씨 부부는 그의 제의를 흔쾌히 받아들였다.

서울 소년의 집이 개원된 1975년 여름, 한국을 다시 찾은 도티 씨 부부는 큰딸 부부와 외손자와 함께 서울 소년의 집을 방문했고, 큰딸은 자신의 아버지가 지어준 야외 수영장에서 수영을 하기도 했다.

그렇다면 도티 씨가 알로이시오 신부를 알게 된 것은 우연이었을까? 알로이시오 신부는 한국의 가난한 사람들을 도와 달라는 모금 편지를 미국에 있는 수많은 사람들에게 보냈다. 그 가운데 도티 씨도 들어 있었다. 그 편지 한 통에 도티 씨는 당시로서는 엄청난 액수인 1천 달러를 보냈다.

알로이시오 신부는 고액 기부자들(5달러 이상 보내는 사람들)에게
는 특별히 관심을 기울였는데, 도티 씨의 큰사위가 주한 미군 장
교이고, 그를 따라온 큰딸이 서울에 살고 있다는 사실을 알게 되
었다. 그들 부부에게는 어릴 때 죽은 아들이 있었다. 그 아들이
서울 외국인 묘지에 묻혀 있었는데, 생전에 한 번도 보지 못한
외손자의 죽음을 안타깝게 생각한 도티 씨 부부는 외손자의 무
덤을 찾아 1974년 처음 한국을 방문했다. 그리고 이 사실을 알게
된 알로이시오 신부가 도티 씨 가족을 부산 소년의 집으로 초대
했던 것이다.

　　알로이시오 신부와 도티 씨 부부의 만남은 단순한 만남이 아
니었다. 분명 하느님의 섭리였다고 할 수 있다. 하느님은 도티 씨
부부로 하여금 고아와 앵벌이, 부모로부터 버림받은 불쌍한 아이
들을 돌보는 알로이시오 신부의 사업을 돕도록 안배했다. 실제로
도티 씨 부부의 도움으로 알로이시오 신부는 큰 규모의 구호 사
업들을 안정적으로 펼쳐 나갈 수 있었다.

　　도티 씨는 자수성가한 사람으로, 미국 사회에서도 알아주는 부
자였다. 하지만 그는 알로이시오 신부처럼 대단히 검소해 돈을
함부로 낭비하거나 호사스럽게 살지 않았다. 또 돈이 많다고 교
만하거나 거드름을 피우지도 않았다.

　　한국에 오면 이태원에 들러 명품 모조품을 사거나 동대문 재래
시장에 들러 쇼핑하기를 좋아할 정도로 소박했다. 그러면서도 알

로이시오 신부의 사업을 위해서는 한 번에 몇십만 달러 또는 몇 백만 딜러를 망설임 없이 기부했다.

가난한 사람들을 위한 도티기념병원
—

서울에서 소년의 집 사업을 시작한 알로이시오 신부는 부산의 구호병원 같은 무료 병원이 서울에도 필요하다는 사실을 깨달았다. 돈이 없어 제대로 치료를 못 받는 가난한 사람들이 서울에 더 많았기 때문이다. 게다가 서울 소년의 집 아이들이 입원 치료를 받아야 할 정도로 아프게 되면 부산까지 가야 하는 것도 문제였다.

처음에는 아이들을 일반 병원에 보냈다. 하지만 고아원 아이들이라 해서 무시와 푸대접을 받고 제대로 된 치료를 받지 못하는 것을 알게 된 알로이시오 신부는 더욱 무료 병원의 필요성을 느꼈다. 당시 고아들은 일반 병원에서 무료로 치료를 해 주기는 했지만 병원 입장에서는 돈벌이가 안 되다 보니 온갖 멸시와 차별을 했다.

알로이시오 신부의 계획을 안 뒤 가장 먼저 도움의 손길을 내민 사람 역시 도티 씨 부부였다. 그리하여 1982년 6월 29일, 도티 씨 부부가 전액 기부한 돈으로 서울 소년의 집 안에 120개 병상 규모의 무료 병원이 들어서게 되었다. 도티 씨 부부의 후원으로 세워졌기 때문에 알로이시오 신부는 병원 이름을 '도티기념병원'으로 정했다.

도티기념병원 개원식 참석을 위해 한국에 온 도티 씨 부부는 대학을 갓 졸업한 막내아들 빌을 데리고 왔다. 그때 도티 씨 부부는 자신들이 묵고 있던 조선호텔 안의 고급 양복점 대신 이태원에 있는 보통 양복점에서 자신과 아들 빌의 양복을 맞춰 입었다.

개원식이 끝난 뒤 도티 씨 부부는 알로이시오 신부가 입고 있는 양복이 10년도 더 된 것 같다면서 이태원에 가서 양복을 한 벌 맞추자고 했다. 알로이시오 신부는 은인 중에서도 최고의 은인인 도티 씨 부부의 호의를 마다하고, 입고 있는 양복으로 만족한다면서 사양하고, 또 사양했다. 그러나 도티 씨 부부의 계속된 권유를 사양하기가 어려워 마지못해 이태원으로 갔다.

알로이시오 신부는 평생 구두나 양복을 맞춰 입지 않았다. 필요하면 기성화나 기성복을 사서 입었다. 도티 씨 부부를 따라 양복점에 간 것은 알로이시오 신부에게 한 번으로 족했다.

도티 씨 부부와 아들 빌은 다음날 다시 가서 가봉까지 끝내고 양복은 우편으로 받기로 하고 미국으로 떠났다. 알로이시오 신부는 가봉하러 오라는 양복점의 전화를 받았으나 가지 않았다. 그냥 마무리 바느질한 것을 다른 사람에게 부탁해 찾아오게 했다. 그리고 그 양복은 예의상 몇 번 입었을 뿐이다.

미국으로 떠나기 전 도티 씨는 당시 서울시장이던 김성배 시장으로부터 대한민국 정부가 주는 국민훈장 모란장을 받았다. 알로이시오 신부와 서울시장의 추천으로 받게 된 훈장이었다. 그날 오후 조선호텔 1층 휴게실에서 한국 기자들을 만난 자리에서 도티 씨는 이런 말을 했다.

"저는 미국은 물론 외국의 수많은 자선단체에 후원금을 보내고 있습니다. 그중에서 알로이시오 신부님의 자선 사업은 한 푼의 낭비 없이 가장 효율적으로 가난한 사람들을 돕고 있습니다. 따라서 도와주는 만큼 많은 열매를 맺습니다. 게다가 무척 헌신적으로 돕고 있다는 사실을 잘 알고 있기 때문에 기꺼이 도움을 주고 있으며 앞으로도 계속 그렇게 할 것입니다."

도티 씨는 마리아수녀회 수녀들의 노고도 잊지 않았다. 그래서 한국에 오면 아이들을 위해 쓰지 말고 꼭 수녀들을 위한 소풍 비용으로 쓰라며 따로 특별 후원금을 내기도 했다.

알로이시오 신부를 대신해 결혼식장에 선 도티 씨
—

도티 씨와의 인연은 알로시오 신부가 선종한 뒤에도 계속되었다. 알로이시오 신부가 선종한 다음해인 1993년 3월 10일, 도티 씨 부부의 뜻깊은 한국 방문이 있었다. 그날 두 사람이 부산 소년의 집을 방문한 이유는 알로이시오 신부를 대신해 결혼식장에서 소년의 집 졸업생 신부의 손을 잡아 주기 위해서였다. 이를 위해 도티 씨 부부는 웨딩드레스를 다섯 벌이나 가방에 넣어 손수 가지고 왔다.

그날 오후 2시, 알로이시오 신부가 세운 그리스도회 수사신부인 김 요셉 신부의 주례로 혼배미사가 거행되었다. 도티 씨는 결혼행진곡에 맞춰 졸업생 신부의 손을 잡고 제대 앞까지 걸어갔다. 알로이시오 신부가 살아 있었더라면 했을 역할을 도티 씨가 대신했던 것이다.

20여 년 동안 알로이시오 신부의 사업을 도와주었던 도티 씨 부부는 그가 후원한 아이들이 성장해 어느덧 결혼하는 과정을 지켜보면서 무척 행복해했다. 결혼식이 끝나고 도티 씨 부부는 신랑 신부로부터 폐백도 받았다. 그날 도티 씨는 연분홍 바지저고리에 옥색 마고자를 입었고, 부인 마리는 황금색 치마저고리를 입었다.

도티 씨 부부는 그렇게 알로이시오 신부가 선종한 뒤에도 마리아수녀회를 통해 많은 돈을 기부하고 끝까지 후원자로 남았다. 특히 소년의 집 사업이 멕시코를 시작으로 남미 여러 나라로 확대되었을 때도 많은 돈을 후원했으니 곳곳에 그의 흔적이 배어 있다고 할 수 있다.

알로이시오 신부에 대한 존경심이 대단했던 그는, 알로이시오 신부가 선종한 뒤 자신과 나란히 서서 찍은 사진을 볼 때면 늘 '참으로 거룩하고 착하신 분'이라 말한 뒤 두 손을 모으고 기도하듯이 한참 동안 생각에 잠기곤 했다.

그렇게 그는 2012년 94세의 나이로 세상을 떠날 때까지 40여 년 동안 알로이시오 신부와 마리아수녀회의 가장 든든한 후원자였다. 그가 죽은 뒤에도 그의 아들과 딸은 여전히 마리아수녀회를 후원하고 있다. 도티 씨 부부가 40년 동안 알로이시오 신부와 마리아수녀회에 후원한 돈은 정확히 알 수 없지만 적어도 수천만 달러는 족히 될 것이다.

노숙자들의 의사 선우경식 원장과 알로이시오 신부
—

도티기념병원을 개원할 당시 재미난 에피소드가 있었다. 알로이시오 신부는 개원을 앞두고 의사들을 공개 모집했는데 그때 지원한 의사 가운데 한 사람이 '영등포 슈바이처'로 유명한 요셉의원의 선우경식 원장이었다.

선우경식 원장은 쪽방촌 사람들을 위해 영등포역 앞에 요셉의원을 세우고 평생 노숙인들과 가난한 사람들을 무료로 치료했다. 선우경식 원장은 요셉의원을 찾는 환자들 대부분이 사회적으로 버림받은 사람들이라 그들에게 의사 가운이 부담스러울 것이라 생각해 근로자들이 입는 작업용 점퍼만 입고 진료했을 정도로 가난한 사람들을 대하는 그의 태도는 남달랐다.

선우경식 원장은 의사로서 병만 치료했던 것이 아니라 환자의 상태를 보고 처방전에 약 이름과 함께 '내의 한 벌, 빵과 우유, 용돈'이라고 적었던 것으로 유명하다.

그런 심성을 갖고 있던 선우경식 원장이었으니 무료 자선병원 의사를 구한다는 모집 광고에 즐거운 마음으로 지원했을 것이다 (그때는 요셉의원을 열기 전이었다). 하지만 그는 서류 심사에서 떨어지고 말았다. 그 까닭은 이렇다.

도티병원 의사를 모집할 때도 알로이시오 신부는 최고의 의사를 구하기 위해 일반적인 의사 월급보다 20% 이상 더 많이 주는 조건을 내걸었다. 그래서 쟁쟁한 의사들이 많이 지원했다.

당시만 해도 선우경식 원장이 어떤 사람인지 몰랐던 알로이시오 신부는 무엇보다 실력 있는 의사를 원했고, 그 때문에 서울대 의대 출신들로 의료진을 꾸렸다. 공교롭게도 선우경식 원장은 가톨릭의대를 졸업한 의사였다.

훗날 선우경식 원장은 알로이시오 신부를 가장 존경하는 성직자 중의 한 사람으로 꼽았는데, 어느 잡지와의 인터뷰에서 그때 일을 회상하며 "아마 알로이시오 신부님은 좋은 의사보다 실력 있는 의사를 더 원했던 것 같습니다."라는 말을 하기도 했다.

가난한 이들과 함께하지 않는다는 이유로 대규모 가톨릭계 병원에 대해 비판적이었던 선우경식 선생은, 개인적으로 샤를르 드 푸코 신부와 마리아수녀회 창설자 소 알로이시오 신부를 본받으려 노력했던 깊은 신심의 소유자였습니다.

- 한국가톨릭문화연구원 부원장 박문수 (2013년 6월 19일 평신도 영성강좌 중에서)

선우경식 원장과 더불어 앞서 언급했던 이태석 신부 역시 의사로서 가난하고 소외된 이들을 위해 평생을 헌신했는데, 신기하게도 두 사람 모두 알로이시오 신부에게서 깊은 영향을 받은 사람들이었던 셈이다.

알로이시오 신부가 의료진의 실력을 중요하게 생각한 것은 환자가 어떤 사람인지와는 상관없이 가장 좋은 의술과 약으로 가능한 한 빨리 완쾌시키는 것이 병원의 가장 중요한 임무라고 생각했기 때문이다. 그러므로 그에게 있어 의사의 실력보다 더 우선되는 것은 없었다.

도티병원이 문을 열고 치료를 시작한 뒤에 있었던 일이다. 한 의사가 성격이 괴팍해 환자들에게 무척 불친절했던 모양이다. 가뜩이나 가난해 잔뜩 주눅이 든 채 병원을 찾아온 환자들이 병을 고치러 왔다가 더 심한 마음의 상처를 얻어가지나 않을까 걱정하던 병원 담당 수녀는 알로이시오 신부에게 조심스럽게 상황을 설명했다.

"우리 병원 외과 과장님은 실력은 뛰어난데 환자들에게 너무 불친절합니다."

그 말에 알로이시오 신부는 이렇게 물었다.

"만약 수녀님의 아버지나 어머니가 수술을 받아야 할 경우, 실력이 좋은 외과 의사는 불친절하고, 친절하긴 한데 실력이 없는 의사가 있다면 어떤 의사에게 수술 받기를 원합니까?"

담당 수녀가 당연히 실력이 좋은 의사를 원한다고 대답하자 알로이시오 신부는 그러면 불평하지 말고, 대신 그 의사가 환자들에게 친절할 수 있도록 모범을 보이라고 이야기했다.

생명운동
—

도티 씨 부부의 도움으로 서울에 무료 병원을 세우는 등 소년의 집 사업이 부산과 서울에서 안정기에 접어들자 알로이시오 신부는 1984년부터 생명운동을 펼치기 시작했다. 한국 교회에서 그 누구도 하지 않던 일을 그가 처음 했고, 혼자 했다.

당시 한국은, 지금도 비슷하지만 교회와 세상의 무관심 속에 연간 150만 명, 하루 4천5백 명의 생명들이 태어나기도 전에 어머니와 의사로부터 끔찍한 죽임을 당했다. 알로이시오 신부는 낙태 수술의 위험성과 비윤리성을 알리는 유인물을 제작하고, 「이성의 소멸」, 「침묵의 절규」라는 낙태 과정을 담은 비디오테이프 판권을 미국에서 구입한 뒤 한국어 버전으로 만들었다. 그런 다음 2만여 개를 제작해 가톨릭교회는 물론 개신교, 불교, 학교, 공장, 산부인과 병원으로 보냈다.

「이성의 소멸」과 「침묵의 절규」는 3~5개월 된 태아가 철제 수술 기구로 팔다리가 무자비하게 뜯겨 나가는 동안 소리 없이 절규하는 수술 장면을 보여주는 20분짜리 영상이었다.

그렇다고 알로이시오 신부가 낙태와 인공 피임을 무조건 반대하기만 한 것은 아니었다. 그 대안으로 교회가 권장하고 여성의 건강도 해치지 않는 자연 피임법을 소개하는 25분짜리 영상도 보급했는데, 이른바 '빌링스 점액 관찰법'이었다.

무분별한 인공 피임을 방지하기 위해 빌링스 박사가 연구한 자연 피임법인 '빌링스 점액 관찰법' 역시 판권을 구입한 뒤 한국어 버전으로 만들어 비디오테이프로 제작했다. 그러고는 전국 700개 이상의 산부인과를 직접 방문해 의사와 간호사, 환자들에게 나누어주었다.

한편, 산부인과 의사들에게는 낙태 수술을 하러 오는 사람이 있으면 구호병원과 도티병원으로 보내주도록 부탁하기도 했다. 산부인과 병원 입장에서는 말도 안 되는 부탁이었지만, 혹시라도 수술 후에도 살아 있는 아기가 있다면 꼭 수녀원으로 연락해 달라고 부탁했다.

이런 어이없는 부탁이 현실화된 적도 있다. 1989년 5월이었다. 부산의 어느 산부인과 간호사가 구호병원으로 전화를 해서는 다급한 목소리로 말했다.

"수녀님, 급해요! 살아 있는 아기가 있어요. 빨리 데려가 주세요!"

수녀들은 위치를 확인한 뒤 구호병원 간호사와 함께 급히 그 병원을 찾아갔다. 아기를 포기한 산모가 7개월 반 된 태아를 수술했는데, 수술 후에도 아기가 살아 있었던 것이다. 그리고 살아 있는 아기를 도저히 적출물 통에 넣을 수 없었던 간호사가 의사 몰래 아기를 인큐베이터 안에 넣어 두었던 것이다. 그러다가 의사에게 들키고 말았는데, 의사는 보호자도 없는 아기이고 소생할 가능성도 없다며 빨리 꺼내라고 소리쳤다.

하지만 그 간호사는 끝까지 버텼다. 구호병원 간호사와 수녀들이 병원에 도착했을 때 그 간호사는 두려움에 떨고 있었는데, 수녀들은 마치 도둑질이라도 하듯 아기를 안고 나왔다.

하지만 문제는 여전히 남아 있었다. 가까운 거리인 줄 알았으나 제법 먼 거리였고, 산소호흡기도 제대로 작동되지 않아 새파랗게 질린 아기는 막 숨이 넘어갈 듯했다. 수녀들은 다급하게 운전기사에게 속도를 낼 것을 주문했고, 기사는 사고가 나지 않을 만한 범위에서 최대 속도로 달렸다.

부산 시내 한복판에서 위험한 과속을 하자 교통경찰이 세 번이
니 제지했디. 그래도 기사는 무시하고 구호병원으로 달렸다. 그
와중에 수녀들은 끊임없이 기도했고 간호사는 계속해서 인공호
흡을 실시했다.

아기가 구호병원에 도착하자 신생아실에는 비상이 걸렸다. 모
든 의료진이 총동원되어 아기를 살리기 위해 안간힘을 쏟았다.
그러자 마침내 아기의 얼굴에 화색이 돌아왔다. 아기는 인큐베
이터 속에서 손을 빨기도 하고 손발을 오므렸다 펴기도 하며 온
갖 재롱을 떨었다. 한 간호사의 용기 있는 행동이 어린 생명 하나
를 살렸던 것이다. 이런 일은 그 뒤에도 여러 번 있었다. 물론 병
원으로 오는 도중에 죽은 아기들도 있고, 무사히 살아 잘 성장한
아기들도 있었다.

용감한 수녀들
—

한국에서 알로이시오 신부만큼 적극적이고 구체적으로 태아 생
명보호 운동을 펼친 사람은 없다. 물론 당시 한국 교회에서도 교
구별로 태아 생명보호 운동을 추진하고 있었다. 하지만 그 실태와
내용은 극히 빈약했고 구체적이지도 못했다. 알로시이오 신부는
당시 '행복한 가정 운동'을 주관하던 춘천 교구장 박 토마스 주교

와 일선에서 생명운동을 펼치던 성 골롬반 외방선교회를 찾아가 자신이 제작한 많은 홍보 자료들을 제공했다. 그리고 필요한 자금 지원도 약속하는 등 생명운동을 적극적으로 확대하고 싶어 했다.

그런데 이미 많은 경험과 조직까지 갖추고 있던 그들마저도 알로이시오 신부로부터 받은 자료와 자금을 어떻게 활용하고 어떻게 활동해야 할지 몰랐다. '행복한 가정 운동'이 가톨릭교회에 한정되어 있었고, 그나마 활동도 극히 미미했기 때문이다.

결국 매사에 적극적인 알로이시오 신부는 부산과 서울에서 대규모 아동 복지사업을 하느라 눈코 뜰 사이 없는 마리아수녀회 수녀들에게 이 일을 맡겼다.

마리아수녀회 수녀들은 용감했다. 수녀들은 두 명씩 짝을 지어 서울과 부산의 산부인과 병원을 찾아다녔다. 그러고는 병원의 심한 반대에도 불구하고 낙태 반대 홍보물을 전달하고 캠페인의 정당성을 설명했다. 여학교와 여성 근로자가 많은 기업체에 가서는 단순히 홍보물만 전달하고 오는 것이 아니라 홍보 영화를 상영하고 낙태의 위험성과 비윤리성을 알렸다.

한국 정부는 사람들에게 어린이를 부담스러운 존재, 불행을 초래하는 존재처럼 세뇌시키고, 결혼한 부부가 아기를 한 명만 낳는 것이 가장 적절하고 이상적인 것처럼 선전합니다. 이러한 반생명운동은 나라의 도덕 정신과 활기찬 영신 생활의 힘을 파괴합니다.

낙태는 겉으로 잘 드러나지 않기 때문에 아무도 이것에 대해 이야기 하지 않습니다. 당연히 그 누구도 그런 정책을 펼치는 정부에 강력하게 반대하지 않습니다. 그 결과 작년(1988년) 한 해만 해도 50~100만 명의 태아가 낙태로 죽임을 당했습니다. 우리 병원에 오는 부인과 환자를 조사한 결과 10번 이상의 낙태 경험이 있는 사람도 있었습니다.

- 「소 알로이시오 신부의 기도」 중에서

알로이시오 신부는 일찍이 한국에서 자행되는 수많은 낙태 시술을 크게 우려했다. 하느님의 법칙에 반하는 것은 물론, 장차 인구 감소를 초래할 것을 걱정하면서 한국 정부의 가족계획 사업을 크게 비판했다.

인구 증가가 사회적 문제이던 시절, 그는 오히려 인구 감소를 걱정하며 한국의 가족계획 정책을 비판했으니 인구 감소가 국가적 재앙을 초래할 것이라는 보고서들이 연일 쏟아져 나오고 있는 오늘날, 그가 얼마나 뛰어난 혜안을 가졌던 사람인지 짐작할 수 있다.

1987년 알로이시오 신부는 졸업생 두 쌍의 결혼식 혼배미사 강론에서 절대로 낙태하는 일이 없도록 충고하고, 아이를 4명 낳으면 온 가족을 제주도로 여행을 보내주고, 5명을 낳으면 필리핀 여행을 시켜 주겠다고 해서 온 성당에 폭소를 자아내기도 했다.

1987년 당시 한국은, 1970년대 '딸·아들 구별 말고 둘만 낳아 잘 기르자'를 거쳐 '둘도 많다 하나 낳고 알뜰살뜰' 포스터가 동네마다 붙어 있었다. 그런 시절에 알로이시오 신부는 오히려 아이를 많이 낳아야 한다고 했던 것이다. 그로부터 고작 30여 년이 지난 지금, 대한민국은 인구 감소를 넘어 인구 절벽으로 온갖 산업과 사회 기반이 무너져 내릴 위기에 처해 있다.

낙태 문제는 가톨릭교회가 나서서 반드시 문제 삼아야 할 사안이다. 그리고 이 문제에 대해 가톨릭교회는 분명한 입장을 보여야 한다. 낙태 문제는 교회의 가르침에 정면으로 위배되는 것이기 때문이다. 가톨릭교회가 이 문제에 대해 계속 침묵한다면, 이것은 마치 온갖 악행을 저지르는 사람들에게 그 악행을 멈추라고 말하지는 않고 그저 성당에 열심히 다니고 기도 많이 하라고 말하는 것과 비슷하다.

그런데도 교회는 왜 이 문제에 대해 분명한 입장을 보이지 않는 것일까? 그 이유는 분명하다. 신자 감소를 우려하기 때문이다. 이것은 교회가 양적 성장이라는 유혹에 빠져 교회로서의 정체성을 스스로 포기한 것이나 마찬가지다. 교회가 양적으로 성장한다고 한들 그 정체성을 잃어버린다면 그 성장이 무슨 의미가 있겠는가?

- 「굶주린 자와 침묵하는 자」 중에서

15

서울시립갱생원 인수

Rev. Aloysius Schwartz

1960년대 서울은 전쟁 후유증으로 여전히 혼란스러운 가운데 거리에는 생활 능력을 잃어버린 사람들이 넘쳐났다. 알코올 중독자들을 비롯해 정신장애인이나 지적장애인, 온갖 질병에 걸린 사람들이 그들이었다.

　　이들은 구걸을 해서 먹고 살 수밖에 없었는데, 역이나 버스 터미널 주변에서 구걸을 하다가 돈 몇 푼이 생기면 밥을 사 먹거나 술을 마시고 아무데나 쓰러져 잤다. 앞서 이야기했던 부산시의 행려환자구호소와 마찬가지로, 서울시는 이들의 모습이 보기 흉하다고 해서 한곳에 모아 수용했다. 그렇게 해서 생겨난 것이 서울시립갱생원이었다.

　　처음에 갱생원은 중구 주자동에 있었다. 하지만 도심 한가운데 있는 부랑인 시설을 주민들이 가만둘 리 없었다. 주민들의 항의가 거세지자 서울시는 갱생원을 은평구 구산동 산자락으로 옮겼다.

길거리 부랑인들을 보호하기 위해 만든 시설이었지만 갱생원은 처음부터 비정상적으로 운영되었다. 병들고 자활 능력이 없는 사람들을 집단으로 수용해 놓고 그들에게 해준 것은 겨우 재워 주고 먹여 주고 입혀 주는 것뿐이었다. 그것도 무척이나 형편없었다.

충분히 먹이고 입히고 재우는 것은 물론, 병든 사람은 치료를 해 주고, 교육을 시켜 사회에 나가 스스로 살아갈 수 있는 힘을 갖게 해 주는 것이 갱생원이 해야 할 역할이었지만 당시 상황은 전혀 그렇지가 못했다. 제도적으로 사회복지에 대한 법적인 근거도 없었고, 직원의 업무와 역할에 대한 명확한 규정도 없었기 때문이다.

그렇다 보니 늙고, 병들고, 사회에서 버림받은 사람들을 그저 한곳에 모아 놓은 수준이었다. 그런 틈을 이용해 개인의 욕심을 채우는 사람들이 나타났으니 동장이란 사람들이었다.

동장들이 장악한 갱생원

당시 갱생원에는 서울시 공무원인 원장과 사무실 직원들이 있었고, 11개 동에 나뉘어져 수용된 1천2백 명의 원생들이 있었다. 원생들은 각 동별로 나뉘어 생활하고 있었는데, 가정 주택 모양의 각 생활동에는 평균 1백 명 이상의 원생들이 생활하고 있었다. 그런데 이들 원생들을 직접 관리하고 감독한 사람은 직원들이 아니라 11명의 동장들이었다.

원래 각 생활동은 서울시 공무원인 촉탁 직원이 관리를 하되 원생 가운데 비교적 정신이 온전하고 몸이 건강한 사람 한 명을 동장으로 뽑아 직원의 보조 역할을 하도록 했다. 그런데 시간이 흐르면서 관리 직원보다 동장의 힘이 더 세져 버린 것이다.

여기에는 그럴 만한 까닭이 있었다. 동장들도 비록 원생 신분으로 갱생원에 들어오긴 했지만 그들은 부랑인도 아니었고 노숙자도 아니었다. 오히려 거지나 앵벌이들이 벌어온 돈을 빼앗던 급수 낮은 깡패들이었다. 또 범죄를 저지르고 이름을 바꾼 뒤 부랑인으로 가장해 갱생원으로 숨어든 사람들도 있었다. 그런 사람들이 동장 자리를 차지한 뒤 폭력과 폭언으로 자신들의 세력을 형성했던 것이다.

실제로 동장들은 자기 아래에 서너 명의 실장들을 거느리면서 각 생활동을 힘으로 통제하고 관리했다. 그렇다 보니 실제로 생활동을 관리하고 감독해야 할 직원은 물론이고 갱생원 원장까지 동장들에게 휘둘리는 상황이 벌어지고 말았다. 이런 상황이 계속되면서 직원들은 원생 관리는 아예 동장들에게 맡기고 자신들은 행정 관리만 했다.

당연히 갱생원 상황은 말이 아니었다. 동장들은 원생들에게 돌아가야 할 온갖 물건들을 중간에서 빼돌렸다. 자연히 원생들은 제대로 먹지도 입지도 못해 추위와 굶주림에 시달려야 했다.

더 큰 문제는 환자들에 대한 치료였다. 당시 갱생원에는 온갖 질병에 걸려 당장 치료를 받아야 할 환자들이 90%가 넘었다. 하지만 관리가 제대로 이뤄지지 않다 보니 치료는 고사하고 누가 환자인지 파악조차 안 되는 상황이었다.

그 결과 하루에도 여러 명이 죽어 나갔다. 얼마나 많은 원생들이 죽어 나갔는지 하루에 10여 명(집중 단속 기간에는 하룻밤에 30~50명) 이상이 새로 입소를 해도 전체 원생들의 숫자는 늘 똑같을 정도였다.

상황이 날로 악화되자 당시 은평구청 사회복지과 직원으로 갱생원을 담당했던 한 양심적인 공무원이 서울시에 끊임없이 문제 제기를 했다. 바로 그즈음, 부산시장을 지냈던 박영수 씨가 서울 시장으로 부임했는데, 갱생원의 문제점을 전해 듣고는 곧바로 알로이시오 신부에게 연락해 갱생원 운영을 맡아 달라고 했다.

박영수 시장은 알로이시오 신부와 마리아수녀회가 부산에서 보여준 여러 가지 구호 사업을 이미 경험했던 터라 그의 능력을 잘 알고 있었다. 더구나 당시 마리아수녀회가 부산에서 갱생원과 비슷한 '행려환자구호소'를 인수해 훌륭하게 운영하고 있다는 것도 잘 알고 있었다. 그렇게 해서 알로이시오 신부와 마리아수녀회는 갱생원에 대해 관심을 갖기 시작했다.

여러분의 아버지라면 어떻게 하시겠습니까

—

알로이시오 신부는 갱생원의 상황도 파악하고, 과연 마리아수녀회가 갱생원을 인수해 운영할 수 있을지 확인하기 위해 눈이 펑펑 내리는 성탄절 다음날 다섯 명의 수녀들(김 소피아, 심 세실리아, 이 루도비까, 조 요세피나, 허 유리안나)을 갱생원으로 보냈다.

갱생원 안에는 모두 1천2백 명 정도가 수용되어 있었는데 정신질환을 앓고 있는 사람들이 5백 명 이상 되었고, 장애인과 결핵환자도 6백 명쯤 되었다. 나머지도 전과자들을 비롯해 사회의 가장 밑바닥 사람들이라 할 수 있는 마약 중독자, 알코올 중독자들이었기 때문에 갱생원 분위기는 비참하기도 하면서 험악했다. 게다가 보호받기 위해 들어온 원생인 동장들이 같은 원생들을 통제하는 이상한 형태로 운영되고 있었다.

동장들은 무척 거칠었고, 폭력과 폭언으로 원생들을 통제했다. 원생들의 인격은 철저히 무시되었고, 동장들은 원생들을 온종일 방 안에 줄 맞춰 앉아 앞사람 뒤통수만 보고 있게 했다. 심지어 화장실 가는 것까지 허락 받아야 했다.

이뿐이 아니었다. 각 동마다 병든 사람들의 고통스러운 신음소리가 가득했는데, 우연히 들여다본 어떤 방에서는 때 묻은 이불더미 속에서 한 할아버지가 임종을 맞이하고 있기도 했다.

상황이 이러했으니 마리아수녀회가 갱생원을 인수해 맡는다는 것은 도저히 불가능해 보였다. 알로이시오 신부 역시 젊은 수녀들이 갱생원 원생들을 돌보는 일은 불가능하다고 판단했기 때문에 서울시장의 제의를 정중히 거절했다.

하지만 얼마 후, 알로이시오 신부는 혼자 갱생원을 다시 찾아갔다. 그리고 죽음 말고는 아무런 희망도 가지지 못한 채 인간 이하의 대우를 받으며 생활하고 있는 그들을 보면서 마음이 달라졌다. 그리하여 며칠 뒤 마리아수녀회 수녀들을 모아 놓고 이렇게 이야기했다.

"만일 그곳에 수녀님들의 부모님이 계신다면 어떻게 하시겠습니까? 만약 그들이 수녀님들의 아버지들이라면 가만히 보고만 있겠습니까?"

알로이시오 신부는 바로 눈앞에 있는 그들을(당시 갱생원은 서울 소년의 집에서 차로 겨우 5분 거리에 있었다) 그냥 보고만 있을 수 없다며, 복음의 부자와 나자로 이야기를 비유로 들어 병들고 버림받은 그들을 나자로로, 자신과 마리아수녀회 수녀들을 부자로 표현하며 그들을 도울 수 있는 방법을 생각해 보자고 했다.

한편, 알로이시오 신부의 구호 사업 능력을 이미 잘 알고 있던 박영수 서울시장은 알로시이시오 신부가 거절 의사를 밝혔는데도 불구하고 계속해서 갱생원을 맡아 주기를 간절히 요청했다.

그리하여 마침내 알로이시오 신부는 모든 것을 받아들이기로 결정했다.

사실 저는 마음속으로는 처음부터 갱생원을 맡아 하고 싶다는 생각을 했습니다. 하지만 수녀님들이 원하지 않으면 억지로 하는 것은 무리라고 생각했습니다. 그런데 수녀님들이 용감하게 해 보겠다고 이야기하는 것을 듣고 너무나 기뻐 한 달 뒤 시장님을 찾아가 우리가 맡아 해 보겠다고 했습니다.

- 『영혼을 깨우는 기도』 중에서

험난했던 갱생원 운영
—

낡고 좁은 갱생원 사무실 안에 서울시청 사회과에서 나온 공무원들과 갱생원 직원들, 11명의 동장들 그리고 알로이시오 신부와 수녀들이 모였다. 그 자리에서 '1981년 1월 1일부터 갱생원의 운영 주체가 마리아수녀회가 된다'고 선포했다.

모두들 선 채 서울시 공무원의 이야기를 듣고 있었지만 11명의 동장들만은 못마땅한 얼굴을 한 채 다리를 꼬고 앉아서는 운영 주체가 누가 되든 전혀 관심 없다는 듯한 표정을 하고 있었다.

1980년 12월 31일. 서울시는 복지시설의 위탁 운영에 관한 조례를 급히 만들었고, 마리아수녀회와 서울시는 원생 명단과 인계 물품의 목록이 포함된 서류에 도장을 찍었디. 공식적으로 마리아수녀회가 '서울시립갱생원' 운영을 맡게 된 것이다. 그리고 곧바로 인수인계 과정에 들어갔다.

알로이시오 신부는 정식으로 갱생원을 인수해 운영하기 시작했다. 그런데 첫날부터 큰 어려움에 부딪히고 말았다. 원생들을 돌보고 있던 각 동의 동장들이 하나로 똘똘 뭉쳐 알로이시오 신부에게 거부 반응을 보이며 사나운 이리처럼 달려들었기 때문이다.

인수인계를 받은 뒤 며칠 동안은 미처 부식을 마련하지 못해 갱생원에 이미 준비되어 있던 재료로 밥을 해서 나누어주었다. 김치가 보이지 않자 주방을 맡았던 조 요세피나 수녀가 어디 있느냐고 물었다. 한 원생이 흙 묻은 장화에 물을 한바가지 끼얹고는 마치 물탱크처럼 생긴 곳의 뚜껑을 열고 내려갔다.

요세피나 수녀가 따라 가 보니 그 원생은 장화발로 다른 김치를 밟아 가며 김치 몇 포기를 물통에 담고 있었다. 사람이 먹을 김치를 장화 발로 밟으며 꺼내 오는 것도 놀랄 일이었는데, 김치는 제대로 김장을 하지 않아 고춧가루가 하나도 없는 흰 배추 그대로였다.

놀랄 일은 그 뒤에 또 일어났다. 밥을 해서 나눠주자 동장들은 반찬 그릇을 알로이시오 신부 코앞에 들이대며 "야! 이 따위를 반찬이라고 주냐?"며 집어 던지고 행패를 부렸다.

그동안 동장들은 자기들 밑에서 부하 노릇을 하는 실장들과 생활동 처마 밑에 솥을 걸어 놓고 따로 음식을 만들어 먹은 모양이었다. 그들은 갱생원에 납품되는 식재료들이 대부분 질이 형편없자 자기들은 먹지 않고 원생들에게만 주었으니 원생들이 먹는 반찬을 먹을 수가 없었던 것이다.

음식을 놓고 동장들의 행패가 계속되던 며칠 뒤, 쌀을 가득 실은 부식 차가 갱생원에 들어왔다. 요세피나 수녀는 쌀을 창고에 쌓으라고 지시했다. 그때 동장 한 명이 쫓아오더니 동장 한 명당 쌀 열 포대씩 따로 한곳에 내리라고 했다. 그동안 쌀이나 고기가 들어오면 으레 원생들이 먹기 전에 동장들이 자기들 몫을 따로 챙겼던 것이다.

하지만 요세피나 수녀는 동장의 말을 무시하고 쌀을 모두 창고에 쌓게 했다. 화가 난 동장은 "수녀 새끼들이 오더니 아무것도 되는 게 없어!"하며 요세피나 수녀의 멱살을 붙잡았다.

"뭐 이 따위 남자가 있담!"

얼떨결에 멱살을 잡힌 요세피나 수녀는 같이 동장의 멱살을 잡고는 있는 힘껏 밀쳐버렸다. 동장은 빙그르 돌면서 언 땅 위에 나동그라지고 말았다. 훗날 요세피나 수녀는 어디서 그런 용기와 힘이 났는지 자신도 놀랐다고 했다. 동장이 다시 일어나 달려들었지만, 마침 다른 수녀들이 왔고, 부산 소년의 집에서 자란 대학생들까지 몰려와 위기에서 벗어날 수 있었다(당시 알로시이오 신부는 소년의 집에서 사란 대학생 20여 명을 갱생원에 지내게 하면서 수녀들을 돕게 했다).

갱생원을 인수한 지 1주일쯤 지나자 동장들은 노골적으로 수녀들을 괴롭히기 시작했다. 각 동에서 원생 두세 명을 시간마다 돌아가며 사무실로 보내 행패를 부리게 했다.

동장의 지시를 받고 사무실에 온 원생들은 "잘해 주겠다고 온 당신들이 그동안 우리를 위해 한 것이 무엇이냐? 바뀐 것이라고는 하나도 없다. 배고파 못 살겠다."며 소리치고 험한 소리들을 퍼부었다. 이런 행패는 날마다 계속되었다.

동장들의 횡포와 방해가 너무 심해 수녀들은 아무 일도 할 수 없었다. 더구나 동장들은 환자들을 모아 놓은 방에는 절대 못 들어가게 했다. 의무 담당 수녀가 환자 방에 들어가려고 하면 막무가내로 아무 이상 없다는 소리만 되풀이했다. 하지만 하룻밤 자고 나면 죽어 나오는 사람이 생기는 등 문제가 심각했다. 1천2백 명의 원생보다 11명의 동장들이 수녀들을 더 힘들게 했던 것이다.

죽음을 기다리는 사람들

원생들은 식사 때가 되면 주방에 와서 자기 동의 밥을 타 갔다. 그런데 어떤 원생이 세숫대야에 밥을 담고 그 위에 국을 부어 어디론가 가지고 갔다. 주방 수녀의 이야기를 들은 심 세실리아 수녀는 '이상하다, 어디서 돼지를 치나? 아니면 개밥인가?' 궁금한 생각에 어느 날 그 원생의 뒤를 가만히 따라가 보았다. 그 원생은 생활동 뒤쪽에 있는 허름한 오두막으로 들어갔다.

당시 각 생활동마다 판자로 만든 엉성한 오두막이 하나씩 딸려 있었는데, 이런저런 잡동사니들과 갱생원에 처음 입소할 때 가지고 있던 원생들의 누더기 같은 소지품들을 쌓아 놓는 곳이었다. 수녀들은 그저 그런 창고라고 생각해 대수롭게 여기지 않았는데 그 창고 안으로 밥을 담은 세숫대야를 가지고 들어갔으니 궁금할 수밖에 없었다.

잠시 뒤, 심 세실리아 수녀가 살짝 들어가 보니 창고 안은 악취가 심했고 한참을 서 있어야 물체가 보일 정도로 캄캄했다. 그런데 창고 안의 모습을 본 세실리아 수녀는 놀라 까무러치고 말았다. 해골 같은 몰골을 한 여러 명의 중환자들과 불구자들이 시체처럼 엎드려 있었고, 그들 앞에 세숫대야가 놓여 있었던 것이다.

어떤 사람은 죽었는지 살았는지 가만히 엎드려만 있었고, 길수 있는 사람은 엉금엉금 기어와 엎드린 채 손으로 밥을 움켜쥐고 먹었다. 밥을 국에 말았으니 국물은 손가락 사이로 다 빠져나갔고, 밥알도 반은 바닥에 떨어져 버렸다. 상상도 못한 모습을 본 세실리아 수녀는 큰 충격을 받아 한동안 말을 잇지 못하고 눈물만 글썽이다가 곧바로 다른 사람들에게 연락해 그들을 다른 곳으로 옮기고 씻긴 뒤 새옷으로 갈아 입혀 병원으로 보냈다. 하지만 며칠 뒤 그들 가운데 반 이상은 하늘나라로 가고 말았다.

죽은 원생들에 대한 처리도 문제였다. 시체실에는 딱딱하게 굳은 시신들이 아무렇게나 포개진 채 쌓여 있었다. 장례식은 고사하고 입고 있던 옷 그대로 무연고자들을 위한 공동묘지로 보내지거나 대학병원의 해부 실습용으로 팔려 갔다. 그리고 동장들이 그 돈을 챙기고 있었다.

알로이시오 신부는 시신이 실습용으로 팔려 가는 것을 당장 중지시켰다. 그러자 갱생원에서 해부용 시신을 제공받던 병원에서 시신을 계속 제공해 줄 것을 요구했다. 하지만 알로이시오 신부는 가족들이 동의하거나 본인이 원하는 경우가 아니라면 절대 그럴 수 없으며, 평생 버림받고 가난하게 산 사람들인데 죽어서까지 그런 대우를 받게 하는 것은 용납할 수 없다며 거절했다.

알로이시오 신부는 수의를 많이 준비하게 한 뒤 원생이 죽으면 정성스럽게 염을 하고 정식 절차에 따라 화장을 하고 유골을 처리하게 했다. 이때 염은 초창기 갱생원 운영을 담당했던 세 사람의 수녀(심 세실리아, 이 루도비까, 조 요세피나 수녀)가 전적으로 맡아 했다. 당시 이들 수녀들은 모두 30대 중반에서 40대 초반이었는데, 그 전에는 시체를 본 적도 없는 사람들이 하루에도 여러 번 염을 했다. 그리고 수녀들의 이런 모습에 원생들은 조금씩 마음의 문을 열기 시작했다.

갈수록 심해지는 동장들의 횡포와 폭동
—

원생들 가운데 30% 정도는 정신은 온전치 못해도 육체노동은 할수 있을 정도로 건강한 몸을 갖고 있었다. 갱생원에서는 사회복귀를 위한 자립 자금을 모은다는 명목 아래 이들에게 각종 노동을 시켰고, 그 일의 관리를 동장들이 맡아 했다. 동장들은 지능은 떨어지지만 몸은 건강한 원생들을 공사판으로 데리고 가 일을 시키고 돈을 받았는데, 그 돈 가운데 아주 일부만 원생들 이름으로 저축을 하고, 나머지는 자신들이 챙겼다.

동장 자리가 날마다 상당한 금액의 수입이 생기는 자리다 보니 동장들 가운데는 갱생원에서 살지 않고 바깥에 살림집을 구해 놓고 출퇴근하는 사람들도 있었다. 또 가끔 범죄 사건에 연루되어 동장 자리가 비는 상황이 생기면 서로 그 자리를 차지하기 위해 피 튀기는 싸움이 벌어지기도 했다. 그 와중에 병들고 힘없는 원생들은 온갖 비인간적인 상태에서 천천히 죽어 가야 했다.

알로이시오 신부는 갱생원을 인수하자마자 원생들의 외부 노동부터 금지시켰다. 동장들의 반발은 극에 달했다. 자신들의 가장 큰 수입원이었던 것을 없애 버렸으니 가만있을 리 없었던 것이다.

동장들의 횡포가 날로 심해지자 참다못한 알로이시오 신부는 11명의 동장들을 사무실로 불러 마리아수녀회가 갱생원 운영을 인수한 동기를 설명하고, 갱생원 운영을 도와줄 것을 간곡히 부탁했나. 만일 도와준다면 직원으로 채용해 월 30만 원의 봉급을 주겠다고 제안했다.

당시 중등학교 교사 초봉이 30만 원 정도였으니 적은 돈이 아니었다. 하지만 동장들은 그보다 몇 배 더 많은 돈을 날마다 챙겨왔기 때문에 알로이시오 신부의 말이 귀에 들어올 리 없었다. 동장들이 궁극적으로 노리는 것은 마리아수녀회가 갱생원에서 손을 떼고 떠나게 하는 데 있었다.

1981년 1월 28일 밤 11시, 마침내 동장들은 폭동을 일으켰다. 수십 명의 기운 센 원생들이 술을 먹고 동장들과 합세했다. 원생들에게 술을 먹인 것은 동장들이었다. 동장들과 술 취한 원생들은 갱생원의 기물들을 부수고 사무실로 몰려와 물건들을 마구 집어던지며 행패를 부렸다. 유리창이 깨지고 석유곤로가 뒤집어졌다. 폭동 주동자 중 한 사람이었던 1동 동장은 의무실 약장을 통째로 들고 가면서 약을 길바닥에 줄줄 흘리기도 했다. 그때만 해도 갱생원 안에는 적당한 공간이 없어 수녀들은 소년의 집에서 출퇴근을 했고, 갱생원 안에는 부산 소년의 집 출신 대학생들이 임시 숙소에서 생활하면서 수녀들을 돕고 있었다.

"신부님, 큰일 났습니다!"

학생들로부터 동장들의 폭동 소식을 전해 들은 알로이시오 신부는 곧바로 갱생원으로 향했다. 그러자 수녀들도 같이 가겠다고 따라 나섰다.

"절대로 오지 마시오!"

"신부님, 혼자는 위험합니다. 제발 저희들도 가게 해 주세요."

원장 수녀는 간곡히 말했지만 알로이시오 신부는 단호했다.

"순명으로 말합니다. 지금은 절대로 오지 마세요!"

수녀들은 알로이시오 신부를 따라가는 대신 성당에 모여 기도를 했고, 부산에서도 소식을 전해 들은 수녀들이 급히 성당에 모여 십자가의 길 기도를 했다. 알로이시오 신부가 박 다미아노 사무장(부산 중앙성당에서부터 알로이시오 신부의 일을 도와 주었던 박 다미아노는 당시 서울 소년의 집 사무장으로 일하고 있었다)과 함께 관할 경찰서 순경 두 사람을 데리고 갱생원 사무실에 도착했을 때는 이미 사무실이 난장판이 되어 있었다.

바로 그때, 이런저런 연장을 든 동장들이 몰려와 알로이시오 신부를 죽이겠다고 달려들었다(함께 갔던 순경 두 명은 어디론가 사라져 버리고 없었다). 원생들도 술에 취해 미친 듯이 날뛰었다. 그 와중에 한 동장이 알로이시오 신부를 죽이겠다며 연탄집게를 들고 정면으로 뛰어들면서 사나운 기세로 휘둘렀다. 옆에 있던 소년의 집 대학생과 박 사무장이 막아섰지만, 알로이시오 신부는 얼굴과 손을 다치고 말았다.

동장은 거기서 멈추지 않았다. 다시 연탄집게를 들고 달려들었고, 흥분한 원생들은 알로이시오 신부를 구석으로 몰아세웠다. 알로이시오 신부는 더 이상 피할 수 없는 상황에서 연탄집게 공격을 고스란히 당해야 할 처지였다.

그때 다른 동장 한 사람이 원생들 사이를 뚫고 들어가 알로이시오 신부를 사무실 밖으로 끌어냈다. 평소 동료 동장들과 좋은 관계를 유지하면서 비밀리에 수녀들에게 협조해 왔던 동장이었다.

그 동장은 9동 옆에 있는 아주 작은 오두막으로 알로이시오 신부와 박 사무장을 피신시켰다. 하지만 그것도 잠시뿐이었다. 뒤따라온 원생들은 마치 서부 영화에 나오는 인디언들처럼 오두막을 둘러싸고 알아듣지 못할 괴성을 질러댔다.

잠시 뒤 난동을 지휘한 동장이 오두막으로 들어와 험상궂은 얼굴로 알로이시오 신부를 쳐다보며 앉았다. 그 동장은 앉은 채로 방문을 열고 "조용히 해, 새끼들아!"하고 고함을 질렀다. 흥분해 날뛰던 원생들은 금방 조용해졌고, 동장은 궤변을 늘어놓기 시작했다.

"신부 양반, 신부가 갱생원에 와서 한 달이 되도록 잘해 준 것이 하나도 없어 원생들이 참다못해 오늘 밤 난동을 부렸소. 이제 신부와 수녀가 갱생원을 떠나든지, 아니면 우리 동장들이 떠나야겠소. 그러나 갱생원의 모든 건물과 담장과 기타 시설물들은 우리 동장들이 원생을 동원해서 만든 것이오. 이에 대한 보상이 있어야 할 것이고, 또 우리가 지금까지 이곳에서 살아왔는데 막상 밖에 나가서 살려면 먹고살 방도가 있어야 하지 않겠소? 그러니

11명의 동장에게 한 사람당 7백만 원씩 주시오. 그러면 우리 동장들은 내일이라도 당장 이곳을 떠나겠소."

말을 마친 동장은 알로이시오 신부의 대답을 재촉했다. 입을 다물고 동장의 눈만 뚫어지게 보고 있던 알로이시오 신부의 눈에서 피가 흘러내렸다. 동장이 휘두른 연탄집게에 찔렸던 것이다.

칠흑같이 어두운 밤, 음산한 갱생원의 한 오두막에서 한쪽 눈이 일그러진 험상궂은 주모자 동장과 알로이시오 신부는 그렇게 한 동안 마주 앉아 있었다. 동장의 말 한마디면 제정신이 아닌 바깥의 원생 무리들이 어느 순간 폭도로 돌변해 덮칠 수 있었으니 알로이시오 신부는 생명의 위협을 느끼지 않을 수 없었다.

그 뒤 동장은 계속 혼잣말을 했고, 알로이시오 신부가 침묵하는 가운데 1시간쯤 지났다. 그때 동장의 부하 한 사람이 문을 열고 들어와 귓속말을 했다. 경찰이 왔다는 것이었다. 동장은 재빨리 몸을 피해 어디론가 사라졌고 오두막 주위의 난동꾼들도 흩어졌다.

알로이시오 신부와 박 사무장이 오두막 안에 잡혀 있다는 것을 안 소년의 집 대학생이 경찰에 신고를 했고, 경찰서에서 전투경찰들을 보냈던 것이다. 그렇게 해서 그날의 폭동은 일단락되었다.

그날 신부님은 폭도가 되어 버린 동장들을 상대로 용감하게 맞서다가 무수히 매를 맞고 새벽녘에야 돌아오셨는데, 모자와 양복이 피로 얼룩져 있었다.

다음날 아침, 신부님은 양복을 손질해 달라고 부탁하셨다. 얼마나 많은 피를 흘리셨는지 양복과 모자는 온통 피로 일룩져 있었고, 손질을 해도 계속해서 핏물이 멈추지 않았다. 살아 돌아오신 것이 기적이었다.

-『소 알로이시오 신부님과의 추억』 중에서

동장들이 폭동을 일으키기는 했지만 알로이시오 신부는 더 이상 문제를 크게 만들고 싶지 않았다. 동장들도 따지고 보면 사회에서 버림받은 사람들이었기 때문이다. 그래서 할 수만 있다면 그들을 설득해 갱생원 운영의 좋은 협조자로 만들고 싶었다.

그런데 다음날 아침, 동장들과 그들의 사주를 받은 한 무리의 원생들이 갱생원으로 출근한 수녀들을 사무실에 가두고 협박하며 갱생원 운영에서 손 뗄 것을 요구하는 사건이 벌어지고 말았다.

이 소식을 들은 알로이시오 신부는 더 이상 조용히 문제를 해결할 수 없다고 판단하고는 곧바로 서울시청으로 갔다. 시장을 만나 밤새 일어난 사건과 지금 일어나고 있는 상황을 설명하고는 적절한 조치를 요청했다. 크게 화가 난 시장은 은평구 관할인 서부경찰서장에게 연락해 당장 갱생원에 경찰을 보내 사건을 수습하라고 지시했다. 알로이시오 신부는 곧바로 서부경찰서로 달려갔고, 경찰서 마당에는 한 무리의 전투경찰들이 갱생원으로 떠날 준비를 하고 있었다.

전투경찰들이 도착하자 수녀들의 인질 소동은 곧바로 끝이 났다. 11명의 동장들 가운데 9명은 도망을 가거나 스스로 물러났고, 2명은 갱생원 운영을 돕겠다며 남았다(이 두 사람도 얼마 뒤 갱생원을 떠났다). 이렇게 해서 원생들은 자신들을 괴롭혀 온 동장들로부터 해방되었고, 마침내 갱생원에 평화가 찾아오기 시작했다.

불의와 폭력으로부터 불쌍한 원생들을 보호하고, 오로지 그들을 인간답게 살 수 있게 하겠다는 한 가지 생각에 알로이시오 신부는 생명의 위협을 느낀 순간에도 두려워하지 않고 정의롭게 맞서 이겨냈다. 만일 알로이시오 신부가 동장들의 폭력과 위협을 두려워한 나머지 또는 일시적인 평화를 위해 악랄하고 간교한 동장들의 돈 요구에 응했다면 그것이 오히려 약점이 되어 훗날 갱생원을 운영하는 데 두고두고 걸림돌이 되었을 것이다.

16

평화가 찾아온 갱생원

Rev. Aloysius Schwartz

동장들이 사라지자 갱생원은 빠른 속
도로 정상화되어 갔다. 수녀들은 원생들에게 좋은 음식과 좋은
생활환경, 충분한 병원 치료를 제공하기 위해 온힘을 다했다.

하지만 문제가 완전히 사라진 것은 아니었다. 폭력과 폭언을
일삼던 동장들은 사라졌지만 여전히 갱생원 안에는 힘 있는 원생
들이 병들고 장애가 있는 약한 원생들을 괴롭히는 일이 많았다.
특히 각종 범죄를 저지른 뒤 부랑자로 가장해 갱생원으로 숨어
들어온 젊은 사람들이 늘 말썽을 부렸다.

알로이시오 신부는 약한 원생들을 보호하기 위해 무술 유단자
들을 직원으로 뽑았다. 그리고 군복을 입힌 뒤 안전요원이란 직
책을 주어 모든 종류의 폭력으로부터 원생들을 보호하게 했다.

더욱 절실해진 병원 건립

—

갱생원이 정상화되자 알로이시오 신부가 가장 먼저 한 일은 환자 파악이었다. 그리고 모든 원생들을 대상으로 건강검진도 실시했다. 무엇보다 전염성이 강한 결핵 환자의 파악이 중요했는데, 이를 위해 서울시 결핵협회에 이동 결핵 검진차를 요청해 모든 원생들을 대상으로 결핵 검진을 실시했다.

검진 결과에 따라 양성 환자들 가운데 상태가 중한 환자들은 마리아수녀회가 운영하는 부산의 구호병원으로 보내고, 증세가 가벼운 환자들은 은평보건소에 등록해 진료를 받게 했다.

원생들 가운데는 결핵 환자들만 있는 것이 아니었다. 거의 모든 원생들이 이런저런 질병을 갖고 있었다. 게다가 새로 갱생원으로 실려 오는 사람들은 대부분 온몸이 망가질 대로 망가진 상태로 들어왔기 때문에 병원 치료가 반드시 필요했다. 그러나 갱생원 안에는 간단한 치료만 가능한 간이 진료소만 있을 뿐이었다.

결국 국가가 지정한 병원으로 보내 치료를 받게 해야 했는데, 그것이 말처럼 쉬운 일이 아니었다. 당시만 해도 인권의식이 높지 않았기 때문에 국가 기관은 물론이고 병원들조차 시설 생활자들을 함부로 다루었다. 게다가 갱생원 원생들은 보호자도 없는데다 몸에서 심한 악취가 났기 때문에 어느 누구도 가까이 가려고 하지 않았다. 그렇다 보니 치료는 생각지도 못했다.

갱생원 환자들에 대한 병원들의 이런 태도를 목격한 알로이시오 신부는 또 한 번 큰 충격을 받을 수밖에 없었다. 다행히 마리아수녀회가 갱생원을 운영한 뒤로는 깨끗하게 목욕시킨 상태에서 환자들을 병원으로 데려갔다. 그럼에도 푸대접은 변함없었고, 병원에 가면 온종일 기다리기 일쑤였다.

그나마 그렇게 해서라도 치료를 받을 수 있으면 다행인데, 실컷 기다리기만 하고 제때 치료를 받지 못해 죽는 사람들도 많았다. 결국 급하게 치료를 받아야 할 중환자가 생기면 부산의 구호병원으로 보내야만 했다.

이런 상황을 자주 경험한 알로이시오 신부는 서울에도 가난한 사람이라면 누구나 돈 걱정 없이 치료받을 수 있는 자선 병원이 필요하다고 생각해 곧바로 병원 설립을 추진했다.

앞서 언급했듯이 알로이시오 신부는 1975년 서울 소년의 집을 시작하면서 무엇보다 병원의 필요성을 절실히 느꼈고, 소년의 집 안에 병원을 세울 계획을 품고 있었다. 다만 갱생원을 인수하고 난 뒤 병원의 필요성이 더욱 절실해져 설립 시기가 앞당겨졌던 것이다. 그리하여 1982년 5월 31일, 앞서 이야기했던 도티기념병원이 세워지게 되었다.

알로이시오 신부가 갱생원을 운영하고부터 원생들의 식사와 치료 문제는 빠르게 좋아졌다. 하지만 주거 문제는 여전히 해결되시 못한 상태였다. 원생들이 생활하는 1개 동은 평균 면적이 30평쯤 되었다. 그 안에 1백 명 이상이 모여 살았으니 그 비좁음은 말로 표현할 수 없었다.

원생들은 낮 동안은 웅크리고 앉아 있어야 했고, 밤이면 칼잠을 자야 했다. 여기에다 최소한의 기능도 하지 못하는 주방 시설과 코를 찌르는 악취를 내뿜는 재래식 화장실은 도저히 사람이 사는 곳이라 할 수 없을 정도였다.

알로이시오 신부는 하루라도 빨리 원생들이 좀 더 편안하게 생활할 수 있도록 하기 위해 2층짜리 조립식 건물 두 동을 임시로 지었다. 생활공간이 늘어나자 원생들은 비로소 칼잠에서 해방되었고, 다른 생활동들도 수리를 해서 비교적 쾌적한 환경에서 생활할 수 있게 되었다.

원내 작업장으로 출퇴근 하는 원생들

갱생원을 인수한 뒤 알로이시오 신부가 가장 먼저 한 일 가운데 하나는 원생들의 원외 노동을 금지시키는 것이었다. 하지만 알로이시오 신부는 기본적으로 원생들이 자신의 상황에 맞게 적당한 노동을 하는 것이 정신적으로나 육체적으로 좋다고 생각했다. 이것은 알로이시오 신부의 사회복지 철학과도 맞아 떨어지는 것이었다.

알로이시오 신부의 사회복지 철학은 궁극적으로 '인간의 존엄성'에 맞추어져 있었다. 가난한 사람들에게 따뜻한 음식과 깨끗한 옷을 제공하고, 버림받은 사람들에게 쉴 곳을 마련해주고, 병든 이들에게 적절한 치료를 해 주는 것은 그들이 갖고 있는 인간으로서의 존엄성을 회복시켜 주기 위한 최소한의 조치였다.

알로이시오 신부는 여기서 한 발 더 나아가 인간이 참으로 인간으로서의 존엄성을 갖기 위해서는 스스로 살아갈 수 있어야 하는 자활에 있다고 생각했다. 그리하여 일을 할 수 있는 원생들은 자신의 처지에 맞게 일을 하도록 했다. 그것이 인간의 존엄성을 가장 빨리 그리고 가장 건강하게 회복하는 길이라고 생각했다.

그들에게 근면한 생활 습관을 심어 주었으면 합니다. 그러므로 무엇이든지 가르쳐야 합니다. 갱생원 사람들은 살아오면서 너무 고생을 많이 했고, 쉽게 고치기 어려운 습관이 몸에 배어 있는 사람들입니다.

하지만 시각 장애인이나 농아들도 일하는 기술을 가르치면 잘 배웁니다. 따라서 무엇이든 가르치면 배울 수 있다는 생각을 갖고 가르쳐야 할 것입니다.

- 『영혼을 깨우는 기도』 중에서

그리하여 앞에서 간단히 소개했던 것처럼 알로이시오 신부는 갱생원 안에서 원생들이 할 수 있는 일거리들을 알아보기 시작했다. 당시 알로이시오 신부가 원한 일거리는, 원생들 대부분이 환자이고 또 정신 질환을 앓고 있었기 때문에 위험하지 않고 작업이 간단한 그런 일거리였다. 그렇다 보니 갱생원 원내 작업으로 가장 많이 했던 것이 봉투 접기와 바구니 만들기와 같은 것이었다.

그런데 일거리를 알선 받아 원생들에게 하라고 했을 때 처음에는 선뜻 하겠다는 원생이 없었다. 일을 하면 돈을 주겠다고 했지만 아무도 믿지 않았던 것이다. 그동안 동장들에게 너무 많이 속고 당하다 보니 그만큼 불신의 벽이 높았다.

다행히 갱생원에는 늘 새로운 사람들이 들어왔고, 동장들의 횡포를 경험하지 않은 원생들 가운데 몇 명이 봉투 작업을 시작했다. 그리고 일한 만큼 주급으로 돈을 지급받았다. 그러자 다른 원생들도 하나둘 작업에 참여하기 시작했다.

능력에 맞게 일하고, 서로 돕고 살게 하다

—

작업에 참여하는 원생들은 점점 많아졌지만 당시만 해도 작업장이 따로 없어 생활동 안에서 작업을 했다. 그러자 알로이시오 신부는 갱생원 한쪽에 작업동을 만들었다. 생활동 안에서 작업을 하면 여러 가지로 편리하지만 작업이 궁극적으로 원생들의 사회 복귀를 염두에 둔 것이기 때문에 알로이시오 신부는 '출퇴근'이 란 형식이 필요하다고 생각했던 것이다.

작업동이 들어서고 출퇴근하는 원생들이 생기자 더 많은 원생 들이 자신의 능력에 맞게 작업에 참여했다. 원생들은 작업에 참 여하는 시간이 많아질수록 그만큼 몸과 마음이 건강해졌고, 사회 복귀를 꿈꿀 수 있는 돈도 모으게 되었다. 게다가 더 중요한 것은 노동을 통해 조금씩 인간으로서의 존엄성을 회복해 갔다는 사실 이다.

알로이시오 신부는 모든 원생들이 자신의 능력에 따라 작업에 참여하게 했는데, 한쪽 팔밖에 없는 사람은 다른 한쪽 팔만 있는 사람과 짝을 이뤄 작업을 하게 했다. 그리고 지능이 떨어져 작업 을 못하는 사람에게는 다른 사람이 해 놓은 작업물을 옮기거나 재료를 가져다주는 일을 하게 했다.

또 작업을 할 수는 없지만 몸을 움직일 수는 있는 사람이라면 생활관에 남아 청소를 하게 했다. 심지어 꼼짝도 못하고 늘 자리 에 누워 있어야 하는 사람도 "누구 똥 쌌어요", "누구 약 먹을 시 간이에요."라고 말로 알려주는 일이라도 해서 다른 사람을 돕게 했다. 한마디로 신체 건강한 시각장애인이 눈이 밝은 앉은뱅이를 업고 길을 걷게 하는 식이었다.

이처럼 알로이시오 신부는 원생들이 서로 돕고, 아주 작은 것이라도 역할을 맡아 스스로 해 나갈 수 있도록 함으로써 각자의 처지에 맞게 재활과 자활이 이루어지도록 이끌었다. 그러자 처음에는 자기밖에 모르던 원생들이 조금씩 다른 사람을 배려할 줄 알게 되었다. 이런 과정을 거치면서 원생들은 잃어버린 자존감을 조금씩 되찾았고, 삶에 대한 자신감과 의욕도 갖기 시작했다.

좀 더 건강한 원생이 좀 덜 건강한 동료 원생을 돕는 이러한 운영 방침은 훗날 갱생원이 '은평의마을'로 바뀌고, 중증 장애인 돌봄 전담반이 꾸려질 때까지 계속되었는데, 이 때문에 갱생원은 원생들의 숫자에 비해 관리하는 직원들이 턱없이 부족했는데도 늘 깨끗하고 무리 없이 운영될 수 있었다.

원생들을 위한 매점

—

작업에 참여한 원생들은 하루에 5백 원 정도를 벌 수 있었다. 알로이시오 신부는 그 돈으로 원생들이 원하는 것을 살 수 있도록 갱생원 안에 작은 매점을 마련했다. 주로 먹을 것을 파는 매점이었다.

처음에 알로이시오 신부는 갱생원 안에서만 통용되는 가짜 돈을 나누어 줄 구상을 했다. 하지만 갱생원이 지향하는 궁극적인 목표가 원생들의 사회복귀였기 때문에 진짜 돈을 지급하고 원생들로 하여금 그 돈을 쓸 수 있도록 했다.

매점에서는 1원의 이익도 남기지 않고 원가 그대로 팔았다. 아침에 문을 열면 갖가지 간식과 먹을거리를 사기 위해 원생들이 끝없이 줄을 섰다. 갱생원의 식사가 부족하거나 부실하지는 않았지만 원생들은 자기가 일해 번 돈으로 스스로 먹을 것을 골라 사 먹는 재미에 매점을 많이 이용했다. 이러한 매점 운영 역시 알로이시오 신부의 사회복지 철학을 그대로 반영하는 것이었다.

사실 알로이시오 신부는 원생들에게 더 좋은 음식을 더 많이 제공해 매점에서 따로 음식을 사 먹지 않도록 할 수도 있었다. 그리고 원생들이 매점에서 음식을 사 먹기 위해 길게 줄 선 모습을 외부 사람들이 보게 되면 오해를 받을 수도 있었다. 또 원생들의 보호를 책임지고 있는 입장에서는 원생들이 한 푼이라도 더 모아 훗날 사회복귀 초기 자금으로 쓸 수 있도록 하는 것이 더 지혜로운 조치라고 생각할 수도 있었다.

하지만 알로이시오 신부의 사회복지 철학은 남달랐고, 가장 중심이 되는 생각은 인간의 존엄성이었다. 원생들은 갱생원 안에서 보호받아야 할 사람들이 틀림없었지만 한편으로는 인간으로서의 존엄성도 존중받아야 한다고 생각했다.

문제는 인간의 존엄성이란 것이 제3자가 존중해 주는 것도 중요하지만 스스로 자신의 존엄성을 지켜 나가고, 잃어버린 존엄성을 회복하는 것도 중요하다는 사실이다. 그리하여 알로이시오 신부는 원생들이 자신들의 존엄성을 스스로 회복할 수 있도록 다양한 기회를 만들어주려고 노력했는데 매점 이용도 그 가운데 하나였다.

매점 앞에 길게 줄을 서서 차례를 기다리는 원생들은 배가 고파 먹을 것을 사려는 것이 아니었다. 그들이 줄을 서서 기다리고 그 기다림이 즐거운 이유는 스스로 일을 해 번 돈으로, 자신이 원하는 것을, 스스로 결정해서 산다는 그 사실에 있었다.

원생들이 꼬깃꼬깃한 돈을 손에 쥐고 행복에 들뜬 얼굴로 무엇을 살까 고민하는 모습을 보면 그들이 누리고자 하는 행복이 결코 '먹는 것 자체'에 있는 것이 아니라는 사실을 금방 알 수 있다. 물론 평소 자주 먹지 못하는 것을 사 먹는 즐거움도 분명 있었겠지만 그들을 더욱 즐겁고 행복하게 한 것은 원하는 것을 스스로 결정해 살 수 있다는 자기 결정권에 있었다.

막걸리 한 잔의 행복

—

매점에서는 막걸리도 팔았다. 원생들은 자신들이 번 돈으로 막걸리 한 잔을 사 마신다는 기쁨에 줄은 늘 길기만 했다. 그리고 줄 선 원생들의 얼굴은 그야말로 천국을 향해 달려가는 표정들이었다.

갱생원과 막걸리는 참으로 어울리지 않는 것인지도 모른다. 원생들 가운데 아주 많은 사람들이 술 때문에 인생이 망가지고 결국에는 길거리를 헤매다가 인간의 존엄성을 완전히 상실한 채 갱생원으로 실려 온 사람들이기 때문이다. 그러므로 갱생원 안에서는 술을 마시는 것이 엄격히 제한되어 있었다. 하지만 알로이시오 신부는 초창기부터 갱생원 매점에서 원생들에게 막걸리를 팔게 했다(일요일과 대축일 때는 공짜로 한 잔씩 나누어 주기도 했다). 물론 하루에 딱 한 잔만 사서 마실 수 있었다.

사실 수용해 보호한다는 생각만으로 원생들을 대한다면 막걸리는 결코 팔 수 없는 음식이다. 하지만 수용과 보호의 차원을 넘어 원생들이 갖고 있는 인간의 존엄성을 생각한다면, 원생들도 자신들이 좋아하는 것을 누릴 수 있고 즐길 수 있어야 한다. 알로이시오 신부는 그렇게 생각했고, 그래서 하루에 딱 한 잔만 사서 마실 수 있도록 했던 것이다.

사실 인생이 망가질 정도로 마셔댔던 사람들에게 막걸리 한 잔이 간에 기별이라도 가겠는가? 하지만 막걸리 한 잔을 마실 수 있다는, 그것도 자신이 일을 해 번 돈으로 사서 마실 수 있다는 생각은 원생들의 생활을 많이 바꾸어 놓았다.

더 많은 원생들이 작업동으로 출근을 했고, 일하는 시간이 늘어날수록 원생들의 몸과 마음은 더욱 건강해졌다. 무엇보다 정신

장애인들의 경우 먹는 약의 양이 눈에 띄게 줄어들었다.

훗날 그리스도수도회가 창설되고 수사들이 매점을 운영하기 전까지는 수녀들이 원생들을 대상으로 이른바 '술장사'를 했는데 참으로 재미난 이야기들이 많았다. 한 사람이 하루에 딱 한 잔만 사 먹을 수 있었지만 원생들 중에는 한 잔 사 마시고 금방 돌아가서 다시 줄을 서서 또 사 마셨다. 어떤 원생은 세 번이나 마시기도 했다. 막걸리를 마시려는 원생들의 숫자가 많다 보니 수녀들이 일일이 얼굴을 기억할 수 없어 벌어진 일이었다. 술을 팔던 수녀들은 "아저씨들이 거짓말을 해 술장사 못하겠다."며 투덜대기도 했다.

그러다가 수녀들은 꾀를 냈다. 막걸리를 사 먹은 원생들의 손등에 잘 지워지지 않는 매직으로 표시를 했던 것이다. 그러자 이번에는 세면장에 수십 명의 원생들이 복작거리기 시작했다. 매직 자국을 지우려고 몰려들었던 것이다. 막걸리 한 잔을 더 사 마시겠다고 손등이 벗겨지도록 문질러 댄 원생들은 이번에는 손등을 치료해 달라고 의무실로 뛰어왔다. 그런 원생들을 보면서 수녀들은 웃을 수밖에 없었다.

'손등에 매직 칠하기'는 나중에, 더 잘 안 지워지도록 '손톱 밑에 매직 칠하기'로 바뀌었고, 각자의 컵에 따라주던 막걸리는 각자 떠먹기로 바뀌기도 했다. 수녀들이 떠 주면 많이 주네 적게 주네 말이 많아 각자 떠먹게 한 것이다. 그러자 이번에는 아주 팔뚝이 잠기게 컵을 술독 깊숙이 넣었다가 한 잔 가득 담고는(그렇게 한다고 양이 많아지는 것도 아닌데) 행여 한 방울이라도 흘릴까 봐 움직이지를 못하고 그 자리에 선 채 한 모금 마신 뒤, 더 이상 행복할 수 없는 얼굴로 막걸리 잔을 들고 매점을 나갔으니, 수녀들과 원생들은 '하루 한 잔'이라는 원칙을 놓고 날마다 옥신각신해야 했다.

매점의 인기는 날로 높아져만 갔다. 얻어먹는 일에 익숙했던 원생들은 늘 주눅 들어 있고 자신감 없는 사람들이었지만, 매점을 이용하고부터는 스스로 결정할 수 있다는 사실에 자신감 넘치는 얼굴로 변해 갔다. 게다가 몸이 불편에 작업에 참여하지 못하고, 그래서 돈을 벌지 못하는 동료 원생들에게 빵이나 과자, 라면을 사서 나눠 주기도 했다. 그런 모습은 보는 사람으로 하여금 감동의 눈물을 흘리게 했다.

더욱 흥미로운 사실은 앞서 이야기했듯이 약을 먹고 늘 잠만 자던 정신장애인들이 일을 하고 그 돈으로 자신이 먹고 싶은 것을 사 먹고부터는 상태가 많이 좋아져 정신과 의사들이 놀랄 정도였다는 점이다.

매점의 인기가 높아지자 나중에는 정기적으로 장터를 열어 더 다양한 음식들과 물건들을 마련해 원생들이 구입할 수 있도록 했다. 장터가 열리면 그야말로 갱생원은 잔칫집 분위기였다.

그리스도회 창설

—

사실 거친 남성 부랑인들을 모아 놓은 갱생원을 젊은 수녀들의 봉사와 희생정신만으로 운영하기에는 부족한 점이 너무 많았다. 알로이시오 신부도 그 점을 잘 알고 있었다. 그래서 갱생원을 맡아 달라는 서울시의 요청을 처음에 거절했던 것이다. 하지만 그는 가난하고 버림받은 사람들에 대한 연민의 마음을 끝내 외면할 수 없었다.

그렇다고 알로이시오 신부가 연민의 정만으로 갱생원을 운영한 것은 아니다. 대신 그는 먼 미래를 내다보고 운영의 큰 틀을 만들어 갔다. 그는 원생들을 체계적으로 보호하고 교육시켜 궁극적으로 사회로 복귀시키기 위해서는 건강한 성인 남성의 도움이 필요하다고 생각했다. 그리하여 강한 희생정신을 가진 남자 수도자들을 양성하기로 계획하고 '그리스도수도회'를 창설했다.

사실 알로이시오 신부는 갱생원 운영을 수락할 때부터 남자 수도원 창설을 염두에 두었다. 그래서 갱생원을 인수한 뒤 곧바로 가톨릭신문에 그리스도회 지원자를 모집하는 광고를 냈다. 광고란에는 알로이시오 신부의 공개 편지가 실렸는데, 내용은 이런 말로 시작했다.

'한국 사회에서 가장 가난하고 버림받고 고통받는 사람들의 이름으로 이 글을 씁니다.'

광고가 나가자 신앙심이 깊고, 가난하고 버림받은 사람들에게 그리스도의 이름으로 봉사하겠다는 젊은 청년들이 그의 초대에 응답해 모여들었다. 알로이시오 신부는 투철한 희생정신으로 무장한 12명의 사람들을 첫 지원자로 뽑았다. 지원자들은 갱생원에서 원생들과 함께 먹고 자면서 가장 가까이에서 그들을 돌보는 임무를 맡았다. 그리하여 군복을 입고 생활하던 안전요원들은 점차 사라지게 되었다.

더없이 중요하게 여긴 운동
—

갱생원으로 실려 오는 사람들은 대부분 길거리에 쓰러져 있던 상태에서 실려 오기 때문에 한동안은 혼자서 아무것도 하지 못했다. 밥을 먹지도, 옷을 입지도, 몸을 씻지도 못했다. 더구나 중병에 걸려 있거나 정신장애를 갖고 있는 사람이라면 그 정도가 더욱 심했다.

알로이시오 신부는 이런 원생들을 몇 단계로 나누어 보호했다. 처음에는 먹이고 입히고 재우는 무조건적인 보호였다. 그러다가 혼자 밥을 먹고 옷을 입을 수 있게 했고, 나중에는 스스로 일을 할 수 있도록 했다. 이런 일련의 과정에 가장 큰 도움이 되는 것이 바로 운동이었다.

알로이시오 신부는 턱없이 부족했던 원생들의 생활공간을 늘리고 나서, 이번에는 원생들이 마음 놓고 운동할 수 있는 공간을 만드는 데 힘을 쏟았다. 그렇게 해서 1985년 5월 5일, 대운동장과 야외 수영장이 만들어졌다.

운동장과 수영장이 생기고부터 원생들은 축구나 배구, 족구 같은 운동을 언제든지 할 수 있었고, 특히 야외 수영장은 여름이면 원생들로 늘 바글거렸다. 그러자 주위 사람들은 "사회의 밑바닥 사람들을 모아 놓은 곳에 웬 수영장?" 하며 어처구니없어했다.

하지만 알로이시오 신부는 오히려 가난한 사람들을 위한 복지 시설일수록 수영장 같은 시설이 더욱 필요하고, 갱생원이 이런 모범을 보인다면 다른 복지기관들의 시설도 점점 좋아질 것이라고 했다.

사실 갱생원에는 장애인도 많았고, 대부분의 원생들이 어릴 때부터 불우하게 자란 경우가 많은데, 이들이 어머니 품 같은 물속에서 운동을 하게 되면 정서적으로 많은 도움을 받는다는 사실을 알로이시오 신부는 잘 알고 있었다.

이처럼 알로이시오 신부는 갱생원 안에 수영장을 만들었을 뿐 아니라 당시로서는 생소했던 게이트볼 장을 만들어 원생들이 즐길 수 있도록 했다. 게이트볼은 체력이 약한 노인들이 하기에 알맞은 운동이었기 때문에 원생들이 아주 좋아했고, 아침이면 게이트볼 장을 먼저 차지하기 위해 미리 달려가 줄을 서는 진풍경도 벌어졌다.

그로부터 40여 년이 지난 오늘날, 게이트볼은 노인들이 즐기는 대표적인 스포츠로 자리 잡았다. 여러 지자체들이 공원을 만들 때 반드시 게이트볼 장을 만드는 것을 보면 알로이시오 신부가 얼마나 앞선 생각을 갖고 있었는지 잘 알 수 있다.

3부

17

필리핀 소년의 집과
루게릭병 진단

Rev. Aloysius Schwartz

1983년, 알로이시오 신부는 한국에서 펼친 복지사업에 대한 공로로 필리핀 마닐라에서 아시아의 노벨상이라 불리는 막사이사이상을 받았다. 이를 계기로 그가 하고 있던 소년의 집 사업이 필리핀에 대대적으로 알려지게 되었다.

그리고 1년 뒤인 1984년, 한국 천주교 200주년 기념 신앙대회가 서울 여의도에서 열렸는데 당시 필리핀 마닐라 대교구 교구장이던 하이메 신 추기경이 참석차 한국에 왔다가 서울 소년의 집을 방문했다.

소년의 집을 둘러본 신 추기경은 알로이시오 신부의 사업에 큰 감동을 받았고, 그 자리에서 알로이시오 신부에게 필리핀으로 진출해 소년의 집 사업과 가난한 사람들을 위한 의료 사업을 펼쳐 줄 것을 정식으로 요청했다. 알로이시오 신부는 큰 망설임 없이 신 추기경의 제안을 받아들였다.

그는 이미 한국에서 성공적으로 구호 사업을 이끌었다. 그사이 한국은 눈부신 경제 성장을 통해 나라 전체가 가난과 질병으로부터 어느 정도 벗어난 상태였다. 따라서 한국의 구호 사업은 확장보다는 유지와 관리에 신경을 쓸 단계였고, 그는 자신이 가진 능력으로 좀 더 효과적인 사업을 펼칠 수 있는 곳으로 가야 했다. 그는 자신의 몸이 허락하고, 이 세상에 가난한 사람들이 있는 한 그들을 위한 선교사제가 되겠다는 꿈을 멈출 생각이 없었다.

더구나 필리핀에는 한국과 달리 신 추기경이라는 든든한 후원자가 있었다. 이것은 필리핀 교회의 적극적인 지지 아래 훨씬 효과적으로 사업을 추진할 수 있다는 것을 뜻했는데, 알로이시오 신부에게는 대단히 큰 장점으로 다가올 수 밖에 없었다.

요즈음 주교님들은 우리에게 큰 압력을 가하고 있습니다. 머지않아 마리아수녀회를 해체시킬 것이라는 이야기까지 들려옵니다. 지난 20년 동안 그들은 우리를 도우는 일에 손가락 하나 까딱하지 않았습니다. 대신 끊임없이 우리 사업의 성장과 성공을 훼방 놓았습니다. 이런 방해와 훼방은 제가 필리핀으로 사업을 확장하는 모험을 하게 된 것과 간접적으로 관련이 있습니다.

-『소 알로이시오 신부의 기도』 중에서

이 글에서 알 수 있듯이 신 추기경의 적극적인 지지는 알로이
시오 신부에게는 더할 나위 없이 매력적인 조건이었다. 실제로
1985년 김 미카엘, 박 데레사, 박 실비아 수녀를 파견해 시작한
필리핀 소년의 집 사업은 한국에서 15년 이상 걸렸던 사업들을
단 몇 년 만에 끝냈고, 규모도 10배 이상 확대할 수 있었다.

필리핀 구호 사업의 시작
—

재단법인 마리아수녀회를 설립하고 필리핀 사업을 시작한 알로
이시오 신부는 마닐라 큐아이병원에서 가난한 결핵 환자들을 위
한 의료 사업부터 시작했다. 필리핀 결핵협회가 조사한 바에 따
르면 가난한 사람들 가운데 약 70%가 결핵 보균자였는데 대부분
제대로 치료를 받지 못하고 있는 상태였다. 알로이시오 신부는
수녀들과 함께 곳곳의 결핵 병원을 찾아다니며 현황을 파악했다.
그러던 중 마닐라에 있는 큐아이병원을 알게 되었다.

큐아이병원은 1938년 퀘존 대통령의 적극적인 관심과 지원으
로 지어진 뒤 1960년까지 결핵 전문 병원으로 1,300개 병상이 가
동되던 큰 병원이었다. 그런데 국가 경제가 퇴보하면서 예산 부
족으로 1982년 정부로부터 폐쇄 명령이 내려졌다. 그 이후 계속

방치되다시피 해 건물은 낡고 썩어 비가 새는 바람에 폐건물로 변해 있었다.

우중충한 실내는 온갖 악취로 진동했고, 쥐꼬리만 한 정부 보조금으로 가동 중인 일부 병동에는 오갈 데 없는 환자들이 입원해 있었다. 그렇다 보니 치료는커녕 때에 찌든 침대 위에서 끼니조차 제대로 먹지 못하고 죽을 날만 기다리는 상황이었다. 마치 부산의 행려환자구호소가 죽음의 대기실, 인생의 종착역이라 불렸던 것과 비슷한 상황이었다.

1985년 큐아이병원을 처음 방문하고 난 뒤, 알로이시오 신부는 너무나 큰 충격으로 잠을 이루지 못했다. 그리하여 당장 병원 측과 교섭을 벌여 우선 200개 병상 정도의 병동을 인수해 환자들을 치료하기 시작했다.

환자들과 직원들은 처음에는 별로 기대를 하지 않았다. 그러나 알로이시오 신부와 마리아수녀회는 이미 한국에서 두 군데의 종합병원을 운영한 경험이 있었고, 부산과 서울에서 행려 환자들을 구해내 성공적으로 돌본 경험이 있었기 때문에 빠른 시간 안에 큐아이병원을 정상화시킬 수 있었다.

환자들과 직원들은 체계적인 관리와 성의 있는 치료에 놀라워했고, 영양실조 상태에 있던 환자들은 잘 먹이고 적절한 치료를 해 주자 얼굴에 살이 오르고 건강해지기 시작했다.

1만2천 명의 필리핀 소년의 집 아이들

—

큐아이병원이 정상화되자 알로이시오 신부는 본격적으로 소년의 집 사업을 시작했다. 1987년 마닐라에 정원 3천5백 명 규모의 산타메사 소년·소녀의 집을 시작으로, 1990년 필리핀 세부에 정원 3천3백 명 규모의 탈리사이 소년·소녀의 집을 세웠다. 그리고 1991년에는 가비테에 정원 3천2백 명 규모의 실랑 소년의 집을 지었다.

그리고 1992년 알로이시오 신부 선종 뒤에도 필리핀 사업은 계속 확대되었다. 1995년에는 세부에 정원 2천2백 명 규모의 밍라닐라 소년의 집이 세워졌고, 2004년에는 가비테에 정원 2천2백 명 규모의 실랑 아들라스 소년의 집이 세워졌다. 이로써 필리핀 각지에서 모여든 1만2천여 명의 청소년들이 무료 기숙학교에서 정규 과정의 고등교육과 기술교육을 받을 수 있는 기회를 갖게 되었다.

이들 청소년들은 대부분 빈민가의 아이들로, 만약 소년의 집이 없었더라면 교육의 기회는커녕 기본적인 의식주도 해결하지 못한 채 가난하게 살아야 했을 것이다. 그들의 가난은 부모에게서 물려받은 것이었고, 아이들은 또다시 자신의 아이들에게 가난을 물려주어야 할 처지였다.

소년의 집 덕분에 교육을 받은 아이들은 사회에 나가 제대로 된 직장을 구할 수 있었고, 그로 인해 나머지 가족들도 가난에서 벗어나게 되고, 또 다른 가족까지 교육의 기회를 가질 수 있게 되어 점점 삶의 형편이 나아지는 선순환 구조로 돌아설 수 있었다.

이처럼 필리핀 사업은 알로이시오 신부가 구호 사업가로서 기쁘고 즐겁게 일하기에 가장 알맞은 곳이었고, 또 열심히 일한 만큼 결과가 확실한 곳이기도 했으니 사업은 나날이 커질 수밖에 없었다.

오른쪽 팔에 이상을 느끼다

—

필리핀 소년의 집 사업이 한창이던 1989년 7월 어느 날 밤, 알로이시오 신부는 오른쪽 팔에 이상을 느끼며 잠에서 깨어났다. 오른쪽 팔 근육이 씰룩씰룩 요동을 치고 있었다. 요동은 한동안 멈추지 않고 계속되었다. 그는 두렵고 놀라운 마음으로 오른팔을 바라보았다.

근육 연축 작용은 루게릭병을 알리는 중요한 증상으로, 척추 신경이 공격을 받아 죽어 가는 것을 뜻했다. 물론 그때만 해도 알로이시오 신부는 이런 사실을 전혀 알지 못했다.

근육 연축 작용이 계속되면서 오른팔부터 천천히 그리고 계속해서 근육의 퇴화 현상이 나타났다. 팔굽혀펴기를 할 수 있는 회수가 스무 번에서 열 번, 열 번에서 다섯 번, 다섯 번에서 한 번도 할 수 없을 정도로 줄어만 갔다. 심지어 수영할 때는 오른팔을 어깨와 머리 뒤로 넘길 수 없었고, 오른팔로는 무엇을 만지거나 당길 수조차 없게 되었다.

그런데도 그는 25년 동안 계속해 온 달리기를 하루도 거르지 않았다. 달리기는 이미 필수적인 일과의 한 부분이 되어 있어 달리지 않고는 살아갈 수 없을 정도였다.

알로이시오 신부는 루게릭병으로 움직이지 못하게 될 때까지 평생 비가 오나 눈이 오나, 지구상 어디에 있든지 날마다 달리기를 했다. 정오가 되면 하던 일을 멈추고 옷을 갈아입고 밖으로 나가 1시간 또는 그 이상을 달렸다. 달리기를 끝낸 다음 몸을 씻고 점심을 먹고, 20분에서 30분쯤 쉬다가 오후 일을 시작했다.

달리기는 계속할 수 있었지만 속도와 시간은 줄일 수밖에 없었다. 오른쪽 다리가 점점 불편해졌기 때문이다. 알로이시오 신부는 신학교 때 미식축구를 하다가 오른쪽 발목을 심하게 다친 적이 있는데, 그때 오른쪽 골반과 어깨에 관절염이 생겨 전체적으로 몸의 오른쪽이 많이 약해져 있었다.

그런 알로이시오 신부에게 달리기는 고통스러웠지만 뛰지 않는 것은 더 고통스러웠다. 그는 수지 타산을 따져 비록 자기 몸에 해가 된다 하더라도 심리적, 정신적 이익이 그 손해를 보상해 준다는 결론을 내리고는 달리기를 계속했다. 그만큼 알로이시오 신부는 스포츠광이었다.

근육 연축 작용은 점점 더 무시할 수 없는 수준으로 번져 갔다. 알로이시오 신부는 무언가 아주 심각한 변화가 자신의 몸에 생겼다는 것을 직감했다. 하지만 필리핀 세부의 소년의 집과 소녀의 집 신축 공사로 인해 마닐라와 세부를 자주 오가다 보니 병원에 갈 시간적 여유가 없었다.

계속된 세 번의 오진
—

1989년 9월 초, 한국으로 돌아온 알로이시오 신부는 스포츠 전문의사를 찾아보기로 했다. 그런 의사여야 자신이 겪고 있는 곤경을 잘 이해하고 정확한 진단을 내릴 수 있을 것이라고 생각했다.

수소문 끝에 어느 대학의 스포츠의학 전문의를 찾아냈다. 그는 정형외과 전문의였다. 그 의사는 몇 가지 형식적인 검사를 하더니 자신 있게 진단을 내렸다. 신경계통과는 전혀 관련이 없는, 단순한 근육 문제라고 했다. 과도한 신체 활동을 할 때 나타나는 탈수와 마그네슘 부족이 원인이라며 마그네슘 정을 처방해 주었다. 그리고 규칙적으로 먹기만 하면 곧 증상이 사라질 것이라고 했다.

대단한 자신감을 갖고 말했기 때문에 알로이시오 신부는 기쁜 마음으로 소년의 집으로 돌아왔다. 그리고 정오가 되자 달리기에 나섰다. 몸이 이상한 원인을 알았고 약까지 처방받았기 때문에 달리기는 더없이 즐거웠다. 그런데 의사가 처방해준 약을 한 달 가까이 잘 챙겨 먹었지만 아무런 효과가 없었다.

1989년 10월 말, 알로이시오 신부는 정확한 진단을 위해 워싱턴으로 향했다. 미국에 갈 때마다 그는 습관적으로 우편 모금 사무실(아시아자선회)에서 가까운 모텔에 묵었다. 그런데 이번에는 링컨 로드에 있는 갈멜수도회에 묵었다. 좀 더 영성적인 환경에서 머무는 것이 좋을 것 같다는 생각 때문이었다.

다음날 아침 7시, 알로이시오 신부는 내과 전문의를 만났다. 평소 그는 위장 계통에 문제가 많았다. 오랫동안 위장 장애를 지니고 살았지만 최근 들어 증상이 더 자주, 더 심하게 나타나 그를 괴롭혔다. 의사는 진찰을 하고 여러 가지 검사를 하더니 약을 처방해 주었다. 놀랍게도 그 약은 적어도 얼마 동안은 아주 효과가 좋았다.

두 번째로 진료를 해 준 사람은 유명한 운동선수들의 건강을 책임지고 있는 정형외과 전문의였다. 그는 여러 가지 엑스레이 촬영을 하며 살펴본 뒤, 어깨와 오른쪽 엉덩이 두 군데를 수술해야겠다고 했다. 관절염이 너무 심해 완전히 환골을 하지 않으면 소용이 없다고 했다. 그러고는 더 이상 달리기를 해서는 안 된다고 했다. 가벼운 자전거 운동이나 수영은 할 수 있지만 달리기는 절대

안 된다고 했다. 그 말이 알로이시오 신부에게는 마치 사형 선고처럼 들렸다.

그날 마지막 진료는 진단 전문의 차례였다. 그는 알로이시오 신부의 오른발과 발목, 엉덩이를 자세히 살펴본 뒤 어떻게 하면 고통을 줄일 수 있고, 어떤 신발을 신어야 하는지에 관해 도움말을 해 주었다. 알로이시오 신부는 오랜 세월 계속 해 온 달리기가 관절염의 원인인지 물어보았다. 그는 달리기는 관절염을 일으킬 수도 있고, 반대로 막을 수도 있다고 했다. 그러면서 "어쨌든 신부님은 관절염을 얻었습니다."라고 말했다.

정형외과 의사의 충고에 알로이시오 신부는 몹시 당황할 수밖에 없었다. 의사는 하나도 아닌 두 가지의 대수술을 제안했고, 수술 뒤에는 물리치료를 받으면서 3개월에서 6개월 동안 어떤 활동도 해서는 안 된다고 했기 때문이다. 알로이시오 신부는 미국에 그렇게 오랫동안 머물 준비가 되어 있지 않았다. 어떻게 해야 할지 순간 망설였으나 곧 의사의 제안에 따르겠다고 말했다.

그러나 의사는 수술을 하기 전에 반드시 전반적인 신경학적 정밀검사를 통해 팔 근육의 성가신 연축 운동의 원인을 알아내야 한다고 했다. 알로이시오 신부는 신경전문의를 소개시켜 줄 것을 부탁했고, 그는 위스콘신 가에서 진료를 하고 있는 코렌 골드 박사에게 전화를 걸어 진료 예약을 잡아 주었다.

끝없이 계속된 검사

—

다음날, 알로이시오 신부는 코렌 골드 박사를 만났다. 검사 결과 오른팔 뿐 아니라 왼팔에도 쇠약 조짐이 뚜렷이 나타나고 있었다. 코렌 박사는 곧바로 정밀 전기 검사를 받도록 주선해 주었다.

알로이시오 신부는 침대에 누워 있었고, 방 안은 어두웠다. 온통 컴퓨터로 둘러싸인 방에서 두세 명의 전문 기사들이 그의 몸 구석구석에 바늘을 꽂았다. 그 과정을 감독하기 위한 의사도 한 사람 들어와 있었다. 그들은 알로이시오 신부의 신경계통에 무슨 문제가 있는지 알아내기 위해 전기 충격을 준 뒤 컴퓨터로 측정을 했다. 검사는 끝없이 계속되었다.

검사 초기만 해도 그들은 알로이시오 신부와 잡담과 가벼운 농담을 주고받았다. 그런데 검사가 진행되면서 잡담과 농담이 사라졌다. 분위기는 점차 긴장되고 무거워져 갔다. 알로이시오 신부는 그들이 심각한 이상을 발견했음을 알아차렸다. 검사가 끝난 뒤 알로이시오 신부는 의사에게 "무언가 잘못되었죠?"라고 물었다. 의사는 아무런 말도 없이 그저 고개만 끄덕였다.

코렌 박사는 또 다른 추가 검사를 받도록 해 주었다. 그때는 몰랐지만 루게릭병의 진단은 여러 가지의 예단(豫斷)을 거친 뒤에 내려진다고 했다. 신경계통에서 비슷한 증상을 가진 병이 스물일곱 가지나 되기 때문이었다. 검사를 진행하면서 해당되지 않는 증상을 하나씩 없애 가는 방법으로 루게릭병에 도달하게 되는데, 다른 선택의 여지없이 루게릭병에 해당하는 증상만 남으면 마침내 루게릭병으로 진단한다고 했다.

코렌 박사가 시행한 많은 검사 가운데는 척추천자검사(脊椎穿刺檢查)가 있었고, 자기공명영상(MRI) 검사도 있었다. 기계 속에 들어갈 때 알로이시오 신부는 마치 무덤이나 캡슐 속에 들어가는 듯했다. 그런 검사를 하는 동안 거부감을 느끼거나 무섭지는 않았다. 사실 그는 검사에 호기심을 느꼈고 약간 즐기기까지 했다.

자신의 이름과 똑같은 병, ALS
―

미국에 머무는 짧은 기간 동안 알로이시오 신부는 여러 명의 이름난 의사들을 만났다. 그는 그들의 능력과 전문가로서의 직업의식에 깊은 인상을 받았다. 무엇보다도 그에게 보여준 친절에 감동했다. 알로이시오 신부가 만난 의사들은 대부분 자기 분야에서 유명한 사람들이었으며, 그들이 받는 의료 수가는 엄청났다. 그런데 그들은 모두 알로이시오 신부에게 돈을 받지 않았다.

물론 그들이 알로이시오 신부에게 베푼 친절이 자기 때문이 아니란 사실을 알로이시오 신부는 잘 알고 있었다. 그들은 알로이시오 신부가 그리스도의 이름으로 가난한 나라의 가난한 사람들을 위해 구호 사업을 펼치고 있다는 사실을 잘 알고 있었고, 그 사업에 동참한다는 뜻에서 그에게 친절을 베풀었던 것이다.

코렌 박사는 모든 자료와 검사 결과를 살펴본 뒤, 근육의 운동 신경병인 근위축성 측색경화증 곧 일반적으로 루게릭병으로 알려진 병일 확률이 50% 이상이라고 했다.

알로이시오 신부는 "이 병이 목숨을 위협하는 병입니까?"하고 물어보았다. 그는 "네, 그렇습니다. 보통 3년밖에 살 수 없습니다."라고 대답했다. 그러면서 이 병을 가지고도 7년째 살고 있는 환자도 있다는 말을 덧붙였다.

그는 알로이시오 신부에게 샌프란시스코에 있는 이름난 루게릭병 전문가인 포비스 노리스 박사의 주소와 전화번호를 알려 주면서 한국으로 돌아가는 길에 샌프란시스코에 들러 그를 만나 진단을 다시 받아 볼 것을 권했다. 그러면서 "진심으로 저의 진단이 오진이기를 바랍니다."라고 했다.

그의 몸 안에서 진행되고 있는 루게릭병에 관한 정보를 담은 소책자를 집어든 채 알로이시오 신부는 코렌 박사의 병원을 떠났다. 소책자는 '근위축성 측색경화증(Amyotrophic Lateral Sclerosis, ALS)'이라는 제목을 달고 있었는데, 순간 그는 크게 웃고 말았다. 같이 차를 타고 가던 그의 매부 빌 비타가 놀라 쳐다보았다.

"이럴 수가 있나? 이 병 이름이 내 이름과 똑같잖아!"

근위축성 측색경화증은 영문 앞 글자를 따서 흔히 ALS라고 했다. 그런데 알로이시오 신부는 'Al Schwartz'라는 정식 이름 대신 'ALS'로 줄여 자주 서명을 하곤 했던 것이다.

알로이시오 신부는 샌프란시스코를 거쳐 한국으로 돌아왔다. 샌프란시스코에서는 루게릭병의 세계적 권위자인 포비스 노리스 박사와 즐거운 만남을 가졌다. 그는 코렌 박사의 진단을 다시 확인하고 몇 가지 조언을 해 주면서 루게릭병 환자들 가운데 가장 오래 산 환자들의 세 가지 공통점에 대해 이야기했다.

첫째는 즐겁고 적극적인 사고를 가졌으며, 둘째는 가능한 끝까지 몸을 움직였고, 셋째는 발병 초기에 건강한 신체 조건을 가진 사람들이었다고 했다. 오래 살기 위해 필요한 위의 세 가지 조건들 가운데 알로이시오 신부는 두 가지를 갖추고 있었다. 즐겁고 긍정적인 사고 그리고 육체적으로 활동적인 생활방식을 갖고 있었다. 다만 건강한 신체 조건에 관해서는 의문이 많았다.

이렇게 해서 루게릭병과 알로이시오 신부의 동거가 시작되었다. 그때가 1989년 10월 말이었다. 한국 나이로 그의 나이 59세 때다. 그 이후 알로이시오 신부는 루게릭병에 관한 여러 편의 의학지를 읽어 보았다. 이 병을 묘사하는 글에서 두 단어가 그의 마음에 강하게 와닿았다. '잔인하다'와 '품위를 떨어트리다'는 말이었다. 하지만 그때만 해도 이 두 단어가 무엇을 뜻하는지 잘 몰랐다.

몬시뇰에 서임되다

—

1990년 2월 1일, 알로이시오 신부는 가톨릭 교회로부터 '몬시뇰 (Right Reverend Monsignor)'이라는 칭호를 받았다. 루게릭병 진단을 받은 지 4개월째 되던 때였다. 몬시뇰이란 '진홍색 옷을 입은 성직자'를 뜻하는데, 교회 안에서는 '명예 고위 성직자(Honorary Prelate)' 또는 '교회 내 고위 성직자(Domestic Prelate)'라는 뜻을 가지고 있다.

알로이시오 신부는 자신에게 이런 일이 일어나리라고는 꿈에도 생각하지 않았다. 그에게 이러한 명예를 줄 수 있는 권한을 가지고 있는 사람들은 고위 성직자들이었다. 그런데 사제 생활의 대부분을 보낸 한국에서 그는 고위 성직자들의 마음에 드는 신부가 아니었다. 그래서 자신에게 이런 일이 일어날 가능성이 거의 없다는 것을 누구보다 잘 알고 있었다.

알로이시오 신부가 한국의 주교들과 껄끄러운 관계에 있다는 사실을 아는 사람들은 그를 마틴 루터에 견주기도 하고, 마치 서부 영화의 개척자처럼 '세상과 맞선 소 알로이시오 신부'라고 표현하기도 했다. 아무튼 한국의 고위 성직자들과 알로이시오 신부는 그렇게 썩 좋은 관계가 아닌 것이 틀림없었는데 시간이 지나면서 조금씩 변화가 일어난 것도 사실이다.

어느 주일날 아침이었다. 부산에 온 교황대사(6대 교황대사였던 이

반 디아스 대주교)가 마리아수녀회에 전화를 걸어 수녀들을 위해 미사를 봉헌하고, 알로이시오 신부와 함께 점심 식사를 하고 싶다고 했다. 알로이시오 신부는 교황대사의 요청을 받아들였다. 점심 식사를 하면서 두 사람은 마치 오랫동안 사귀어 온 친구처럼 이야기를 나누었다. 그리고 그 기회를 통해 알로이시오 신부는 교회 내부의 '정치 교육'을 받기도 했다.

알로이시오 신부가 몬시뇰에 서임되기 약 4개월 전인 1989년 10월, 마닐라의 하이메 신 추기경은 서울에서 열린 44차 세계성체대회를 위해 한국에 왔다. 신 추기경은 서울 소년의 집에서 미사를 봉헌한 다음, 알로이시오 신부와 함께 아침 식사를 했다.

식사 도중 그는 놀라운 말을 했다. 필리핀의 다른 주교들과 의논한 결과 모든 주교들이 알로이시오 신부가 필리핀에서 행하고 있는 구호 사업에 대해 응분의 표창이 있어야 한다는 데 동의했고, 그래서 그를 몬시뇰에 추대하기로 결정했다는 것이었다. 이 짤막한 소식을 듣고 알로이시오 신부는 깜짝 놀랐다. 그리고 그냥 웃기만 했다.

신 추기경은 알로이시오 신부가 몬시뇰이 되길 원하는지 묻지 않았다. 그는 단지 알로이시오 신부에게 그 일을 추진할 것이라는 자신의 결정을 알려 주었을 뿐이다. 신 추기경은 이미 마닐라 주재 교황대사와도 이 문제에 대해 의논했다고 했다. 마닐라 주재 교황대사는 알로이시오 신부가 속한 부산 교구의 주교가 동의하는 조건으로 로마에 추천하기로 했다는 말도 전했다. 알로이시오 신부는 아무 말도 하지 않았지만 속으로는 웃고 있었다. 부산 교구의 주교가 제정신이라면 동의하지 않을 것임을 잘 알고 있었기 때문이다. 부산 교구 주교가 이 일에 동의한다는 것은 한국의 동료 주교들에게 스스로 바보라고 말하는 것이나 다름없었다.

며칠 뒤, 신 추기경은 부산으로 내려가 새로 증축한 부산 소녀의 집 축성식에 참석했다. 그 자리에서 부산 교구 주교를 본 추기경은 곁으로 가더니 꽤 오랫동안 대화를 나누었다.

알로이시오 신부는 두 사람을 곁눈질로 바라보면서, 부산 교구 주교가 신 추기경의 제안을 거절할 것이라고 생각했다. 하지만 그날 다시 서울로 돌아온 신 추기경은 부산 교구 주교가 무척 훌륭한 사람이며, 그의 제의에 동의했다고 기쁘게 말했다.

그렇지만 알로이시오 신부는 여전히 그 일이 순조롭게 진행되지는 않을 거라고 생각했다. 얼마 뒤면 로마로부터 서명을 요구하는 공문이 부산 교구 주교에게 갈 것이고, 그러면 부산 교구 주교는 그 서류를 서랍 안에 집어넣고 잊어버리거나, 아니면 그 서류가 로마에 도착해서는 서랍 속에 영원히 방치될 것이라 생각했다.

하지만 현실은 달랐다. 알로이시오 신부는 신 추기경의 훌륭한 솜씨를 과소평가하고 있었다. 일은 순조롭게 진행되었고, 겨우 몇 주 만에 알로이시오 신부에게 몬시뇰 칭호를 수여한다는 교황 요한 바오로 2세가 서명한 문서가 신 추기경에게 전달되었다.

> 나는 신 추기경에게 편지를 써서 그 명예를 사양하고 싶은 유혹을
> 강하게 느꼈습니다. 나는 사제로서 무척 행복하게 살아왔고, 사제로 죽
> 는 것이 행복이라고 생각하고 있었습니다. 나는 사람들이 나를 몬시뇰
> 이라 부르는 것이 싫었으며, 신부님이라는 호칭을 그대로 유지하고 싶
> 었습니다.
>
> -『조용히 다가오는 나의 죽음』 중에서

하지만 알로이시오 신부는 편지 쓰기를 주저했다. 자신이 싫다
고 해서 취소될 것도 아닌데 괜히 신 추기경의 마음을 상하게 하
고 싶지 않았기 때문이다. 다만 신 추기경에게 전화를 걸어 몬시
뇰 서임식을 마닐라의 소년의 집에서 갖게 해 달라고 청했다. 그
렇게 하는 것이 수녀들과 아이들을 기쁘게 해 주는 것이라 생각
했기 때문이다.

제2의 그리스도
—

서임 날짜는 한국 수녀들의 연례 피정과 1월 말에 있을 부산과
서울 소년의 집 학생들의 졸업식이 끝나 그가 마닐라로 갈 수 있

는 2월 1일로 잡았다. 신 추기경은 알로이시오 신부의 몬시뇰 복장의 치수를 재기 위해 자신의 전임 재단사를 보냈다.

재단사가 가지고 온 의복들을 보고 알로이시오 신부는 깜짝 놀랐다. 단순한 붉은색이 아니라 진홍색이었기 때문이다. 게다가 수많은 단추와 장식이 주렁주렁 달린 커다란 띠까지 있었다. 그 옷을 입어 본 알로이시오 신부는 자신이 마치 어릿광대가 된 듯한 기분이었다. 다른 사람들에게도 틀림없이 그렇게 보일 것 같았다.

알로이시오 신부는 서임식이 있기까지 며칠 동안 무척 긴장해 있었다. 루게릭병 진단을 받은 이후 건강이 급속히 나빠졌기 때문이다. 그는 서임식이 진행되는 동안 다리에 힘이 빠져 주저앉게 되지는 않을까 두려웠다. 또 목소리가 제대로 나오지 않으면 어쩌나 걱정스럽기도 했다.

다행히 모든 행사는 별 탈 없이 끝났다. 서임식은 아침 8시에 열렸는데, 분위기는 장엄하고 영광스러웠으며 놀랍도록 영적이고 감동적이었다. 알로이시오 신부는 그것이 하느님이 자신에게 준 달콤한 여유라고 생각했다. 그날은 무척 아름다운 날이었으며 미사 중에 어린이들이 들려준 노래는 특별히 알로이시오 신부의 마음에 와닿았다.

미사를 봉헌하는 동안 알로이시오 신부는 줄곧 붉은 제의를 입고 있었다. 그는 짧은 강론을 통해 몬시뇰뿐 아니라 평사제 역시 제2의 그리스도(alter Christus, 그리스도를 닮고자 하는 사람들을 통칭해 제

2의 그리스도라 한다)이며, 붉은색은 그리스도를 상징하고, 그리스도께서는 사제요 희생제물이라는 것을 상기시켰다.

붉은 수단에 붉은 제의를 입고 제단에서 미사를 드릴 때 알로이시오 신부는 진정 예수다운 무언가를 느꼈다. 그는 피투성이가 된 예수님을 떠올렸고, 붉은 수단이 피투성이 같다는 생각을 하기도 했다. 그리고 바로 그것이 자신을 기다리고 있는 미래라는 예감이 들었다. 미사를 드리는 동안, 그는 죽는 그 순간까지 예수님에게 충실할 수 있도록 인내와 용기와 결단력을 달라고 기도했다.

서임식에는 교황대사와 비달 추기경, 신 추기경 그리고 많은 대주교와 주교들을 비롯해 20여 명의 고위 성직자가 참석했다. 아키노 필리핀 대통령은 개인 비서를 보내 친서와 선물을 전달했고, 그날 오후 대통령 궁으로 그를 초대하기도 했다.

한국에 돌아오자 모든 사람들이 몬시뇰 복장을 한 그의 모습을 보고 싶어 했다. 그 옷을 입으면 좀 바보 같다는 느낌이 들었지만 그 옷을 입고 소년의 집 졸업생의 혼배미사를 집전했다. 그런데 혼배미사를 위해 몬시뇰 수단을 입으려고 하자 계속해서 띠가 흘러 내렸다. 띠를 받쳐 줄 만한 살이 배에 남아 있지 않았던 것이다.

그가 몬시뇰 수단을 입은 것은 그날이 처음이자 마지막이었다. 그리고 그는 계속해서 사람들이 자신을 신부님이라 불러 주기를 원했다.

몬시뇰 서임식 다음날, 신부님과 한국에서 온 세 분의 수녀님들 그리고 필리핀에 계신 간부 수녀님들과 함께 마닐라에서 비행기로 1시간 걸리는 세부 공항에 도착했다. 그리고 다시 자동차로 탈리사이에 있는 소년의 집 건축 현장으로 갔다. 그곳에서 우리 일행을 기다리고 있던 필리핀 건축가 미스터 관코가 신부님을 보자 몬시뇰 칭호를 받으신 것을 축하하며 이렇게 물었다. "신부님, 지금부터 몬시뇰 님이라고 부를까요?" 그러자 신부님은 곧바로 "아닙니다. 그냥 신부라 불러 주세요."라고 말했다.

신부님은 거드름 피우는 것을 싫어하셨다. 또 사람들이 환심을 사려고 신부님께 아첨하는 말과 신부님을 높여 보는 것을 좋아하지 않으셨다. 칭찬의 말을 좋아하는 일부 성직자나 수도자와는 달리 눈치 빠른 신부님은 겉말보다는 속말을 더 좋아하셨고, 사람들이 자신을 평범한 사제로 대해 줄 것을 바라셨다.

- 『여전히 살아계신 우리 신부님』 중에서

18

필리핀 소년의 집 교사들의
파업

Rev. Aloysius Schwartz

파업의 발단은 말썽을 일으키는 다섯 명의 교사를 알로이시오 신부가 해고하려고 결심한 데서 비롯되었다. 그들을 해고하기 전 알로이시오 신부는 최대한 참으면서 그들의 일자리를 유지해 주려고 여러 번 기회를 주었다.

교육 담당 수녀도 그들을 만났고, 변호사도 그들을 만났다. 하지만 그들의 생각은 여전히 비그리스도교적이었고, 하는 일마다 비판적이고 늘 불평불만을 일삼아 학교 분위기를 흐려 놓았다.

그들은 봉급에 대해서는 아무 불만이 없었다. 알로이시오 신부가 주는 봉급은 정확히 필리핀 공립학교 교사들의 두 배였다. 학교 시설도 일류여서 근무 환경 또한 문제없었다. 모든 면에서 알로이시오 신부는 교사들을 최대한 후하게 대해 주었다. 대신 그가 요구한 것은 근면과 열성 그리고 학교 설립 목적에 충실한 것이었다.

　다섯 명의 교사가 혼란을 불러일으키고 불만을 쏟아내긴 했어도 처음에는 그런 대로 다룰 수 있었다. 그런데 마닐라 대교구의 이름난 자유주의자이며 인권 운동가로 알려진 한 주교가 개입하면서 상황이 바뀌었다.

　그 주교는 알로이시오 신부의 이야기는 전혀 듣지 않았고, 심지어 전화 한 번 걸어 오지 않았다. 그러고는 무조건 다섯 교사들의 편을 들었고, 이들을 돕도록 신 추기경에게 강한 어조의 편지를 써 보내기까지 했다.

　선량한 추기경은 알로이시오 신부의 사업은 적극 지지하지만 대결은 싫어하는 사람이어서 늘 모든 사람들을 화해시키기 좋아했다. 추기경은 다섯 명의 교사들을 만나 술과 좋은 음식을 대접했다. 그러면서 추기경이 그들의 편이라는 잘못된 인상을 심어 주었다. 그도 그럴 것이 추기경은 무슨 일이 있어도 그들이 계약된 임기까지 계속 근무할 수 있게 도와줄 것임을 시사했기 때문이다.

　다섯 명의 교사들이 추기경을 만난 뒤, 추기경 비서실의 한 신부가 알로이시오 신부를 찾아와 다섯 명의 교사들을 해고해서는 안 된다는 것이 추기경의 뜻임을 전했다. 하지만 알로이시오 신부는 그 이야기를 한쪽 귀로 듣고 한쪽 귀로 흘려버렸다.

다섯 명의 교사들이 진보적인 주교와 대결을 싫어하는 신 추기경을 만난 뒤로는 정말 다루기가 힘들게 되었다. 사태는 나날이 악화되어 갔고, 다른 교사들에게까지 영향을 미쳤다. 그들은 1년이라는 계약 기간 중 절반이 남아 있었는데, 알로이시오 신부는 법을 어기고서라도 그들을 해고시키기로 마음먹었다.

알로이시오 신부는 변호사를 통해 서로가 만족할 만한 수준의 금전적인 보상을 제안했다. 알로이시오 신부 쪽에서 보면 비싼 대가였지만 그것이 학교를 지킬 수 있는 유일한 방법이었다. 그렇게 해서 그 일은 마무리가 되었다.

흥미롭게도 얼마 뒤 알로이시오 신부가 신 추기경을 방문하자 추기경은 다섯 교사에 관한 이야기를 꺼내더니 자신이 실수했음을 간접적으로 인정했다. 쫓겨난 교사들 가운데 한 명이 소년의 집 학교와 전혀 상관없는 문제를 결부시켜 욕설을 담은 몇 통의 편지를 추기경에게 보냈던 것이다. 또 얼마 뒤에는 그들을 지지했던 진보적인 주교도 알로이시오 신부를 찾아와 자신의 생각이 올바르지 못했음을 시인했다.

이 사건이 있은 뒤 알로이시오 신부는 변호사와 상의해 1년 단위의 고용계약서를 다시 마련했다. 이런 문제가 다시 일어났을 때를 대비해 학교를 보호하기 위한 초치였다. 계약은 학기가 끝

나는 5월 말에 만기가 되도록 하고, 재계약을 하지 않을 교사들에
게는 한 날 선에 재계약 취소 통보를 하기로 했다.

다시 시작된 교사들의 파업
—

1년이 지나고 새로운 학기가 시작될 무렵이었다. 교육 담당 수녀
는 다른 수녀들과 많은 회의를 하고, 학생들에게 받은 정보를 기
초로 1백 명이 넘는 교사 가운데 열 명은 재계약을 하지 않기로 결
정했다. 그들은 도덕적으로 건강하지 못했고 실력이 부족한 교사
들이었다.

그러자 그들은 생일 파티를 구실로, 고용이 보장된 다른 교사
들을 자신들의 모임에 초대했다. 그 자리에서 50명가량의 교사들
이 해고될 것이라는 거짓 정보를 흘렸다. 그러면서 직장을 잃지
않으려거든 파업에 가담해야 한다고 종용했다.

파업은 현실화되었고, 학교 전체의 기능이 마비되어 버렸다. 파
업은 성주간 동안 서서히 불이 붙었다. 당시 알로이시오 신부는 한
국에 있었고, 교육 담당 수녀가 전화로 파업 사실을 알렸지만 자세
한 보고는 하지 않았다. 그렇게 큰 문제로 보지 않았기 때문이다.

그러나 부활절 다음 화요일, 서울에 있던 알로이시오 신부는
온종일 전화기를 붙들고 마닐라 소년의 집과 국제 통화를 했다.

그러고는 문제가 심각하다는 결론을 내렸다. 그리하여 곧바로 필리핀으로 가기로 결정했다.

필리핀으로 가기로 마음먹은 그날, 알로이시오 신부는 마음이 무척 괴롭고 고통스러웠다. 그날 저녁, 누이 부부 세 쌍과, 그리고 그들의 친구들이 서울에 도착할 예정이었기 때문이다. 그들은 오랫동안 돈을 모아 처음으로 선교지에 있는 알로이시오 신부를 찾아올 예정이었다. 그들의 입장에서는 참으로 뜻깊은 방문이 아닐 수 없었다.

그들이 한국에 온다는 사실에 알로이시오 신부 역시 마음이 들떠 있었다. 그는 그들과 함께 한국에서 사나흘 보낸 다음, 필리핀으로 가서 다시 사나흘을 지낸 뒤 미국으로 돌아가는 일정을 짜 놓은 상태였다. 하지만 알로이시오 신부의 최우선 의무는 아이들을 돌보는 것이었다.

그날 밤, 알로이시오 신부는 자신을 보러 온 손님들을 공항에서 만났다. 그리고 함께 호텔로 가서 식탁에 모여 앉았다. 그곳에서 그는 다음날 아침 필리핀으로 떠나야 한다고 말했다. 그 말에 그들은 몹시 아쉬워했지만 알로이시오 신부의 마음을 이해했고, 그의 결정을 존중해 주었다.

다음날, 알로이시오 신부는 마닐라로 갔다. 여러 수녀들이 공항에 마중을 나왔다. 소년의 집으로 가는 길에 수녀들은 교사들이 일으킨 긴급 상황에 대해 간단히 설명해 주었다.

마침내 소년의 집 정문에 다다른 알로이시오 신부는 깜짝 놀라고 말았다. 파업 교사들이 정문 양옆에 텐트를 치고 있었던 것이다. 그들은 수녀들을 압제적인 독재자로 매도하는 플래카드와 팻말을 들고 정문 앞을 행진하고 있었다. 또 정문을 막은 채 아무도 드나들지 못하게 하고 있었다.

소년의 집 안으로 들어가기 위해 알로이시오 신부가 차에서 내리자 한 무리의 교사들이 그를 에워쌌다. 그들은 알로이시오 신부가 자신들 편에 서서 자신들의 입장을 지지할 것으로 생각했다. 그러나 알로이시오 신부는 그 자리에서 그들과 정반대 입장에 서 있음을 분명히 했다. 그는 결코 양보하지 않을 것이며, 불법 행위를 한 이상 결코 다시 받아들이지 않을 것임을 알렸다. 실제로 그는 파업에 가담한 60여 명의 교사들 가운데 단 한 명도 복직시키지 않았다.

다음날 아침, 알로이시오 신부는 상황을 파악하기 위해 다시 정문 쪽으로 갔다. 소년의 집 수녀들과 학생들은 포위를 당해 집 안에 갇혀 있는 인질이나 다름없었다. 교사들의 모든 행위는 불법이었다. 하지만 필리핀에서는 파업 동안 어떠한 불법 행위도 허용되었다. 심지어 폭력도 용납되었다.

관계 당국은 파업 교사들에게 폭행을 당하지나 않을까 두려워 개입하기를 꺼렸다. 필리핀 사회는 파업 중에 일어나는 물리적 충돌을 지극히 자연스러운 것으로 생각했다. 실제로 8주 뒤 파업이 끝났을 때 교사들은 죽은 사람이 전혀 생기지 않았다는 사실을 꽤나 자랑스럽게 여길 정도였다.

파업 교사들은 자신들이 없으면 학교 기능이 마비될 것이기 때문에 알로이시오 신부와 수녀들이 쉽게 굴복할 것이라 생각했다. 하지만 그것은 오산이었다.

알로이시오 신부가 중요하게 생각하는 것은 소년의 집이라는 유형의 재산이 아니라 그 안에서 생활하고 있는 학생들이었다. 만약 그가 소년의 집을 단지 재산 가치로만 생각하고 그것을 지켜야겠다고 생각했다면 파업 교사들이 생각한 것처럼 최대한 빠른 시간 안에 무릎을 꿇고 소년의 집을 정상화시키는 쪽으로 문제를 해결했을 것이다. 하지만 그들은 알로이시오 신부를 잘못 보아도 크게 잘못 보았다.

알로이시오 신부는 소년의 집이라는 유형의 가치에는 큰 관심이 없었다. 중요한 것은 오직 아이들이었고, 그들의 교육이었다. 그러므로 아이들에게 유익하지 못한 교사들을 소년의 집에 계속 둘 생각이 전혀 없었다. 다른 모든 문제들은 협상이 가능했지만 그것만큼은 협상이 불가능했다. 그러므로 어떤 큰 대가를 치르더라도 아이들에게서 그들을 떼어 놓을 생각이었다.

교사들이 없었지만 소년의 집은 평상시처럼 운영되었다. 고학년들이 서학년을 가르치고, 수녀들이 직접 수업을 진행하면서 바쁜 일과표를 만들어 소년의 집을 운영해 나갔다. 소년의 집이 정상적으로 운영될 뿐 아이라 아이들의 행복한 웃음소리가 울려 퍼지자 파업 교사들은 당황해했다.

누가 공의로운지 아이들은 안다

—

며칠 뒤 알로이시오 신부는 파업에 참여하지 않은 40여 명의 교사들을 만나기 위해 정문으로 갔다. 그들은 날마다 소년의 집 정문으로 몰려와 안으로 들어가고 싶어 했지만 파업 교사들이 정문을 막아서는 바람에 들어가지 못하고 한쪽에 모여 있다가 돌아가곤 했다.

알로이시오 신부는 그들을 만나 이야기를 나눈 뒤 다시 소년의 집 안으로 걸어 들어갔다. 그때 파업 교사 한 명이 알로이시오 신부에게 다가왔다. 그는 알로이시오 신부의 귀에 핸드 마이크를 바짝 갖다 대고 질문을 던진 다음 대답을 종용했다.

마침 그때, 소녀의 집 5, 6층에 있던 여학생들이 멀리서 그 모습을 보고 있었다. 그런데 여학생들 눈에 그 교사가 알로이시오 신부의 목을 잡고 거칠게 다루는 것으로 보인 모양이었다. 파업 교사들이 알로이시오 신부를 때리고 있다는 말이 순식간에 소녀의 집 안에 퍼졌다. 그 소리에 여학생들이 건물 안에 불이 난 것처럼 밖으로 쏟아져 나왔고 정문을 향해 내달렸다.

소식을 들은 남학생들도 빗자루와 쓰레받기, 의자 할 것 없이 손에 잡히는 대로 물건을 들고 정문을 향해 달렸다. 알로이시오 신부는 정문에서 50걸음 정도 바깥쪽에 있었기 때문에 안에서 무슨 일이 벌어지고 있는지 전혀 알지 못했다.

소년의 집 학생들은 완전히 이성을 잃은 상태였다. 밖으로 나가려는 아이들을 수녀들이 팔을 벌려 막아 보았지만 역부족이었다. 파업 교사들에게 달려간 여학생들은 여자 교사들을 공격했고, 남학생들은 남자 교사들을 공격했다. 다행히 2분도 채 되지 않아 소동은 끝이났지만 이 소동은 '소년의 집 학생들이 파업 교사들을 뭇매질하다'라는 제목으로 어느 신문의 머리기사로 보도되기도 했다.

다행히 다친 사람은 아무도 없었다. 학생들이 교사들을 거칠게 대하긴 했지만 어느 누구도 폭력을 쓰지는 않았기 때문이다. 뒤늦게 사태를 파악한 알로이시오 신부도 아이들에게 달려가 그들의 행동을 막았다. 교사들을 혼내려면 얼마든지 혼낼 수 있었지만 폭력은 문제 해결에 전혀 도움이 되지 않는다는 것을 알고 있었기 때문이다. 또한 쉽게 흥분하는 필리핀 사람들의 성격을 잘 알고 있었기에 그런 식의 소동은 가능한 한 피하고 싶었다.

어쨌든 이 작은 소동으로 파업 교사들은 아주 혼쭐이 났다. 학생들이 자기들 편을 들어 줄 것이라 생각하고 있었는데, 그들의 마음이 어디에 있는지 알고는 충격을 받았기 때문이다.

알로이시오 신부는 사태 해결을 위해 조기 방학을 실시해 학교 문을 닫고 학생들을 모두 집으로 보내기로 결정했다. 가난하긴 해도 돌아갈 집이 있는 아이들이었기 때문에 가능한 조치였다. 그런 다음 일정 기간 냉각기를 거친 뒤 파업 교사들과 협상할 생각이었다. 물론 교사들을 복직시키는 것은 전혀 고려의 대상이 아니었다. 그는 자신이 금전적으로 손해를 많이 보면 해결할 수 있을 것이라 생각했다.

알로이시오 신부가 조기 방학을 통해 학생들을 집으로 돌려보내자 교사들은 더욱 불리해졌다. 아이들을 볼모로 자신들의 요구를 관철시키려고 했던 생각이 빗나갔기 때문이다. 그러자 파업 교사들은 더욱 과격한 전략을 구사했다. 전문적인 파업 폭력배들을 불러들였다.

알로이시오 신부는 그들이 뜨거운 태양 아래 맨몸으로 앉아 있는 것을 보고는 두려움을 느꼈다. 그들 가운데 몇 명은 담배 한 갑이나 맥주 한 병을 위해서도 흉기를 휘두를 수 있는 사람들로 보였기 때문이다. 그리고 또 몇몇은 마약을 하는 것처럼 보이기도 했다. 어쨌든 날씨가 무섭게 더운데도 무려 8주 동안 밤낮으로 텐트를 치고 생활하였으니 그들의 끈기는 알아줄 만했다.

하지만 파업 교사들은 수녀들을 상당히 얕잡아보았고, 알로이시오 신부 쪽의 대처 능력을 과소평가했다. 그들은 알로이시오 신부와 수녀들을 매도하는 내용을 적은 현수막을 들고 왔다 갔다 하면 알로이시오 신부가 소년의 집 평판이 훼손될까 봐 겁을 낼 것이라 생각했다.

하지만 알로이시오 신부는 그런 것에는 늘 자유로운 사람이었다. 누가 어떤 비난을 하든 상관하지 않았다. 욕설을 하든, 비난을 하든 그건 그들의 자유라고 생각했다. 단지 그가 걱정했던 것은 그들의 불법적인 술책과 물리적 힘으로 소년의 집이 오랫동안 봉쇄되는 것이었다.

결핵 병원 환자들의 도움을 받다

다행히 수녀들은 할 수 있는 모든 수단을 동원해 소년의 집 안으로 식품과 연료를 계속 들여왔다. 처음에는 소년의 집 뒤로 흐르는 파시그 강을 통해 작은 배로 물품을 들여왔다. 그러자 파업 교사들과 불량배들이 배에 돌을 던져 선장이 더 이상 운행하기를 거부했다.

배를 통한 식료품 공급이 힘들게 되자 수녀들은 소년의 집 뒤편에 또 다른 물품 반입구를 만들었다. 필요한 물건들을 자동차로 담장까지 운반해 오면 담 안쪽에서 수녀들이 기다리고 있다가 넘겨받는 식이었다. 파업 교사들은 이 사실을 재빨리 알아차렸지만 감시해야 할 구역이 또 하나 생긴 셈이었으니 인원을 분산해야 했다.

방학을 시작하기 전까지는 그런 대로 정상적으로 학교를 운영할 수 있었다. 하지만 방학이 끝나고 학생들이 다시 돌아올 때까지 이런 상황이 계속된다면 그것은 심각한 문제였다.

소년의 집 차량 대부분이 학교 안에 묶여 있는 것도 문제였다. 알로이시오 신부는 당시 모든 차량을 활동 본부로 사용하고 있던 퀘존대학교 결핵 병원으로 옮기고 싶었다. 교사들이 파업을 하는 동안 새로 일할 교사 지원자들의 면접을 그곳에서 보고 있었기 때문이다.

알로이시오 신부는 결핵 병원 환자들의 도움을 받기로 했다. 그는 결핵 병원 사회관에서 집전하던 주일미사를 소년의 집에서 하기로 하고, 건강한 외래 환자 1천여 명을 미사에 초대했다. 당시 결핵 환자들은 파업 교사들 때문에 직접적인 피해를 입고 있는 중이기도 했다. 소년의 집에서 날마다 결핵 병원으로 가지고 가는 음식과 약품, 세탁물 운반을 파업 교사들이 방해하고 있던 것이다.

일요일 아침, 1천여 명의 결핵 환자들이 미사에 참여하기 위해 소년의 집으로 왔다. 파업 교사들은 그들을 막기 위해 정문에 철조망으로 바리케이드를 쳤다.

하지만 결핵 환자들 가운데는 건장한 사람들이 많았고 다소 거친 사람들도 있었다. 그들은 단번에 바리케이드를 치우고 소년의 집 안으로 들어갔다. 미사는 아주 잘 진행되었고, 미사가 끝난 뒤 수녀들은 약을 나누어 주었다. 분위기는 밝았고 마치 축제 같았다.

수녀들은 그들에게 차가 나갈 수 있도록 정문 쪽의 장애물을 없애 달라고 부탁했다. 말이 끝나기 무섭게 환자들은 일제히 행동을 개시했다. 1천여 명의 건장한 환자들이 정문 쪽으로 몰려가 모든 장애물들을 치웠다. 파업 교사들은 겁에 질려 이리저리 도망쳤고, 그 사이 차량들은 모두 밖으로 나갈 수 있었다.

그런데 그날 아주 불행한 일이 벌어지고 말았다. 대부분의 환자들이 떠나고 몇몇 젊은 환자들이 소년의 집 안에 남아 농구를 하고 있었다. 농구를 끝내고 오후 늦게 소년의 집을 나가는데 파업 교사들이 고용한 폭력배들이 숨어 있다가 그들을 공격한 것이다.

알로이시오 신부는 그 모습을 보고 무척 충격을 받았다. 환자 두 사람은 얼굴을 심하게 맞아 피가 많이 흘렀다. 병원으로 옮겨 엑스레이를 찍자 뇌진탕 증세가 보였다. 다행히 큰 이상은 없어 며칠 입원한 뒤 퇴원할 수 있었다. 그 일로 알로이시오 신부는 결핵 환자들을 동원해 파업 교사들과 맞붙게 한 것이 얼마나 위험한 일이었는지 절감했다.

이런 일이 있은 직후 또 다른 불행한 사건이 일어났다. 파업 교사들은 인도에 설치한 간이침대에서 잠을 잤는데, 경사진 길을 내려오던 자동차 한 대가 그만 중심을 잃고 잠자고 있던 교사들을 덮치고 말았다. 운전자는 면허증도 없었는데, 자동차의 브레이크가 고장 났던 것으로 밝혀졌다. 그 사고로 4~5명의 교사들이 심하게 다쳐 병원으로 급히 옮겨야 했다. 그 사건이 있고 나서 몇몇 교사들은 파업 대열에서 나가기도 했다.

그 일이 있은 뒤 파업 교사들은 알로이시오 신부가 사람들을 사주해 일부러 그런 사고를 일으켰다고 주장하며 언론을 통해 비난했다. 시간이 지나면서 이런 거짓말은 파업 교사들이 자연스럽게 쓰는 무기 가운데 일부임이 드러났지만 그들은 결코 멈추려 하지 않았다.

마침내 알로이시오 신부는 신 추기경을 찾아가 도움을 호소했다. 그러나 반응이 신통치 않았다. 추기경은 평화주의자였고 모든 것을 평화롭게 해결하기를 바라고 있었다. 하지만 알로이시오 신부는 오직 아이들만 생각했고, 아이들을 위해서는 그런 교사들과 함께할 수 없다고 생각했다.

판단이 기준은 오직 가난한 사람들의 유익

어떤 문제가 생겼을 때 알로이시오 신부가 문제를 해결해 나가는 중요한 판단의 근거는 '어떻게 하는 것이 가난한 이들에게 더 유익한가?'였다. 이는 그가 벌이는 모든 사업의 나침반과도 같았다.

이것은 자신에게도 똑같이 적용되었다. 그가 5·16 민족상을 받고, 막사이사이상을 받았을 때도, 심지어 포담대학에서 명예 인문학 박사 학위를 받고, 몬시뇰이 되었을 때도 그 원칙은 그대도 적용되었다.

사실 상을 받거나 명예박사 학위를 받고 몬시뇰이 되는 것은 알로이시오 신부에게는 전혀 어울리지 않는 일이었다. 그는 선천적으로 누군가에게 칭찬을 받거나 대접받는 것을 좋아하지 않았다.

그런데도 그가 자신의 성향과 맞지 않는 것을 받아들인 것은 모두 가난한 사람들 때문이었다. 상을 받으면 상금이 생기고, 그 돈으로 가난한 사람들을 위한 일을 할 수 있었다. 그는 국제적인 상을 받고, 명예박사가 되고, 몬시뇰이 되면 자신이 하는 사업에 도움이 될 것이라 생각했다. 그 도움은 가난한 사람들에게 유익한 도움이었다.

다음 주에는 하이메 신 추기경께서 주시는 '마더 테레사 상'을 받기 위해 마닐라로 가야 합니다. 저는 그 상에 대해서는 잘 알지 못하지만 부상으로 많은 상금이 있다는 것은 알고 있습니다. 그래서 그 상을 받으리 길 것입니다.

- 『소 알로이시오 신부의 기도』 중에서

이런 생각을 가진 알로이시오 신부였으니 능력이 부족하고 도덕적으로 건강하지 못한 교사들과 함께 일을 할 수는 없었다. 그것은 곧바로 아이들에게 피해가 가는 일이었기 때문이다.

알로이시오 신부는 며칠 뒤 다시 수녀들을 추기경에게 보내 도움을 요청했다. 다행히 이번에는 효과가 있었다. 추기경은 아키노 대통령에게 연락을 취해 적절한 조처를 취해 줄 것을 요청했다. 그러자 대통령은 한 장군에게 연락해 소년의 집에 군대를 파견하도록 명령했다.

그렇게 해서 20~30명의 군인들이 약 열흘 동안 소년의 집 안에 머물게 되었고, 소년의 집은 모든 것이 정상화되었다. 학생들도 돌아왔고, 파업에 참가한 교사들을 대신할 교사들도 새로 채용했다.

물론 파업 문제가 완전히 해결된 것은 아니었다. 파업 교사들은 정문 한쪽에 모여 시위를 계속하고 있었다. 하지만 그 정도는 알로이시오 신부가 충분히 감당할 수 있는 수준이었다. 어찌 됐든 학교는 정상적으로 운영될 수 있었기 때문이다. 그렇지만 언제까지나 소년의 집 정문 앞에서 시위를 벌이는 그들을 두고 볼 수만은 없었다.

파업의 종국, 지친 그의 육신
—

그날은 오순절 아침이었다. 미사를 마친 뒤 알로이시오 신부는 소년의 집 정문으로 갔다. 알로이시오 신부는 신학교 출신의 파업 주동자와 이야기를 나누었다. 그는 무척 영리하였으나 크게 착각을 하고 있었다. 끈질기게 농성을 계속하면 알로이시오 신부가 자신들을 다시 받아줄 것이라 생각하고 있었다. 하지만 알로이시오 신부는 그에게 정문에서 계속 농성을 하면 학생들이 수업에 방해를 받고 필요 없는 긴장과 불안한 마음을 갖게 되니 더는 용납하지 않겠다고 말했다. 그리고 계속 업무를 방해한다면 폭력으로 맞서겠다고 경고했다.

소년의 집 인근에는 국가와 개인 사유지를 무단으로 점유해 살고 있는 가난한 사람들이 많았다. 알로이시오 신부는 오래전부터 그들을 지속적으로 도와주고 있었다. 그들은 알로이시오 신부에게 도움을 많이 받았기 때문에 그가 도움을 요청하면 언제라도 도와줄 준비가 되어 있는 사람들이었다. 또한 알로이시오 신부에게는 폭력에 익숙하고 아무것도 두려워하지 않는 1천 명이 넘는 결핵 환자들도 있었다. 두 집단 모두 파업 교사들과 기꺼이 맞서 싸울 준비가 되어 있는 사람들이었다.

이들 말고도 알로이시오 신부에게는 8천 명이나 되는 힘센 학부모들이 있었으며, 그들 가운데 많은 이들은 알로이시오 신부가 도움을 요청하기만을 기다리고 있는 중이었다. 여기에다 학생들도 있었다. 사실 상급반 학생들은 덩치가 컸고, 그들은 알로이시오 신부와 파업 교사들의 싸움에 끼어들고 싶어 했다.

알로이시오 신부는 이 모든 사실을 파업 주동 교사에게 말했다. 알로이시오 신부의 말은 분명히 그의 마음에 두려움을 심어 주었다. 오후가 되자 그는 알로이시오 신부에게 연락해 협상을 요구했다. 알로이시오 신부는 흔쾌히 동의했다. 그리하여 이틀에 걸친 협상이 진행되었다. 그 결과 파업 교사들에게 1인당 한 달분의 월급을 주는 것으로 협상을 마무리했다.

마침내 파업이 끝났다. 다만 협상에 불만을 가진 일부 교사들이 소송을 제기했다. 하지만 문제될 것은 없었다. 그것은 알로이시오 신부가 얼마든지 감당할 수 있는 문제였다. 그리고 실제로 재판에서 알로이시오 신부가 이기기도 했다.

이 모든 일들은 알로이시오 신부와 마리아수녀회에 좋은 경험이 되었다. 필리핀에서 소년의 집을 계속 확대해 나갈 계획을 갖고 있는 상황에서 그보다 더 좋은 공부는 없었기 때문이다.

그렇지만 이 일로 알로이시오 신부의 건강 상태는 급격히 나빠지고 말았다. 몸무게가 많이 준 그는 눈에 띌 만큼 쇠약해졌다. 알로이시오 신부는 샌프란시스코에 있는 노리스 박사에게 전화를 걸어 자신의 몸 상태와 증상을 자세히 설명했다. 그는 알로이시오 신부의 생명이 서너 달밖에 남지 않았다며 마음의 준비를 하라고 했다. 이에 알로이시오 신부는 그의 충고를 따랐다.

19

하느님의 인가를 받은
수녀회

Rev. Aloyslus Schwartz

루게릭병 진단을 받고 시한부 삶을
선고받은 알로이시오 신부는 마음이 바빠졌다. 시간이 더 가기
전에 꼭 해야 할 일이 몇 가지 있었기 때문이다. 그 가운데 하나
가 마리아수녀회 인가 문제였다.

　마리아수녀회는 그때까지 미인가 수녀회였다. 많은 사람들이
오래전부터 알로이시오 신부에게 인가를 내라고 했지만 그는 인
가를 받고 안 받고는 중요하지 않다고 생각해 차일피일 미루어
왔다. 미루었다기보다 미처 그것에 신경 쓸 여유가 없었다. 그의
생각에 수녀회 인가 문제는 아이들을 돌보는 데 있어 중요한 요
소가 아니었다.

　실제로 알로이시오 신부는 인가 이야기가 나오면 인가가 중요

한 것은 아니라는 말을 자주 했다. 그럴 때면 그는 1백년 동안 인가 없이 산 수녀원도 있었고, 그리스도의 사도들 역시 인가 없이 활동했음을 강조했다. 그러면서 하느님에게 실제적으로 인가를 받았다는 것이 중요하다는 이야기도 했다.

하지만 시한부 생명을 선고받고 나자 알로이시오 신부의 생각이 달라졌다. 마리아수녀회가 미인가 수녀회였음에도 수도회로서 보호받을 수 있었던 것은 오직 알로이시오 신부가 있었기 때문이다. 그가 없는 상황에서도 마리아수녀회가 보호받을 수 있을지는 의문이었다. 그리하여 루게릭병 진단을 받은 뒤부터 그는 마리아수녀회 인가를 위해 조금씩 준비를 해 나갔다.

인가 문제는 그가 생각했던 것보다 훨씬 어렵고 복잡했다. 우편 모금 편지에서 최재선 주교의 이름을 뺀 뒤 그와 최 주교는 갈등 관계에 놓이게 되었고, 그 갈등은 시간이 지나면서 더 커지고 굳어져 있었다.

1978년 어느 날이다. 가톨릭교회 주소록에서 마리아수녀회와 관련한 모든 사업체의 이름이 빠져 버렸다. 미인가 수녀회란 이유로 그렇게 된 것이다. 신자들이 마리아수녀회를 찾기 위해 주소록을 뒤지다가 찾을 수가 없어 교구청에 문의를 하면 교구청에서는 모른다고 했다.

당시 알로이시오 신부의 구호 사업은 교회 안에 널리 알려져 있었기 때문에 교구청에서 모를 리가 없었다. 알로이시오 신부와의 갈등은 갈등이고, 마리아수녀회가 벌이고 있는 사업은 다른 시각에서 볼 수 있어야 했는데 성숙하지 못한 교회의 고위 성직자들은 그러지 못했다.

당시 알로이시오 신부는 일체 대응하지 않고 오직 자신이 해야 할 일만 계속해 나갔다. 그는 늘 마리아수녀회 수녀들에게 교구에서는 인가를 받지 못했지만 하느님의 인가를 받았으니 그리스도를 믿으며 그리스도의 가르침에 따라 가난한 사람들에게 봉사하면 그것으로 족하다고 했다. 하지만 죽음을 앞둔 그에게 인가 문제는 자신이 꼭 해결해야 할 숙제가 되고 말았다.

마리아수녀회 인가를 위한 노력들
—

알로이시오 신부가 루게릭병 진단을 받은 지 3년째 되던 1991년 8월 24일, 마리아수녀회 원장 김두임 소피아 수녀는 알로이시오 신부의 지시로 최재선 주교를 찾아갔다. 마리아수녀회가 인가를 받기 위해서는 최 주교의 서명이 반드시 필요했기 때문이다.

사실 마리아수녀회는 1964년 최재선 주교의 허락 아래 창설되었다. 하지만 당시 아무런 서류도 없이 말로 허락받은 상태였다. 그것이 그렇게 오랫동안 큰 문제가 될 줄은 아무도 몰랐다.

소년의 집이 필리핀으로 진출했을 당시, 알로이시오 신부는 마리아수녀회를 국제직인 수녀회로 만드는 것이 아이들을 위한 사업에 더 효과적이라고 생각해 교황청 인가를 받으려고 준비를 했다. 이를 위해 알로이시오 신부는 마리아수녀회 규칙서를 만드는 등 인가에 필요한 서류들을 마련해 교황청에 보낼 준비를 했다. 문제는 최종적으로 최재선 주교가 창설 당시 허락했다는 확인이 필요했다. 그래서 김 소피아 수녀를 최재선 주교에게 보냈다. 하지만 최 주교는 첫마디에 거절했다.

"나는 이미 교구장직을 떠난 지 오래되었고 아무 권한도 없는 사람입니다. 마리아수녀회가 좋은 일을 하는 것은 온 세상이 다 알고 인정하고 있는데 구태여 왜 내 서명이 필요한 것입니까?"

"주교님께서 허락하셔서 마리아수녀회를 창설했으며, 또 주교님께서도 늘 인가받기를 원하지 않으셨습니까?"

"과거는 없었던 것으로 하고, 이갑수 주교님과 상의해서 시작하면 되지 않습니까?"

"만일 교황청에서 사인을 해 주라고 하시면 어떻게 하시겠습니까?"

"교황청에서 하라고 한다면 해야지요."

당시 최재선 주교는 교구장에서 물러난 상태였고, 이갑수 주교가 교구장으로 있었다. 김 소피아 수녀는 그날 아무런 소득도 없이 돌아가야 했다.

김 소피아 수녀가 최재선 주교를 찾아가기 몇 개월 전, 알로이시오 신부는 루게릭병으로 걷기가 무척 불편한 상태에서 어렵게 최 주교를 찾아갔다. 그날 최 주교는 알로이시오 신부를 반갑게 맞아 주었다. 최 주교는 "소 신부, 다음에 만날 때는 지팡이는 내버리고 나와 함께 마라톤 합시다."하며 인자한 아버지처럼 대했다. 그런 일이 있었기 때문에 알로이시오 신부는 희망을 갖고 김 소피아 수녀를 최 주교에게 보냈던 것이다.

오래전 알로이시오 신부가 후원금 사용에 있어서 최 주교의 방법과 요구에 동의하지 않았던 것은 분명한 이유가 있었다. 자신의 유익이 아니라 가난한 사람들의 유익 때문에 그렇게 했던 것이다. 게다가 세월도 많이 흘렀고, 또 알로이시오 신부가 한눈팔지 않고 열심히 봉사한 결과 한국 교회 내에 엄청난 결과물을 안겨다주었다면 그것이 하느님의 뜻임을 깨닫고 그를 용서했어야 하는 것은 아닐까?

더구나 알로이시오 신부는 3년 시한부 삶을 살고 있었고, 당시는 이미 의사가 예상한 남은 인생의 3분의 2를 산 시점이라 죽음을 눈앞에 두고 있는 상황이었다. 실제로 그는 몸의 많은 부분이 굳어져 활동이 무척 불편한 상태였다. 그런 상황이라면 아무리 큰 잘못을 했더라도 사랑과 용서로 감싸 안아야 하는 것이 고위 성직자로서 해야 할 일이 아니었을까? 그런데도 최후의 순간까지 최 주교는 고위 성직자로서 자신이 갖고 있는 권한과 원직만 내세웠다.

최 주교를 찾아갔던 김 소피아 수녀가 아무런 성과 없이 결과를 보고했을 때 알로이시오 신부는 무척 쓸쓸한 표정을 지었다. 그렇지만 그는 특별한 말을 하지 않았다. 모든 것을 하느님의 뜻으로 받아들였기 때문이다.

두 달 뒤인 1991년 11월 15일, 김 소피아 수녀는 알로이시오 신부의 지시로 서울 대교구의 강우일 주교를 찾아갔다. 당시 강우일 주교는 서울 대교구 보좌주교이자 주교회의 전례위원장이었다.

알로이시오 신부는 마리아수녀회 인가 문제로 최 주교의 서명을 받기 위해 노력하는 한편, 마리아수녀회 규칙서를 만들어 교황청에 제출했는데, 수정 사항이 있어 서류가 몇 차례 오가던 중이었다. 따라서 한 번쯤 전례위원장인 강 주교의 확인이 필요했다.

서울 소년의 집이 생긴 지 17년, 명동 주교관과 마리아수녀회는 차로 겨우 30분도 걸리지 않는 곳에 있었다. 그런데도 17년 만에 처음으로 마리아수녀회 원장 수녀가 명동성당 주교를 만나게 될 기회가 생긴 것이다.

김 소피아 수녀가 주교관에 도착했을 때 약속대로 강 주교는 자리에 있었다. 강 주교는 "어찌 그렇게 오랫동안 오지 않았습니까?"하고 친절하게 인사를 건넸다. 김 소피아 수녀는 "죄송합니다. 주교관 문턱이 높은 줄로만 생각했습니다. 과거 몇 번이나 추기경을 뵐 것을 간청했으나 거절만 당했기 때문입니다."라고 말했다.

강 주교는 식사 자리에서 알로이시오 신부에 대해 추기경과 이야기한 적이 있다고 말했다. 알로이시오 신부가 루게릭병을 앓고 있으니 마리아수녀회 인가 문제를 어떻게 해야 할지에 대한 이야기였다고 했다.

김 소피아 수녀가 찾아온 용건을 말하자 강 주교는 소년의 집 사정을 알지 못하고서는 대답할 수 없지 않겠느냐며 12월 5일 마리아수녀회와 서울 소년의 집을 방문하겠다고 했다. 그런 다음 수녀는 몇 명이며, 수련소는 있는지, 수련자 교육은 누가 하는지, 그리고 수녀원 재정 문제는 어떻게 해결하는지 물었다. 그 외 몇 가지 질문을 하고는 서류로 만들어 달라고 요청했다.

김 소피아 수녀의 보고를 받은 알로이시오 신부는 무척 실망했다. 강우일 주교가 마리아수녀회가 무슨 일을 하고 있는지는 묻지 않았기 때문이다. 중요한 것은 '마리아수녀회가 무엇을 하고 있느냐'는 것이지 수녀가 몇 명이며, 수련소가 있는지 없는지가 아니었다. 그는 직감적으로 인가 문제가 해결이 쉽지 않을 것 같나는 생각을 했다.

가난한 사람들이 주인인 수녀회

—

알로이시오 신부는 늘 마리아수녀회의 재산은 가난한 사람들이라고 했다. 그리고 마리아수녀회의 주인도 가난한 사람들이라고 했다. 그러므로 마리아수녀회에는 수도자들을 위한 수녀원이 따로 없었다. 가난한 사람들이 주인이므로 주인이 있는 곳에 수녀들도 있어야 했다. 그러므로 건물마다 수녀원이 딸려 있는 셈이었다.

수련자들을 위한 수련소도 따로 없었다. 하지만 수련소가 없어 공부를 못한 적은 없었다. 식당은 좋은 공부방이었고, 그곳은 마리아수녀회 수녀들이 수련 받기에 전혀 부족함이 없었다.

그런데 인가를 받으려고 하자 그런 것들이 모두 문제가 되었다. 도대체 가난한 사람들을 위해 봉사하는 수녀회에 수련소가 없다는 것이 왜 인가를 받지 못하는 이유 가운데 하나가 되어야 하는지 알로이시오 신부는 이해할 수 없었다.

따로 수련소도 없고 수녀원도 없었지만 알로이시오 신부는 하느님의 첫 계명인 기도를 누구보다 강조한 사람이었다. 앞서 이

야기 한 것처럼 구호 사업을 하지 않았더라면 훌륭한 영성가가
되었을 정도로 알로이시오 신부는 기도와 묵상을 중요하게 생각
하고 몸소 실천한 성직자였다.

> 1984년 어느 날이다. 신부님께서 나와 어떤 수녀님을 부르셨다.
>
> "수녀님, 오늘부터 컴퓨터를 배워 보세요."
>
> 신부님은 당시 귀했던 컴퓨터를 우리에게 한 대씩 사 주시며 배우라
> 고 하셨다. 그 순간에는 아무 변명도 못했지만 나는 고민에 빠졌다. 컴
> 퓨터를 배울 시간도 없었지만 모르는 세계를 다른 형제들보다 먼저 배
> 워야 한다는 책임감과 부담감이 앞섰기 때문이다.
>
> 원장 수녀님께 힘들겠다고 말씀 드렸더니 신부님께 직접 말씀 드리
> 라고 하셨다. 나는 신부님께 내 생각을 말씀 드렸다. 그러자 신부님께
> 서는 내 말을 주의 깊게 듣고 나시더니 이렇게 말씀하셨다.
>
> "영혼에 조금이라도 방해가 된다면 배우지 마십시오."
>
> - 『소 알로이시오 신부님과의 추억』 중에서

만약 알로이시오 신부가 봉사 활동을 더 중요하게 생각했더라
면 그 수녀를 설득해 컴퓨터를 배우게 했을 것이다. 이 이야기는
그가 봉사 못지않게 개인의 영성을 얼마나 중요하게 생각했는지
를 잘 보여준다.

알로이시오 신부는 기도와 봉사 활동을 똑같이 중요하게 생각

했다. 봉사하지 않는 기도는 참기도가 아니라고 했고, 봉사를 하면서 기도하지 않는다면 그 봉사는 세내로 될 수가 없다고 했다.

이런 까닭에 알로이시오 신부는 마리아수녀회 초창기부터 하루 3시간씩 기도할 것을 규칙으로 정해 놓았다. 그 규칙은 예나 지금이나 마리아수녀회의 중요한 규칙 가운데 하나다. 그런데도 사정을 잘 모르는 사람들은 마리아수녀회의 겉모습만 보고 수녀들이 공부도 안 하고 기도도 안 하고 아이들을 위해 일만 한다고 생각하는 경우가 많았다.

> 기도 없이 스스로의 힘에 기대어 일하고 봉사할 수도 있습니다. 하지만 그러한 봉사는 오래 계속되기 어려우며, 또한 질 좋은 열매를 맺기도 어렵습니다. 기도 없는 봉사는 그다지 효과적인 봉사가 되지 못합니다. 끊임없는 기도 생활을 바탕으로 하는 봉사가 되어야 육체적으로 또 영적으로 에너지가 고갈되지 않습니다.
>
> - 『소 알로이시오 신부님과 함께하는 영성일기』 중에서

하느님의 인가
—

한국 교회에서는 미인가 수녀회 대접을 받았지만 이반 디아스 교황대사는(1987~1991년) 한국에 있는 동안 성탄이나 부활절 같은

큰 축일을 늘 마리아수녀회의 아이들과 함께 보냈다. 그리고 마리아수녀회를 늘 자랑스럽게 생각했다.

소년의 집이 필리핀으로 사업을 넓힌 뒤 당시 마닐라 대교구장이었던 하이메 신 추기경도 로마에서 고위 성직자가 필리핀을 방문하면 반드시 마리아수녀회를 방문하게 했다. 알로이시오 신부는 이런 것들이 실제적인 인가라고 생각했다.

부활절에 교황대사께서 서울 소년의 집을 방문하실 예정입니다. 그분은 한국에 오신 뒤부터 성탄절과 부활절을 우리와 함께 보냈습니다. 그분은 특별한 사제이십니다. 대단히 열성적이고 대단히 영신적입니다.

- 『소 알로이시오 신부의 기도』 중에서

상황이 이런데도 한국 교회의 고위 성직자들은 알로이시오 신부에게 서류상 절차를 내세워 계속해서 그를 힘들게 했다. 시한부 삶을 살고 있는 그에게는 너무나 가혹한 처사가 아닐 수 없었다. 교황청 역시 원하는 서류와 특별한 행정 규칙이 너무 많아 인가를 받기 위한 과정들이 알로이시오 신부가 구호 사업을 하는데 방해가 될 정도였다.

그렇다 보니 알로이시오 신부는 인가를 포기하고 그냥 해 오던 대로 그대로 하면 어떨까 하는 생각까지 했다. 가난한 아이들의 유익에 아무런 도움이 되지 않는 인가 문제로 더 이상 소모적인 일을 계속할 수는 없었기 때문이다. 한편으로는 성식 수녀회가 아니더라도 레지오마리에나 JOC(가톨릭노동청년회)와 비슷한 회로 남을 수도 있다고 생각했다. 그만큼 인가 문제는 알로이시오 신부를 힘들게 했다.

하지만 그의 건강하지 않은 몸이 그런 결정 앞에서 알로이시오 신부를 망설이게 했다. 30여 년 동안 인가 없이도 일할 수 있었으니 앞으로도 계속 그럴 수 있으면 좋겠지만 인가 받지 않은 수녀회가 자신이 없을 때도 과연 해 오던 사업을 안전하게 계속할 수 있을지는 의문이었다.

자신이 건강할 때는 인가 문제가 가난한 사람들의 유익과 큰 상관이 없는 일이었지만 자신이 죽고 난 다음에는 가난한 사람들의 유익과 직접적인 관계가 있을 수 있었기 때문이다. 그리하여 알로이시오 신부는 자신이 살아 있을 때 어떻게 해서든지 이 문제를 해결하려고 애썼다. 하지만 결코 쉽지 않았다. 그는 결국 이 숙제를 끝내지 못하고 1992년 3월 16일 선종하게 된다.

마닐라 대교구 소속 사제가 된 알로이시오 신부

—

1992년 4월 7일, 마리아수녀회 원장 김두임 소피아 수녀는 부산 주교관에 부활절 인사를 갔다. 알로이시오 신부가 선종한 지 약 한 달이 지난 뒤였다. 알로이시오 신부의 장례식 때 조화도 보내 주고, 교구 사제단이 중앙성당에서 미사도 해 준 것에 대한 감사 인사차 들른 방문이었다.

김 소피아 수녀가 최재선 주교에게 감사의 인사를 드리자 최 주교는 "알로이시오 신부가 부산 교구 신부니까…."라고 말했다. 김 소피아 수녀는 장례식 사진도 보여 주고, 필리핀의 신 추기경 주례로 장례식을 거행했던 이야기, 또 멕시코 주교와 총대리 신 부가 장례식에 참석했다가 마리아수녀회를 방문한 이야기도 전 했다. 장례식 관련 이야기를 잠시 나누다가 최 주교는 마리아수 녀회 인가 문제를 이야기하면서 이렇게 말했다.

"교회 제도상 될 것은 되어야 합니다. 내가 전에 늘 알로이시 오 신부에게 인가 받으라고 말했는데 나중에 한다며 늘 미루었어 요."

"그러나 신부님은 인가를 안 받으려고 한 것이 아니라 받으려 고 최선을 다하셨습니다."

김 소피아 수녀의 말이었다. 선종하기 얼마 전 알로이시오 신 부는 마리아수녀회 규칙서를 만들어 가장 먼저 부산 교구장인 이 갑수 주교에게 제출했다. 그런데 이갑수 주교는 이런 규칙서가 어디 있느냐며 내팽개쳤다. 그 규칙서에는 '교구사제가 들어와 마리아수녀회 수녀들의 영신 지도를 할 수 없으며, 그리스도회 신부들만 할 수 있다'고 명시되어 있었다.

알로이시오 신부는 한국 주교들에게 거절당한 그 서류를 필리핀 신 추기경을 통해 교황청에 제출했다. 그러자 교황청에서는 왜 한국에서 설립된 수녀회가 필리핀에서 인가를 받으려고 하느냐는 질문과 함께, 한국에서 세운 수녀회이므로 한국 주교의 서명을 요구했다.

하지만 최재선 주교를 비롯해 이갑수 주교, 강우일 주교 어느 누구도 도움을 주지 않아 두 번이나 기각되었다. 알로이시오 신부는 하는 수 없이 다른 방법을 모색하기 시작했다.

한편 선종하기 3년 전인 1989년, 알로이시오 신부는 부산 교구 이갑수 주교에게 필리핀 교구 소속 신부가 되고 싶다는 뜻을 전했다. 이갑수 주교는 알로이시오 신부의 요청을 받아들여 필리핀 하이메 신 추기경에게 편지를 써 주었다.

추기경님

(중략)본인은 이 서신을 통해서 경건한 신앙심을 가진 마리아수녀회에 대한 모든 권한과 관할권을 추기경님께 정식으로 양도하는 바입니다.(중략)

본인이 마리아수녀회에 대한 관할권을 추기경님께 양도하는 이유는 마리아수녀회가 마닐라와 같은 국제적 배경에서 그리고 추기경님의 폭넓고, 능력 있고, 경험 많은 지도와 보호 아래서 최고도로 성장하고 발전할 것임을 확신하기 때문입니다.(중략)

1990년 4월 13일 부산교구 이갑수 주교

이갑수 주교가 이 편지를 써 준 이유는 명확했다. 마리아수녀회 인가를 받으려면 한국에서 허락하지 않을 것이니 마리아수녀회 인가를 필리핀에서 받으라는 뜻이었다. 만약 인가를 받지 못하면 수도복을 벗고 사회단체로 남으라는 것이 당시 한국 주교들의 입장이었다.

김 소피아 수녀는 최재선 주교에게 이런 이야기를 한 뒤, 수도복에 대해 언급했다. 그러면서 자신들이 아무 근거 없이 수도복을 입은 것이 아님을 강조했다. 최 주교가 분명히 허락해서 마리아수녀회가 창설되었으며, 최 주교의 허락 하에 수도복도 입었다고 했다.

그 말에 최 주교는 당시 수도회를 시작해보라고 한 것은 맞지만 알로이시오 신부와 사이가 나빠지면서 "수도회 집어치워라."라고 했는데, 그 말은 곧 수도회 창설을 무효화한다는 것이나 같은 말이었다고 했다.

잠시 마리아수녀회의 역사를 살펴보면, 1964년 8월 15일 마리아보모회가 창설되었고, 9개월 뒤 최 주교와 알로이시오 신부는 마리아수녀회의 설립 의견을 나눈 뒤 1965년 5월 23일 수도복 착용을 허락받았다. 그리고 1967년 6월 12일 마리아수녀회 본회 건물 축성식이 있었다.

그날 개원식에는 서정길 주교(당시 대구교구장) 김수환 주교(당시 마산 교구장), 장병화 신부(2대 마산 교구장)를 비롯해 많은 성직자와 수도자들이 참석했고, 가톨릭신문에도 크게 소개가 되었다. 그런데 지금에 와서 구두로 인가했다가 취소했으니 모두 무효라는 식이었다.

김 소피아 수녀가 최 주교를 만나고 온 지 한 달이 훨씬 지난 5월 29일이었다. 당시 부산 교구 사회복지 국장으로 있던 양요섭 신부가 마리아수녀회에 전화를 했다. 복지시설 연합회에 참석하라는 전화였다. 그리고 마리아수녀회 인가 문제를 거론하면서, 인가를 받기 위해 계속 고집을 부린다면 각 단체에 서류를 보내 마리아수녀회는 가톨릭을 떠난 단체라고 공고하겠다는 최 주교의 이야기가 있었다는 말을 전했다. 그 말에 김 소피아 수녀는 "만일 그렇게 된다면 국제적인 문제가 되겠지요?"라고 응수했다.

결국 알로이시오 신부가 선종한 해인 1992년에도 인가 문제는 아무런 성과 없이 지나가고 말았다.

교황청 직속 수도회가 된 마리아수녀회

—

1년 뒤인 1993년 3월 2일, 마리아수녀회는 일단 필리핀에서 정식으로 교구 인가를 받았다. 그날 김옥순 미카엘라 총원장 수녀는 마닐라 대교구장 하이메 신 추기경 앞에서 서원을 했다.

신 추기경은 김 미카엘라 수녀의 서원서에 서명을 하면서 마리아수녀회가 마닐라 교구에서 인정하는 정식 수도회임을 공표했다. 그리고 알로이시오 신부의 의향대로 마리아수녀회가 교황청 직속 인가를 받을 수 있도록 교황청에 서류를 보냈으니 일정 시간(5~6년)이 지나면 교황청 직속 수도 단체로 인준을 받을 수 있을 것이라며 그동안 사도직에 충실할 것을 당부했다.

또 시간이 흘렀다. 교황청 인가 문제는 여전히 해결되지 않은 상태였다. 시간이 지나면 해결될 듯 보였던 그 일은 시간이 지나도 해결되지 않았다. 그러다가 마리아수녀회가 마닐라 대교구가 인정하는 정식 수도회임이 공표된 지 7년 만인 1999년 5월 24일, 필리핀에 머물고 있던 김 미카엘라 수녀는 로마 수도회 성성으로부터 교황청 인가 문제를 해결하기 위한 구비 서류를 제출하라는 연락을 받는다.

이때 로마 수도회 성성은 마리아수녀회가 활동하고 있는 모든 교구 주교들의 추천서를 첨부하라고 했다. 이를 위해서는 서울 대교구장의 서명이 반드시 필요했기 때문에 김 미카엘라 수녀는 한국에 들어왔다.

하지만 당시 서울 대교구장이었던 정진석 주교는 곤란해하며 혼자 결정할 일이 아니라며 미루고 말았다. 김 미카엘라 수녀는 그 뒤에도 이 문제로 몇 번이나 정진석 주교를 만나려 했지만 만나 주지도 않고 서명도 해 주지 않았다.

그즈음, 알로이시오 신부가 설립한 남자 수도회인 그리스도회 역시 인가 문제로 김규환 원장 신부가 정진석 주교를 만나려 했지만 만나 주지 않았다. 하지만 다행히도 그리스도회는 그 해 (1999년) 9월 15일 복되신 동정녀 마리아 축일에 서울 대교구 보좌주교이자 총대리 주교이던 김옥균 바오로 주교로부터 가인가 (영구적이 아니라 일정 기간 동안의 임시 인가)를 받았다.

역사적인 일이 또 일어났다. 다음해인 2000년 3월 2일자로 마리아수녀회가 마침내 마닐라 교구 인가 수녀회에서 교황청 직속 수녀회로 인가를 받은 것이다. 마리아수녀회가 설립된 1964년 이래 36년 만의 일이었다.

마리아수녀회가 교황청 직속 수도회가 된 것은 마리아수녀회가 활동하는 모든 외국 선교지 교구 주교들의 추천서가 로마 수도회 성성에 제출되었기 때문에 가능했다. 비록 서울 대교구장은 추천하지 않았지만 교황청 직속 수도회가 되는 데는 문제가 없었다.

후문에 따르면 추천서를 써 준 각국의 추기경과 주교들의 알로이시오 신부에 대한 증언이 무척이나 감동적이었고, 교황청 인가에 큰 영향을 미쳤다고 한다. 마리아수녀회가 교황청 직속 수도회가 되도록 적극적으로 추천해 준 교구와 고위 성직자들은 다음과 같다.

한국 : 부산 교구장 이갑수 주교
필리핀 : 마닐라 대교구장 하이메 신 추기경
　　　　이무스 가비테 교구장 마누엘 소브리비냐 주교
　　　　세부 대교구장 리카르도 비달 추기경
멕시코 : 네사 교구장 호세 마리아 에르난데스 주교
　　　　과달라하라 대교구장 후안 산도발 추기경
과테말라 : 과테말라시티 대교구장 프로스페로 페나도 주교

그리고 약 1년 뒤인 2001년 12월 23일, 서울 대교구 김옥균 보좌주교가 서울 소년의 집을 방문했다. 먼저 학생들과 함께 체육관에서 미사를 하고 예술제를 관람했다. 김 주교는 아이들의 모습을 보고 크게 감탄했으며, 마리아수녀회가 좋은 일을 하는 줄 알면서도 관심을 주지 않았던 것에 대해 교회의 이름으로 용서를 빈다고 말했다.

김 주교가 집전한 미사에는 후원자들이 3백 명쯤 왔는데, 그들에게 김 주교는 '마리아수녀회가 하는 일에 동참하는 여러분들에게 교회의 이름으로 감사드린다'고 말하기도 했다. 그리고 아이들의 밝은 모습을 보고는 '이 아이들을 보니 수녀님들의 노고를 알 것 같다'며 극구 칭찬하고는 모든 주교들에게 이 모습을 이야기하겠다고 했다.

미사 후 차를 마시면서 마리아수녀회가 좋은 일을 하고 있다는 것을 알면서도 교회의 고위 성직자로서 강 건너 불 보듯이 바라보고만 있었던 지난날들을 미안하게 생각한다고 다시 한 번 이야기했다. 그러면서 그 이유가 알로이시오 신부가 인가를 받지 않고 일을 시작했기 때문이라고 했다. 김 주교의 말이 끝나자 그 자리에 있던 이 데레사 수녀가 '신부님은 추기경님을 만나러 세 번이나 가셨으나 안 만나 주셨다'고 해명했다.

그 말은 사실이었다. 서울시에서는 가난한 사람들을 구제해 달라고 알로이시오 신부에게 계속 부탁을 하는데, 그 부탁에 응하기 위해 알로이시오 신부는 교회를 찾아갔으나 교회는 그를 피하고 만나 주지 않았다. 그런데도 소문은 알로이시오 신부가 인가도 받지 않고 서울에서 복지사업을 했다고 알려졌던 것이다.

이처럼 알로이시오 신부가 선종할 때까지 그의 가슴에 끝마치지 못한 숙제로 남아 있던 마리아수녀회의 인가 문제는 그가 선

종한 지 8년이 지난 뒤에서야 교황청 인가를 받아 국제적인 수녀
회가 되는 것으로 마무리되었다.

20

멕시코 소년의 집

Rev. Aloysius Schwartz

미국에서 루게릭병 확진을 받은 알로
이시오 신부는 잠시 갈멜수도회에 머물렀다. 그 기간 동안 그는
많은 기도와 묵상을 했다. 30년 전 신학교를 떠난 뒤 처음으로 경
험해 보는 최고의 공동체 생활이었다.

수도원 앞에는 링컨공원이라는 아름다운 공원묘지가 있었다.
알로이시오 신부는 절대 달리기를 해서는 안 된다는 의사의 말을
무시하고 날마다 묘지를 가로지르며 달리기를 했다. 물론 다른
때보다 비교적 가볍게 했다.

그러던 어느 날이다. 그는 습관대로 불을 끄고 잠자리를 준비
했다. 그런데 어두운 방 안에서 잠옷을 갈아입다가 그만 균형을
잃고 쓰러지고 말았다. 그때는 그 까닭을 몰랐지만 루게릭병 때

문이었다. 이 병 때문에 알로이시오 신부는 대여섯 번 심하게 넘어진 적이 있는데, 그날이 처음으로 넘어진 날이었다.

넘어지면서 그는 자기도 모르게 손을 뻗어 벽을 짚었다. 그러자 놀랍게도 벽이 열리면서 그만 바닥에 쓰러지고 말았다. 침대 옆에 있던 나무판자를 보긴 했지만 그것이 무엇인지는 몰랐다. 열린 나무판자 안에는 작은 유리창이 있었다. 그는 마룻바닥에 누운 채 유리창을 통해 아래쪽에 있는 성당을 내려다볼 수 있었다. 성당은 어두웠지만 깜박이는 촛불과 제대, 감실이 뚜렷이 보였다.

수도원 안에는 환자 사제를 위한 방이 있었는데, 그가 머문 방이 바로 그 방이었다. 나무판자를 열면 방 안에서 미사에 참여하고 성체조배를 할 수 있도록 되어 있었던 것이다. 그는 상처를 입고 마룻바닥에 누운 채 제대와 연한 불빛으로 빛나는 감실을 바라보았다. 그리고 혼자말로 '사제와 희생제물(Sacerdos et Victima)'이라는 말을 되뇌었다.

예수님이야말로 사제요, 희생 제물이었다. 사제요, 희생 제물이 되는 것은 제2의 그리스도의 소명이다. 그는 마음속으로 조용히 말했다.

'주님, 당신이 원하시는 바가 이것이라면 제가 여기 있습니다. 저를 당신 사랑의 희생 제물로 바칩니다.'

이때만 해도 그는 이 말이 담고 있는 뜻을 충분히 알지 못했다.

만일 그때 앞으로 다가올 일을 알았더라면, 그 말을 그토록 쉽게, 그토록 빨리 하지는 않았을 것이다.

만남의 하느님
—

아무 일정도 없는 날 아침이었다. 의사를 만날 일도, 검사도, 약속도 없는 날이었다. 그는 미사와 묵상, 영적 독서, 기도로 하루를 보내고자 마음먹고 메모지에 일정을 적고 있었다.

그때 누군가가 방문을 두드렸다. 베네수엘라 출신의 요셉 신부였다. 갈멜수도회에 들어오기 전 의사였던 그는 영어 공부를 위해 미국에 와 있었다. 날마다 보면서 서로 인사를 하긴 했지만 이야기를 나누지는 못했다. 그는 아침을 먹고 나면 영어 학원에 갔다가 밤늦게 돌아왔기 때문이다.

그날 요셉 신부는 감기 때문에 학원에 가지 못했다고 했다. 그와 요셉 신부는 이런저런 이야기를 주고받았고, 알로이시오 신부는 그의 깊은 신앙과 열성, 사도적 열의에 큰 감동을 받았다. 그래서 자신이 하고 있는 일과 사업에 대해 조금 설명해 주었다.

요셉 신부는 주의 깊게 듣고 난 뒤 확신에 찬 소리로 알로이시오 신부가 하는 사업이 베네수엘라에 꼭 필요하다고 했다. 그는 알로이시오 신부에게 카라카스(베네수엘라의 수도)에 와서 소년의 집 사업을 시작해 달라고 했다. 그러면서 자신이 베네수엘라의 고위 성직자들과 권력자들을 많이 알고 있기 때문에 만약 베네수엘라에서 소년의 집 사업을 시작하면 최선을 다해 도와주겠다고 했다.

알로이시오 신부는 요셉 신부를 만나게 된 것과 그의 열성에 큰 감명을 받았다. 그러나 그 만남이 정녕 성령의 섭리인지 그렇지 않은지에 대한 판단은 미뤄 두었다. 대신 소년의 집 사업이 제3국으로 진출해야 한다는 생각이 강하게 맴돌기 시작했다.

사실 3년 전, 신 추기경이 마리아수녀회 인가를 위해 수녀회 회헌을 가지고 로마로 가겠다고 했을 때, 알로이시오 신부는 반대하며 이렇게 말했다.

"존경하는 추기경님, 고맙습니다. 그러나 제3국에 소년의 집을 세울 때까지는 기다리고 싶습니다."

그 말에 신 추기경은 놀라면서 어느 나라를 마음에 두고 있는지 물었다. 그때 알로이시오 신부는 인도나 멕시코가 될 것이라고 했다. 그러나 그것은 먼 미래의 일로서 5년이나 10년 또는 20년, 아니 그보다 훨씬 뒤의 일이 될지도 모르기 때문에 성급하게 결정할 일이 아니라고 했다.

그런데 루게릭병 진단과 함께 그에게 남은 삶이 무척 한정되고 말았다. 그리하여 뭔가 해야 한다면 서둘러야 할 처지가 되었던 것이다. 그렇지만 베네수엘라는 내키지 않았다. 알로이시오 신부는 수도 카라카스에 가 본 적이 있기 때문에 그 도시의 가난한 사람들의 사정을 잘 알고 있었다.

요셉 신부는 베네수엘라가 남미의 관문이라고 했다. 사실 마더 테레사도 라틴 아메리카에서의 첫 사업을 베네수엘라에서 시작했다. 그러나 알로이시오 신부는 소년의 집이 만일 남미로 진출한다면 멕시코가 가장 알맞을 것이라는 생각을 하고 있었다.

1989년 10월, 한국으로 돌아온 뒤 알로이시오 신부의 마음속에는 커다란 갈등이 일어나기 시작했다. 자신의 병과 관련한 갈등이 아니라 하느님의 뜻을 알아내려는 고민에서 비롯된 갈등이었다. 멕시코로 진출해 소년의 집 사업을 시작하는 것이 정말 하느님의 뜻인지, 아니면 자신의 일시적인 욕심에 지나지 않는 것인지 알 수 없었다. 그것은 그의 일생에서 가장 결정하기 어려운 문제였다.

알로이시오 신부가 내리는 대부분의 결정은 60대 40의 비율로 이루어졌다. 일을 진행하자는 것과 진행해서는 안 된다는 것의 비율이었다. 그런데 멕시코 진출 문제는 51대 49의 범위 안에 있었다. 찬반이 얼마 차이 나지 않아 선택하기가 어려웠다. 사실 마음은 찬성하는 쪽에 기울어져 있었다. 그렇지만 찬성하는 이유들 가운데 한두 가지만 빠졌어도 결정은 번복되었을 것이고, 마리아 수녀회는 멕시코로 진출하지 않았을 것이다.

알로이시오 신부는 일상에서 하느님의 뜻을 가려낼 뚜렷한 기준을 삿고 있지는 못했다. 다만 예수 그리스도가 다가오는 수난과 죽음을 받아들일 것인지 거부할 것인지를 놓고 고뇌했을 때 겟세마네 동산에서 보여 준 모범을 따르고자 최선을 다할 뿐이었다.

그리하여 멕시코 진출 여부를 결정하는 그의 고민은 수 주일, 아니 몇 달 동안 계속되었다. 심지어 결정을 내린 뒤에도 계속되는 의심에 적절한 해답을 얻지 못한 채 여러 가지 의문이 그의 마음을 괴롭혔다. 하지만 최초의 결정을 내린 뒤 약 18개월이 지나, 그의 마음이 라틴 아메리카 쪽으로 기울었고, 자신을 멕시코로 이끌어 주신 분이 바로 하느님이라는 사실을 깨닫고는 깊은 내적 평화를 경험하기도 했다.

밤의 어둠이 두려워 울부짖는 어린아이

—

알로이시오 신부는 부산에서 활동했던 과달루페 선교회(1949년 멕시코 주교단에 의해 창설된 선교회. 1966년 한국에 진출했다) 신부들을 만나 보기로 했다. 1961년, 알로이시오 신부는 최재선 주교의 이름으로 부산 교구에 사제를 파견해 달라는 초청 편지를 과달루페 선교회에 보낸 적이 있다. 그리고 그해 최 주교와 멕시코시티로 가

446

서 멕시코 사제들이 부산으로 올 수 있도록 애를 쓰기도 했다.

알로이시오 신부는 과달루페 선교회가 부산 교외에 세운 한 성당에서 활동하고 있는 산체스라는 젊은 멕시코 신부를 만났다. 알로이시오 신부는 마음속에 구상하고 있는 계획을 산체스 신부에게 털어놓았다. 멕시코시티에서 사업을 시작하기 원하지만 결코 혼자 할 수 없다는 점을 무엇보다 강조했다. 루게릭병 진단을 받아 건강 상태가 나쁜 그에게 다른 사람들, 특히 멕시코 현지 사람들의 도움이 절대적으로 필요했기 때문이다.

알로이시오 신부는 산체스 신부에게 멕시코시티에 있는 과달루페 선교회 장상들에게 편지를 써 달라고 부탁했다. 물론 편지 내용은 그들이 자신의 멕시코 사업을 도와줄 수 있는지 묻는 것이었다. 산체스 신부는 기꺼이 편지를 써 주겠다고 했고, 답장은 금방 왔다. 최선을 다해 돕겠다는 내용이었다.

알로이시오 신부는 35년 동안 멕시코시티 근처에서 아동복지 사업을 하고 있던 미국인 웨이슨 신부에게도 편지를 보냈다. 웨이슨 신부와 알로이시오 신부는 수년 동안 후원 편지를 보내기 위한 메일링 리스트(후원회 가입을 권유하거나 회비를 걷고 소식지를 보내기 위해 만든 우편 주소 목록)를 교환해 사용한 적은 있지만 직접 만난 적은 한 번도 없었다. 알로이시오 신부는 그에게 조언과 제안을 요청했다. 곧 고무적이고 긍정적인 답장이 날아왔다. 최선을 다해 도와주겠다고 약속했던 것이다.

이성적인 판단과 인간적인 관점에서 볼 때, 알로이시오 신부의 멕시코 진출은 어리석은 일로 보일 수도 있다. 무엇보다도 그는 치료가 불가능한 루게릭병을 앓고 있었다. 남은 인생이 얼마 남지 않았을 뿐만 아니라 스스로의 힘으로 움직일 수 있는 시간은 엄밀히 따져서 이미 끝난 상태나 마찬가지였다.

게다가 필리핀 사업도 확장 중에 있었다. 세부에서는 건물을 증축하고 있었고, 마닐라 교외 가비테 주의 실랑에서도 소년의 집을 지을 땅을 구하고 있는 중이었다. 또 필리핀 전역의 주교들이 자신들의 관할 지역 안에서 소년의 집 사업을 펼쳐 달라는 요청을 해 오고 있었다.

필리핀은 할 일이 무척 많은 나라였다. 더욱이 알로이시오 신부와 마리아수녀회는 필리핀의 문화와 기후, 언어와 여러 가지 문제에 무척 익숙해진 상태였다. 그러므로 먼 멕시코로 가서 낯선 기후와 문화 속에서 새로운 사업을 시작하는 것보다는 필리핀에서 사업을 더 넓혀 나가는 것이 훨씬 쉽고 효율적인 일이었다. 필리핀에는 그의 손길이 필요한 곳이 여전히 많았다.

재정 문제도 고려해야 했다. 멕시코는 물가가 한국만큼은 비싸지 않았지만 필리핀보다는 확실히 비쌌다. 그가 가진 돈은 제한되어 있었고, 현재 추진하고 있는 사업만 해도 그 비용이 엄청났다. 사업을 넓혀 돈을 더 많이 쓰기보다는 이미 시작한 사업의 미래를 위해 기금을 조성하는 것이 필요한 시점이었다.

알로이시오 신부는 이 모든 생각을 요리조리 다루어 보고, 찬성과 반대의 의견을 저울질해 가면서 많은 기도를 했다. 그리고 많은 이들로부터 도움말을 들었다. 물론 그 순간에도 그의 육신은 더욱 쇠약해지고 고통은 날마다 더 심해져 갔다. 그가 자신을 두고 '밤의 어둠이 두려워 울부짖는 어린아이' 같다고 표현할 정도였으니 그의 고통을 조금은 짐작할 수 있을 것이다.

당신이 시작하지만 완성은 하느님의 몫
—

해가 바뀌어 1990년이 되었다. 1월 15일, 알로이시오 신부는 수녀들의 갱신 서원미사에서 특별한 지향을 두기로 마음먹었다. 멕시코 사업의 결정에 관한 특별 지향이었다.

사실 그 미사는 특별히 기억할 만한 미사였는데 미사 전에 제의를 입는 동안 알로이시오 신부는 몹시 고통을 느껴야 했다. 그래도 미사를 집전하기로 했다. 하지만 그것은 실수였다. 제대 위에 입맞춤을 한 뒤 자기 자신을 축복하고 미사 시작 기도문을 외기 시작했는데 목소리가 나오지 않았다. 가까스로 나오는 소리는 거의 알아들을 수 없는 중얼거림이었다. 루게릭병 때문이었다.

미사 도중 수녀들은 한없이 눈물을 흘렸다. 알로이시오 신부는 성당 뒤쪽에 한 신부가 서 있는 것을 보았다. 그 신부에게 대신 미사를 집전해 달라고 부탁했고, 그는 고맙게도 알로이시오 신부의 청을 들어주었다.

이 사건의 충격으로 알로시이오 신부는 마음이 몹시 우울해졌다. 그러나 동시에 말로 표현하기 힘든 신비스러운 평화를 느끼기도 했다. 그는 그것이 하느님의 응답이며, 무모한 멕시코 사업에 대해 하느님께서 철저히 반대하는 징표로 받아들였다.

알로이시오 신부는 그 사건을 통해 수녀들이 그에게 멕시코 진출을 포기하라고 말하기를 바랐다. 그런데 수녀들은 더 큰 갈등의 씨를 그의 마음속에 뿌리면서 그의 의견과 반대되는 입장을 취했다. 알로이시오 신부는 하느님이 무엇을 원하고 있는지, 문제의 핵심이 무엇인지 도무지 확신이 서지 않았다.

그즈음, 알로이시오 신부는 절친한 친구인 교황대사 이반 디아스 대주교로부터 식사를 함께 하자는 연락을 받았다. 알로이시오 신부는 그 자리에서 멕시코 사업 계획을 이야기하면서 도움말을 구했다. 교황대사는 명석한 정신과 건전한 판단력을 가진 인물이어서 반대의 조언을 해 주리라 확신했다. 그러나 결과는 정반대였다. 그는 강력하고 열정적으로 멕시코 계획을 추진시켜 나가기를 권했다.

"신부님이 그 일을 시작하지만 그 사업을 굳이 신부님이 완성시킬 필요는 없습니다. 다른 사람들이 신부님의 뜻을 이어 완성시킬 것입니다. 이 일은 신부님의 미완성 교향곡이 될 것입니다."

- 『조용히 다가오는 나의 죽음』 중에서

교황대사의 이 말은 알로이시오 신부에게 참으로 멋지게 들렸다. 그러나 곡을 완성시키지 않은 채 지휘를 하거나 연주를 하는 것은 알로이시오 신부의 스타일이 아니었다. 그는 무슨 일이든지 시작하면 끝을 봐야 하는 성격이었다. 하지만 교황대사의 그 말은 그의 의식 속에 깊이 박혀, 의심과 두려움이 그를 괴롭힐 때마다 마음 속에 떠올랐다. 그럴 때면 그는 혼자말로 중얼거리곤 했다.

'너무 잘난 체하지 마라. 너만이 모든 일을 할 수 있는 유일한 사람이라는 생각을 버려라. 너는 시작만 하고 다른 사람이 완성할 것이다. 이 사업은 너의 위대하고 영광스러운 미완성 교향곡이 될 것이다.'

그러나 아무리 생각해 보아도 알로이시오 신부는 교황대사의 말을 완전히 신뢰할 수 없었다. 물론 그는 교황대사를 지극히 존경했지만 그가 도대체 자신이 하는 사업이 얼마나 어렵고 복잡한지를 알고 있는지 내심 의심하지 않을 수 없었다.

그가 시작하려고 하는 일은 조그마한 탁아소나 책방이 아니었다. 5천 명에서 1만 명에 이르는 가난하고 소외된 아이들을 돌볼 수 있는 집을 지어 운영하는 것이었다. 그러므로 풀어야 할 문제들이 너무나 많았다.

자금도 부족하고, 자신을 도울 사람도 적었으며, 마리아수녀회에는 스페인어를 잘하는 수녀도 없었다. 멕시코시티에서 사업을 시작하려면 넓은 땅도 구해야 하는데, 그러기 위해서는 정부와 교회 당국으로부터 허가도 받아야 했다. 그 다음에는 비영리 법인을 설립해야 하고, 은행 구좌도 개설해야 한다. 여기에다 신뢰할 수 있는 건축업자를 만나야 하며, 마리아수녀회에 입회해 함께 일할 멕시코 지원자들도 모집해야 한다.

가장 중요한 것은 소년의 집 사업의 전체적인 개념이었다. 소년의 집 사업은 멕시코 사람들에게는 너무나 낯선 것이었다. 따라서 가난한 아이들의 부모들이 소년의 집 사업의 개념을 제대로 이해해 아이들을 보낼지 걱정이었다. 이것은 소년의 집 사업이 멕시코에서 성공할 수 있을지 없을지를 좌우하는 것이었다.

여기에다 알로이시오 신부의 적극적인 후원자인 도티 씨 부부도 멕시코 진출을 은연중에 반대했다. 알다시피 당시 멕시코는 가난한 나라가 아니었다. 도티 씨 부부는 알로이시오 신부가 더 가난한 나라로 가야 한다는 생각을 갖고 있었다. 이를테면 인도나 아프리카를 생각했을 것이다.

알로이시오 신부가 멕시코에서 머문 기간은 짧았지만 그는 멕시코의 문화와 교회가 가지고 있는 문제점들이 필리핀과 너무나 비슷하다는 인상을 받았다.

멕시코의 가난은 정말로 심각했다. 통계적으로는 필리핀보다 두 배 가량 더 잘사는 나라였지만 멕시코의 가난한 사람들은 필리핀의 가난한 사람들보다 더 힘들게 살고 있었다. 멕시코 슬럼가에 사는 가난한 사람들은 불결하기 짝이 없는 환경에서 지독한 추위와 싸우면서 살아가고 있었다. 게다가 가난한 사람들의 교육 수준은 필리핀보다 더 낮았다.

멕시코시티는 인구가 2천만 명이나 되는, 세계에서 가장 큰 도시였다. 그런데도 일자리와 더 나은 삶을 찾아 지방에서 흘러들어 오는 사람들로 날마다 인구가 1천 명씩 늘어나고 있었다. 가난한 사람들은 더 벼랑으로 몰렸고, 그 속에서 교육의 기회를 갖지 못한 아이들은 자신들만의 힘만으로는 그 굴레에서 벗어나기가 어려웠다.

하지만 나라 자체가 아주 못사는 것은 아니었기 때문에 가난한 집 아이들도 기회만 주어진다면 얼마든지 스스로 가난에서 벗어날 수 있었다. 알로이시오 신부는 그런 아이들에게 기회를 주고 싶었다. 그곳에는 그런 기회를 얻지 못한 수많은 아이들이 있었다. 결국 알로이시오 신부의 이런 생각에 도티 씨 부부도 동의했다.

힘들었던 멕시코 여행

—

알로이시오 신부의 몸은 아주 빠르게 나빠져 갔다. 몸무게는 계속 줄어 들었고, 모든 근육이 흥분하면서 실룩거렸다. 살아있다기보다 조금씩 죽어 가고 있었다. 그는 여동생 돌로레스에게 전화를 걸어 자신의 증상을 설명해 주었다.

알로이시오 신부의 루게릭병 발병 이후 돌로레스는 어느 정도 이 병의 전문가가 되어 있었다. 알로이시오 신부에게는 으뜸 가는 의료 고문인 셈이었다. 돌로레스는 그의 건강 상태를 샌프란시스코의 노리스 박사에게 전화로 알려준 뒤 노리스 박사의 말을 다시 알로이시오 신부에게 전해 주었다. 당연히 기쁜 소식은 아니었다.

노리스 박사는 알로이시오 신부가 앞으로 3,4개월 정도밖에 살수 없을 것이라며 서둘러 모든 것을 정리하라고 충고했다. 당시 그를 간호하던 모니카 수녀도 노리스 박사의 말에 전적으로 동의한다고 했다. 현재 속도로 건강 상태가 계속 나빠진다면 몇 개월을 넘길 수 없을 것이 확실했다. 알로이시오 신부는 의사의 충고와 모니카 수녀의 의견이 실제 자신의 건강 상태를 정확히 말하고 있다고 생각했다.

알로이시오 신부는 멕시코 사업을 조금이라도 더 빨리 추진하기 위해 두 번째 멕시코 여행을 준비했다. 여행을 가기 앞서 그는 대한항공 본사에 연락해 휠체어 서비스가 가능한지 알아보게 했다. 그런데 박 사무장은 대한항공 본사에 연락해 알로이시오 신부가 걷기가 어렵고 줄을 서는 것이 무척 힘든 상태임을 이야기하면서 의무 담당 의사에게 루게릭병을 앓고 있다는 사실을 털어놓고 말았다. 그것이 화근이 되었다.

루게릭병 환자라는 말을 듣자 의사는 크게 당황했다. 그 의사는 최근 다른 항공사 여객기가 비행 도중 루게릭병 환자 때문에 큰 곤란을 겪은 일이 있다고 말했다. 건강이 악화되어 응급 치료를 받기 위해 샌프란시스코로 가던 환자였는데, 비행 도중 호흡 장애를 일으키는 바람에 조종사가 회항해야 할지 고민을 했다는 것이다.

그런 일이 있었기 때문에 지레 겁을 먹은 의무 담당 의사는 휠체어는 고사하고 비행기를 타기 원한다면 종합검진을 받아 와야 한다고 했다. 다행히도 박 사무장은 알로이시오 신부의 이름을 밝히지 않은 상태였고, 그 요청을 없었던 일로 해 달라고 하고는 돌아왔다.

며칠 뒤 탑승 수속을 위해 김포공항 카운터 앞에 섰을 때 알로이시오 신부는 몹시 걱정스러웠다. 항공사 직원들이 자신을 추적했고, 그가 루게릭병 환자임을 알아냈기 때문이다. 카운터 여직원이 휠체어 서비스를 원하는지 물었다. 그는 휠체어가 없어도 상관없다고 했다. 그러나 전산상으로 그의 이름에 꼬리표를 붙여 놓았던 모양이다. 탑승 수속을 마치자 그 내용이 항공사 관계자에게 전달되었다.

알로이시오 신부는 한 무리의 승객들과 함께 라운지에서 안내 방송을 들으며 탑승을 기다리고 있었다. 그때 스피커에서 그의 이름을 부르는 소리가 들렸다. 급한 일이니 데스크로 와 달라는 것이었다. 그는 못 들은 척하고 그대로 앉아 있었다.

잠시 뒤 항공사 직원 두 사람이 라운지에 앉아 있는 그를 발견하고 건강 상태를 묻기 시작했다. 그는 아무 문제가 없고, 다만 관절염 때문에 휠체어를 사용하려고 했을 뿐이며, 컨디션이 좋으니 걱정하지 말라고 했다. 그가 관절염을 심하게 앓고 있는 것은 사실이었다. 그런데 그들의 표정은 그의 말을 믿지 않는 것 같았다.

그들이 떠난 뒤 곧바로 다른 직원이 와서 이것저것 묻기 시작했다. 그 사람이 떠난 뒤 또 한 무리의 사람들이 라운지로 오는 것이 보였다. 그들 가운데 몇 명은 흰 가운을 입고 의료 장비가 담긴 것으로 보이는 큰 통을 들고 있었다. 그들은 곧장 알로이시오 신부에게로 왔고, 다른 탑승 대기자들이 그를 쳐다보기 시작했다. 그들은 의료 장비통을 열면서 탑승을 허락하기 전에 건강 진단을 해야겠다고 했다.

알로이시오 신부는 감정을 많이 억제하고 있었지만 이때는 크게 화를 내고 말았다. 물론 그가 화를 낸 것은 일부러 그랬던 것이다. 모든 탑승 대기자들이 다 들을 수 있도록 큰소리로, '탑승 전 모든 승객들이 건강 진단을 받아야 한다는 규정이 언제부터 생겨났느냐'고 떠들었다. 그는 한 가지 조건, 곧 모든 탑승 대기자들이 건강 진단을 받으면 자신도 받겠다고 했다.

사실 알로이시오 신부는 며칠 전 부산에서 건강 진단을 받았다. 그때 그의 혈압은 불규칙적이었고 맥박은 아주 빨랐다. 만일 그가 건강 검진에 응한다면 그들이 절대 비행기에 태우지 않을 것임을 잘 알고 있었다.

때마침 탑승을 알리는 방송이 흘러나왔다. 알로이시오 신부는 의료진들과 항공사 관계자들을 무시하고 다른 승객들과 함께 줄을 섰다. 그들의 얼굴에는 당황하는 표정이 뚜렷했다. 잠시 뒤 그는 무사히 멕시코행 비행기에 탈 수 있었다.

마침내 멕시코 소년의 집이 시작되다

멕시코에 머무는 동안 알로이시오 신부는 소년의 집 사업에 알맞은 땅을 찾아다녔다. 매물로 나온 여러 땅을 둘러보았는데, 체류 마지막 날에 보았던 땅을 선택했다.

그 땅은 찰코에 있었고, 넓이는 35헥타르(18만 평)였다. 길이는 1킬로미터, 폭은 평균 360미터로 식사각형 보양이었으며, 나무와 담장으로 둘러싸여 있었다. 길도 있고 물도 많았으며, 땅 앞쪽에는 별장도 있었다. 그리고 땅 뒤쪽으로는 멕시코에서 아름답기로 소문난 눈 덮인 두 개의 화산이 보였다. 마치 한 폭의 그림 같은 땅이었다.

한 가지 마음에 걸리는 것은 땅이 너무 넓다는 것이었다. 하지만 멕시코시티가 세계에서 가장 큰 도시이고, 땅 값도 해마다 오를 것 같다는 생각에 그는 그 땅을 사기로 했다. 그렇게 해서 멕시코 소년의 집 사업은 첫 단추를 끼게 되었다.

1990년 8월, 건강이 악화되자 알로이시오 신부는 멕시코 사업에 관해 여러 가지를 다시 생각하게 되었다. 그러던 어느 날, 알로이시오 신부는 멕시코 사업을 이끌어 보겠다고 자원한 엘레나 수녀와 세실리아 수녀를 불렀다. 그는 두 수녀에게 이렇게 말했다.

"오늘부터 나 없이 멕시코 사업을 수행하십시오. 하실 수 있겠습니까?"

그는 몇 개월만 지나면 더 이상 수녀들을 돕지 못하게 될 가능성이 있으니 신중히 생각하라고 했다. 하지만 두 수녀는 잠시의 망설임도 없이 "네 신부님, 우리는 할 수 있어요."라고 했다. 두 수녀는 강한 신념과 용기로 대답했지만 알로이시오 신부의 생각에는 그들이 자신이 대답한 말의 의미가 얼마나 엄청난 것인지 충분히 알지 못하는 것 같았다.

나중에 알게 되었지만 두 수녀 스스로도 자신들의 말에 무척 놀랐다고 한다. 멕시코 사업에 대한 책임이 얼마나 막중한지 알게 되었을 때는 불안감이 몰려왔고, 능력 부족을 크게 느꼈다고 한다. 그러면서도 멕시코 사업에 대해서는 강한 의무감과 자신감을 보였다.

멕시코 사업을 생각하고 있을 당시 알로이시오 신부는 신 추기경에게 지나가는 말로 견해를 물어본 적이 있다. 추기경은 손사래를 치며 "멕시코 사업은 이제 그만 잊어버리세요. 필리핀에도 할 일이 너무 많습니다."라고 했다.

사실 신 추기경의 말은 전적으로 옳았다. 아직 알로이시오 신부는 필리핀에 더 집중해야 할 필요가 있었고, 필리핀에는 할 일이 많았다. 게다가 필리핀에서는 멕시코보다 훨씬 적은 돈으로 훨씬 효과적인 사업을 펼칠 수 있었다. 그리고 필리핀에는 소년의 집에 들어올 만한 아이들이 여전히 50만 명 이상 있었다. 그 아이들을 둔 채 멕시코에서 또 다른 사업을 벌인다는 것은 어느 모로 보나 욕심이고 무리인 것이 틀림없었다.

알로이시오 신부는 엘레나 수녀와 세실리아 수녀를 추기경에게 보내 그가 없는 자리에서 다시 추기경의 의견을 묻게 했다. 알로이시오 신부는 추기경이 계속 반대할 것이라고 확신했다. 그런데 두 수녀는 추기경이 마리아수녀회가 모험적인 멕시코 사업을 진행시킬 것을 강력하게 촉구했다는 말을 전해 왔다. 추기경은 마리아수녀회가 특별한 은사를 지녔음을 깨달았다고 하면서 그 사업을 확고하게 추진함으로써 교회를 위해 놀라운 일을 하고, 그리스도를 위해 기적을 이룰 수 있을 것이라고 말했다는 것이다.

마침내 멕시코에 마리아수녀회 법인을 세우고 땅 매매 계약서를 작성했다. 그런 다음 알로이시오 신부는 건설업자를 만나러 다녔다. 마침 한 능력 있는 업자를 만났다. 그는 곧바로 착공하는 조건으로 10만 달러를 요구했다.

알로이시오 신부는 망설였다. 10만 달러의 수표를 발행해 건축업자 손에 넘기는 순간 되돌아갈 수 없는 지점을 지나는 것이었기 때문이다. 한참을 망설인 끝에 알로이시오 신부는 마음을 다잡고 수표를 써 주었다. 그것은 건너온 다리를 불태워 되돌아갈 길을 없애 버린 것과 같았다.

11월 하순 멕시코에 도착한 알로이시오 신부는 3주 동안 머물렀다. 이번에는 신학교에 머무르지 않고 소년의 집 사업 부지 안에 있는 농장의 별장에 머물렀다. 그는 부지 안에 있던 별장을 땅과 함께 사들였다. 처음에는 별장에 전혀 관심이 없었다. 그런데 땅 매입을 협상하던 과달루페 선교회 신부가 별장도 함께 사라고 강하게 권했다. 뒤에 깨달은 것이지만 별장 구입은 하느님의 뜻이었다.

별장은 소년의 집 건물이 완공되기까지 약 10개월 동안 마리아수녀회의 활동 근거지가 되었다. 가구와 전화기를 비롯해 초기 사업에 필요한 대부분의 집기들이 갖춰져 있어 편리하고 쓸모 있는 본부 역할을 했다.

알로이시오 신부는 수녀회 지원자들과 장차 교사가 될 사람들, 소년의 집에 들어오기를 희망하는 아이들과 그들의 부모들을 면접하는 장소로 그 별장을 사용했다. 그리고 별장에 딸린 헛간과 창고 같은 몇 개의 부속 건물은 아이들을 위한 기숙사와 교실로 개조했다.

별장은 멕시코의 이름난 건축가가 설계한 것으로 외관과 내부가 예술 작품처럼 아름다웠다. 이 때문에 유용성을 제쳐 두고도 여러모로 많은 도움이 되었다. 멕시코 사람들은 별장을 보고 마리아수녀회 사람들의 신분을 인정해 주었다. 신분을 인정받는다는 것은 멕시코 사회에서는 아주 중요한 일이었다.

알로이시오 신부가 완전 무료로 가난한 아이들을 돌보고 교육시키는 시설을 세우겠다고 했을 때, 멕시코 교회의 많은 고위 성직자들과 정부의 고위 관리들은 믿지 못하는 눈치였다. 그들은 알로이시오 신부와 마리아수녀회의 거대한 계획에는 귀를 기울였으나 왜소한 몸집의 필리핀 수녀와 한국인 수녀를 쳐다보는 그들의 눈에는 크고 두터운 의구심이 어른거렸다. 하지만 알로이시오 신부가 땅과 그 인상적인 별장을 사들이자 그의 말을 믿기 시작했다.

미완성 교향곡 1악장, 무차스 그라시아스
—

소년의 집 사업을 위해 땅을 구입하고, 건물을 지을 준비를 하는 동안 알로이시오 신부는 마리아수녀회 지원자를 모집하기 위해 수녀회 소개 편지와 포스터를 멕시코 전역의 본당에 보냈다. 하지만 반응이 거의 없었다.

알로이시오 신부는 멕시코에 성소가 풍부하다는 이야기를 많이 들어 왔다. 필리핀에서도 같은 이야기를 들었다. 하지만 실제로 경험해 보니 마리아수녀회처럼 강한 희생정신으로 가난한 아이들에게 봉사하는 수녀회에는 성소자가 거의 없거나 있어도 평균치를 밑돌았다. 문의는 많았고 많은 젊은 여성들이 수녀회를 찾아왔지만 참된 지원자는 겨우 몇 사람뿐이었다.

1년 동안의 모집 광고와 권유 결과 세 사람의 멕시코 지원자가 생겼다. 세 사람은 무척 착해 보였는데, 알로이시오 신부는 그들이 멕시코 마리아수녀회의 핵심 멤버가 되었으면 하는 바람이 들었다. 그리고 앞으로는 소녀의 집 졸업생들이 수녀회에 많이 지원해 주었으면 하는 생각을 했다. 수녀들이 학생들을 잘 훈련시키고 고결한 정신으로 지도한다면 충분히 그럴 수 있을 것이라 생각했다. 물론 그러자면 몇 년을 기다려야 하지만 이는 이미 필리핀에서 경험한 일이기도 했다.

수녀들의 숫자가 너무 적고, 멕시코 지원자 모집 역시 전망이 밝지 않자 알로이시오 신부는 필리핀 소년의 집과 소녀의 집 졸업생들의 도움을 받기로 했다. 그리하여 남자 7명과 여자 8명 모두 15명의 지원자를 모을 수 있었다. 모두 필리핀 소년·소녀의 집 첫 졸업생들로, 소년의 집과 소녀의 집에서 일하고 있는 중이었다.

그들은 평신도 자원봉사자로서 수녀들과 함께 멕시코에서 일해 달라는 알로이시오 신부의 제의를 흔쾌히 받아들였다. 그리하여 여러 달 동안 스페인어를 익힌 다음 1991년 6월 멕시코에 도착했다. 그리고 7월부터 시험 사업에 뽑힌 90명의 멕시코 아이들을 지도하기 시작했다.

알로이시오 신부는 멕시코 소년의 집 사업을 준비하면서, 마치 오래전 한국에서 소년의 집을 본격적으로 시작하기 전 소규모로 '일하는 청소년의 집'을 운영했던 것처럼, 먼저 45명의 남학생과 45명의 여학생들을 뽑아 일종의 예비 사업을 벌였다.

소년의 집이 완공되면 대규모 아이들을 받아들이게 되는데, 이 예비 사업을 통해 수녀들은 멕시코 아이들에 대한 경험을 쌓고, 문제점들도 파악하고, 또 훗날 수녀들을 도와줄 아이들을 교육시킬 수도 있었다. 그런 까닭에 예비 사업은 무척 쓸모 있는 것이었다. 이것은 알로이시오 신부가 무엇을 하더라도 허투루 하지 않고 체계적이고 계획적으로 일하는 것을 보여 주는 하나의 예이기도 했다.

1991년 10월 7일, 마침내 멕시코 찰코에 정원 2천100명 규모의 소녀의 집이 완공되었다(그 뒤 1997년, 소년·소녀의 집으로 나뉘어 성장했고, 소녀의 집에는 2천 명이 5년씩 머물며 공부하고 있다). 모든 아이들이 무료로 의식주를 제공받고 무료로 공부할 수 있는 시설을 갖춘 곳이었다.

개원식은 성공리에 열렸다. 개원식은 2부로 나뉘어 모두 3시간 동안 계속되었는데, 전반부는 민간 예식으로 연설과 춤, 노래, 시설 방문, 그리고 간단한 간식 시간으로 이루어졌다. 뒤이어 주교와 여러 사제들이 공동으로 집전한 미사가 있었다. 미사가 끝난 뒤에는 성대한 만찬이 이어졌다. 깊은 인상을 받은 손님들은 수녀들과 사업 종사자들에게 아낌없는 박수를 보냈다.

알로이시오 신부는 마음속으로 이 모든 일을 가능하게 해 주신 과달루페의 성모님에게 '무차스 그라시아스!(대단히 감사합니다)'를 외쳤다. 멕시코 사업은 그의 미완성 교향곡이 될 것이 틀림없었지만 적어도 교향곡 1악장만큼은 끝낼 수 있었다. 1악장을 무사히 끝마쳤다는 사실이 그에게는 더할 수 없는 기쁨이요, 축복이요, 은혜였다.

알로이시오 신부 선종 이후에도 멕시코 사업은 마리아수녀회를 통해 계속 확장되었다. 1999년 과달라하라에 정원 2천 명 규모의 소년의 집이 만들어졌고, 2007년에는 찰코 시에 가난한 부녀자들을 위한 직업 교육실과 탁아소가 세워졌다.

21

알로이시오 신부의
죽음

Rev. Aloysius Schwartz

루게릭병은 아주 천천히, 잔인하게 그리고 조용히 사람을 죽음으로 몰고 간다. 이 병은 보통 발병 후 3년 안에 환자의 모든 근육을 마비시켜 죽인다. 환자에 따라 그 기간이 짧아질 수도 있고 길어질 수도 있다. 그러나 발병에서 죽음에 이르기까지 걸리는 시간은 평균 3년이다.

　　알로이시오 신부의 모든 근육을 천천히 마비시켜 가던 루게릭병은 마침내 말하고 숨쉬게 하는 근육까지 마비시키기 시작했다. 그의 목소리는 점점 약하고 낮아졌으며, 시간이 지날수록 말을 하는 데도 힘이 많이 들어 쉰소리를 냈다. 그리고 발음도 점점 불분명해졌다.

그런 상황에서도 그는 자신이 죽어 가는 과정을 책으로 남기기 위해 날마다 조금씩 녹음을 했다. 그 책은 훗날『조용히 다가오는 나의 죽음』이란 책으로 출판되었다. 알로이시오 신부는 목소리를 내는 기능이 완전히 없어지기 전에 이 책을 완성하기 위해 무척이나 노력했다.

자연스럽게 받아들인 죽음

—

루게릭병은 발병에서 죽음에 이르는 데 보통 3년이 걸리지만 색다른 의료 기술을 택하면 그 기간을 늘릴 수도 있다. 방법도 그렇게 정교하거나 복잡하지 않다. 두 가지 수술만 하면 된다.

하나는 기도 절개 수술이다. 목을 통해 기도에 구멍을 낸 뒤, 그 구멍 속에 튜브를 끼워 넣고 인공호흡 장치로 산소를 공급해 주는 방법이다. 다른 하나는 위 절개 수술이다. 복부 벽을 잘라낸 뒤 외벽에 구멍을 내고 다시 꿰매는 방법인데, 플라스틱 튜브를 그 구멍에 밀어 넣고 액체 상태의 음식을 공급해 주는 것이다.

루게릭병 환자들은 병이 심해지면 온몸의 근육이 마비되면서 말을 할 수 없게 된다. 그러나 눈 근육은 영향을 받지 않는다. 이에 근거해 과학자들은 환자의 눈 깜빡임을 음성으로 표현할 수 있는 정교한 컴퓨터를 개발하기도 했다. 따라서 환자가 원하고,

여건이 허락한다면 목에 삽입한 튜브를 통해 숨을 쉬고, 위에 연결된 튜브를 통해 영양을 공급받고, 눈의 깜박임을 인식하는 컴퓨터를 이용해 외부 세계와 의사소통을 한다면 훨씬 더 오래 살 수 있다.

하지만 알로이시오 신부는 처음부터 인위적인 생명 유지 장치에 기대어 사는 것을 원하지 않았다. 모든 것이 완전히 마비된 채 침대에 누워 생명 유지 장치를 통해 눈만 깜박이며 컴퓨터로 의사소통을 한다는 것이 마음에 들지 않았다. 그의 표현대로 '괴이한 수단'으로 죽음을 속이려고 하지 않고 자연스럽게 죽음을 받아들이고 싶어 했다.

> 괴이한 수단으로 죽음을 속이고 싶지 않습니다. 생명 유지 장치에 기대 산다는 것은 수치스럽고 남을 귀찮게 하는 일일 뿐입니다. 어느 누구에게도 힘의 원천이 되어 주지 못하면서 말입니다. 십자가 위의 예수님을 다시 생각해 봅니다. 예수님이 십자가에서 죽지 않고 계속 매달려 있었다면 제자들이 그 모습을 통해 용기와 위안을 얻을 수 있었을까요?
>
> - 『조용히 다가오는 나의 죽음』 중에서

인공호흡기는 달고 싶지 않다고 강조하셨다. "이 시점에서 자연사만이 삶을 풍성하게 완성하고, 영원한 기쁨의 삶으로 들어가는 문으로 상상할 수 있다. 그리고 만일 주님께서 신호만 하시면 오늘이라도 죽음의 문으로 늘어가겠다."라고 말했다.

- 「나의 오빠, 소 알로이시오 몬시뇰」 중에서

생명 유지 장치를 매달고 사는 루게릭병 환자 가운데 영웅 취급을 받는 사람도 있다. 세상은 그를 강한 삶의 의지를 가진 사람으로 본다. 그러나 알로이시오 신부는 생명에 대한 집착일 뿐이라고 생각했다.

그는 오랜 병고와 불구의 고통을 품위를 잃지 않고 침착한 태도로 받아들이는 것이 오히려 용기 있고, 영웅적이고, 숭고하다고 생각했다. 그렇지만 그의 가장 가까운 친구들, 특히 마리아수녀회 수녀들은 그가 오로지 눈동자만으로 의사소통을 하는 한이 있더라도 더 살 수만 있다면 그렇게 해야 한다고 생각했다.

알로이시오 신부가 죽음에 대해 전혀 두려움이 없었던 것은 아니다. 다만 그 두려움을 용기와 신앙으로 이겨 냈을 뿐이다. 그러므로 마치 예수 그리스도가 '하실 수만 있으시면 이 잔이 저를 비켜 가게 해 주십시오(마태 26:39)'라고 했던 것처럼 가능하면 죽음을 피하거나 뒤로 늦추고 싶었을 것이다.

루게릭병에 걸려서도 인위적인 생명 유지 장치를 이용해 왕성한 활동을 하고 있던 천재 물리학자 스티븐 호킹 박사가 한국에 온다는 소식을 들은 알로이시오 신부가 박 다미아노를 보내 그가 어떤 방법으로 살아가고 있는지 보고 오게 한 것을 보면 그의 갈등을 조금은 엿볼 수 있다.

　　1990년 가을쯤, 한국에 온 호킹 박사가 어떤 상태에서 활동하고 있는지 알아보라는 신부님의 부탁을 받고 그를 신라호텔에서 만난 적이 있습니다. 마침 외출에서 돌아오는 호킹 박사를 그의 방 바로 앞에서 만났는데, 갑자기 "Hello!" 하는 기계음 소리에 깜짝 놀랐습니다.
　　호킹 박사는 컴퓨터로 조작하는 음성 변조 장치를 이용해 대화를 했습니다. 기계 장치를 다루는 남성과 여성, 남성 간호사, 이 세 사람이 그를 돌보고 있었습니다. 그날 내가 본 것을 신부님에게 자세히 전하자 신부님은 그런 식의 삶을 절대로 원하지 않는다고 말했습니다.

- 「소 알로이시오 신부님이 이겨 낸 여러 가지 시련」 중에서

사람의 품위를 떨어트리는 병
—

루게릭병 확진을 받은 뒤, 알로이시오 신부는 구할 수 있는 모든 의학지를 구해 읽어 보았다. 학자들은 루게릭병이 무척 잔인하며 사람의 품위를 떨어트리는 병으로, 천천히 그리고 꾸준히, 그러나 결코 중단 없이 냉혹하게 진행된다고 설명하고 있었다. 이는 사

람을 초조하고 불안하게 하는 내용이었다

그러나 무슨 까닭이었는지 모르지만 알로이시오 신부는 이 말의 의미를 충분히 알아듣지 못했다. 루게릭병이 무서운 것이긴 하지만 동시에 하느님의 은총으로 대처해 나갈 수 있다고 생각했다. 그래서 그는 이 병을 약간은 가볍게 여겼다.

하지만 병이 진행되면서 알로이시오 신부는 루게릭병이 경량급이 아니라 중량급임을 알게 되었다. 그는 루게릭병을 설명하면서, 어떤 때는 자신이 '이 병에게 호되게 얻어맞고 있는 듯한 느낌이 든다'고 표현했다. 마치 링 안에 억지로 떠밀려 올라가 마이크 타이슨과 싸우고 있는 그런 느낌이라고 했다.

루게릭병은 몸의 모든 신경을 죽이고 근육을 마비시키기는 해도 정신 기능만큼은 손상시키지 않는다. 따라서 알로이시오 신부의 모든 신체 기능은 계속해서 떨어지고 있었지만 그의 정신만은 늘 예리하고 상상력은 풍부했으며, 기억력은 선명하고 집중력도 괜찮은 편이었다. 다만 그를 괴롭히는 것은 불규칙한 수면이었다.

루게릭병 환자들은 대부분 심각한 불면증에 시달린다. 알로이시오 신부 역시 마찬가지였다. 당시 그의 몸 상태라면 적어도 하루에 7~8시간 정도의 잠이 필요했다. 하지만 그는 서너 시간 이상 깊게 잠드는 것이 불가능했다. 불면증 말고도 만성적인 육체

피로에 시달렸다. 적당한 수면을 취하지 못해 피로감이 쌓이고, 그 때문에 몸이 늘 무거웠다.

루게릭병 환자들은 병이 깊어질수록 감정을 억제하는 힘도 잃어간다. 눈물샘을 조절하는 안면 근육이 약해지고, 울음이나 웃음을 조절할 수 없는 불안정 상태가 심해지기 때문이다. 알로이시오 신부는 이미 눈물과 웃음 조절이 점점 어려워짐을 느끼고 있었다.

하루하루 병이 깊어지면서 그의 몸은 더 나빠지고 더 쇠약해져갔다. 밤새 잠을 설치다가 새벽에 눈을 뜨고는 아픈 다리와 어깨, 흐르는 땀과 갈증으로 고통을 당하는 날들이 점점 늘어갔다. 그렇다고 밤새 엎치락뒤치락했다고 할 수도 없었다. '엎치락뒤치락'이란 말은 루게릭병 환자에게는 용납되지 않는 사치였다. 한번 반듯하게 누우면 옴짝달싹 못하고, 오로지 그 자세로 모든 고통을 오롯이 견뎌 내야 했다.

1992년 3월, 알로이시오 신부의 몸은 더욱 나빠졌다. 1년 전쯤 병의 진행이 지독했다면 이때는 훨씬 더 지독했다. 루게릭병 환자들은 이 병을 '소름 끼치는 지독한 병'이라고 표현했는데 알로이시오 신부는 그즈음에야 이 말에 완전히 동의했다.

그는 루게릭병 진단을 받기 전에도 아주 예민한 편이었다. 또한 늘 신체적으로 허약했고, 쉽게 병에 걸리는 체질이었다. 그런 상황에서 루게릭병은 신체의 약한 부분을 더욱 악화시켰고, 그것은 또 다시 루게릭병의 진행을 부추겼다.

원래 알로이시오 신부는 무척 활동적이며 독립적인 성향이 강한 사람이었다. 미국에 있을 때만 해도 그는 누구보다도 건강했다. 그런데 루뱅신학교 시절에 얻은 위장병은 초창기 부산 시절을 거치면서 더욱 악화되었고 그 이후 만성 위장 장애로 발전하면서 허약한 체질이 되고 말았다. 그리하여 늘 건강을 염려해야하는 처지가 되고 말았다. 그리고 루게릭병은 그의 모든 개인적인 자유와 독립성마저 완전히 빼앗아 버리고 말았다.

1분 1초를 살아내야 하는 하루 일과
―

노리스 박사가 알로이시오 신부의 삶이 길어야 두세 달 남았다고 했을 당시 알로이시오 신부의 삶을 들여다보면 그가 얼마나 극도의 고통 속에서 살았으며, 말로 표현할 수 없는 고통을 어떻게 받아들였는지 알 수 있다.

새벽 5시 10분이 되면 그를 간호하는 두 수녀가(두 사람은 간호 사이기도 했다) 알로이시오 신부의 방으로 들어와서는 그를 침대에서 일으켜 휠체어에 앉혔다. 그의 입술은 밤새 완전히 말라 버려

다른 사람이 알아들을 수 있는 말소리를 전혀 낼 수가 없는 상태였다.

두 사람이 그에게 오렌지 주스 한 잔을 준비해 주면 그 주스를 마시긴 했지만 그 과정은 너무나 고통스러웠다. 삼키게 해 주는 목의 근육이 거의 마비된 상태였기 때문이다. 주스를 마시고 난 뒤에는 빨대를 통해 커피를 조금 마셨다. 그런 다음 면도를 하고 제의를 입었다. 물론 두 사람의 수녀가 해주는 것을 그는 말없이 따라야 했다.

제의를 입고 나면 두 사람은 그를 성당으로 데려갔다. 성당에 도착하면 그가 녹음해 둔 묵상 테이프 가운데 하나를 틀어 주었다. 그 소리를 들으면서 그는 묵상을 했다.

그즈음, 알로이시오 신부는 산소 부족으로 앞머리에 심한 두통을 느껴야 했다. 짐작하건대 그의 호흡량은 정상인의 20~30%밖에 되지 않았을 것이다. 이 때문에 그는 산소 부족과 다량의 이산화탄소 축적으로 인한 가벼운 혼수상태인 극도의 졸음에 시달리곤 했다.

묵상이 끝나면 물을 마시고 미사를 하기 위해 휠체어를 타고 제대 앞으로 갔다. 이제 그에게 있어 미사는 육체적으로 무척 고통스런 체험이었다. 말을 하는 것이 너무 고통스러워 당일 복음이 긴 경우에는 자기도 모르게 신음소리를 내곤 했다.

미사 중에는 머리가 가슴 쪽으로 떨어지지 않게 목을 곧추세우려고 애를 써야 했다. 그런데도 머리가 앞으로 수그러지면 누군가 달려가 제자리로 돌려 주어야 했다. 복사를 하는 신학생이 소량의 성혈을 찍어 성체를 영해줄 때는 숨이 막히거나 게우지 않고 잘 넘기도록 아주 조심해야 했다.

미사가 끝나면 두 사람은 알로이시오 신부를 방으로 데려다주었다. 그리고 운동용 자전거에 앉혔다. 두 사람이 그의 팔을 손잡이에 묶어 주면 그는 안간힘을 다해 15분에서 20분 정도 페달을 밟았다. 두 사람은 알로이시오 신부를 다루는 데 전문가가 다 되어 있었다. 무척 가벼워진 그의 몸무게 때문에 수녀들이 그렇게 힘들지는 않았을 것이다.

자전거 운동을 마치면 두 사람은 알로이시오 신부의 팔과 손을 조심스럽게 마사지해 주었다. 마사지가 끝나면 '간헐적 양압 호흡기'라 부르는 기계를 이용해 폐 운동을 했다. 그것은 생명을 연장 시켜 주는 기계는 아니지만 폐활량을 늘려 주고 호흡을 편안하게 해 주었다. 그는 최선을 다해 5분 이상 그 운동을 했다.

다음은 아침 식사 시간이었다. 식사를 하는 일은 그에게 큰 부담이자 지독한 고통이었다. 음식물이 목에 걸리지 않도록 똑바른 자세를 취하면 목과 어깨에 심한 통증이 생겼다. 하지만 음식물을 넘기려면 그렇게 해야 했다. 씹기도 어려웠지만 삼키기는 더욱 어려웠다.

아침 식사를 힘겹게 마치고 나면 두 사람의 수녀는 커피 한 잔에 빨대를 꽂아 입에 물려준 뒤 그의 곁을 떠났다. 알로이시오 신부는 창밖을 내다보며 커피를 조금씩 빨아 먹으면서 자신 앞에 펼쳐진 하루를 어떻게 하면 최대한 유익하게 보낼 수 있을까 생각했다.

9시 15분. 알로이시오 신부가 인터폰으로 간호 수녀를 부르면 달려와 모르핀 피하주사를 놓아 주었다. 주치의가 강력히 추천한 처방이었다. 그 주사는 아무런 위험이나 중독성이 없으며, 심지어 내성을 만들지도 않는 것이었다. 그저 음식을 삼키는 운동을 도와주고, 그를 편안하게 해 주며, 불안을 덜어 주는 약물이었다.

그런데도 알로이시오 신부는 의사가 처방한 양의 절반만 맞았다. 아침, 점심, 저녁에 각각 한 대씩 맞았는데, 불안이나 통증의 정도에 따라 그 양을 늘리거나 줄였다.

주사를 놓고 나면 간호 수녀들은 알로이시오 신부를 푹신하고 쿠션이 좋은 안락의자에 앉혔다. 마취 주사에도 불구하고 그는 여전히 불편하고 강한 통증을 느껴야 했다. 입 안에 고이는 분비액은 온종일 그를 괴롭혔다. 그것은 질식과 기침, 구토의 원인이 되었는데 극도로 고통을 주는 물고문마냥 입 안에서는 계속해서 '똑똑똑'하는 소름끼치는 소리가 들렸다.

알로이시오 신부의 몸은 너무 말라 뼈가 다 드러나 있었다. 살이 없나 보니 피부와 뼈가 짓눌려 고통은 더 심했다. 앉아 있는 것이 힘들어 침대에 누우면 이불이 누르는 무게 때문에 발뒤꿈치에 통증이 일어났다. 등뼈와 어깨뼈도 아팠다. 주사를 맞아야 겨우 그럭저럭 고통을 견딜 수 있을 정도였다.

목소리는 이미 알아들을 수 없을 정도였고, 만성적인 산소 부족으로 늘 피로하고 졸음이 극도로 밀려왔기 때문에 창의적이고 생산적인 일은 할 수가 없었다.

때때로 다리와 몸통에 심한 경련이 일어나기도 했다. 그것은 너무나 큰 고통이었다. 이 때문에 경련을 억제하는 약을 먹기도 했다. 이렇게 주사를 맞고 안락의자에 앉아 1시간 정도 휴식을 취해 보지만 결코 '안락'하지는 않았다.

알로이시오 신부의 머리에는 목소리 확대기가 부착되어 있었다. 마이크는 입술 바로 앞에 달려 있었다. 그는 이런 기계들의 도움을 받아 세부의 소년의 집 건물 신축과 멕시코 사업을 비롯한 여러 가지 일에 대해 수녀들과 의논했다. 그 뒤에 아침 신문을 읽고, 성무일도를 바친 뒤 성당에서 30분을 보냈다.

오후 1시가 가까워지면 두 번째 마취 주사를 맞았다. 주사 맞는 일 자체도 고통을 수반했다. 살도 근육도 없어 바늘 찌르기가 어렵고, 주사 내용물을 몸속으로 들여보내기도 쉽지 않았다. 그러나 그 주사는 그의 생활에 보탬이 되는 것은 틀림없었다. 주사를 맞은 뒤 실내 자전거 타기를 했다. 그러고는 침대에 누워 한두 시간 동안 물리치료를 받고 루게릭병 환자들을 위한 마사지를 받았다. 이 시간 동안 그는 성서나 영적 독서가 담긴 녹음테이프를 들었다.

잠자리에 드는 법

—

물리치료를 마치고 나면 점심을 먹었다. 앞서 이야기한 것처럼 그에게 있어 먹는 일은 즐거움이 아니라 고통이었다. 하지만 먹지 않을 수는 없었다. 그는 먹는 동안 괴로움에서 벗어나기 위해 비디오나 텔레비전을 보았다. 생각을 다른 곳으로 돌리기 위한 것이었다.

점심을 먹고 나면 30분쯤 조용히 누워 있었다. 그리고 휠체어를 타고 성당으로 가서 한두 시간을 보냈다. 이때는 쏟아지는 졸음 때문에 반 혼수상태에서 기도를 했다.

5시가 되면 건물 옥상에 있는 성당으로 가 아이들에게 고백성사를 주었다. 그리고 6시가 조금 못 되어 다시 모르핀 주사를 맞고 침대에 누워 저녁 식사를 하기 전까지 30분 정도 휴식을 취했다.

음식물을 삼키는 것도 고통스러웠지만 몸 안으로 들어간 음식물을 흡수하고 소화시키는 일도 큰 문제였다. 그의 소화기관은 최악의 상태였기 때문에 먹고 마시는 데 있어 그는 심한 신경과민 상태에 있었다. 그래서 아주 적게 먹었고, 그나마 텔레비전을 보면서 먹으면 음식이 조금 수월하게 목구멍으로 넘어갔다. 그러다가 실수로 소화가 잘 안 되는 음식을 먹기라도 하면 그날은 밤새 위통으로 고생해야 했다.

저녁 식사 뒤 간호 수녀들은 그를 폭신한 안락의자에 비스듬히 눕혀 놓고 묵주기도 테이프를 들려주었다. 그는 속으로 따라했다. 그 뒤 두 사람은 돌아가고 그는 텔레비전을 조금 보았다. 그 다음 1시간 동안 물리치료를 받았다. 이때 영적 독서 테이프를 틀어 놓고 들었는데, 대개는 정신이 혼미해져 무슨 말을 하고 있는지 알아들을 수 없을 때가 많았다.

물리치료를 받고 나면 의자에 비스듬히 누워 30분쯤 텔레비전을 보았다. 이때쯤 되면 벌써 졸리기 시작했지만 잠자리에 일찍 들 수가 없었다. 밤은 너무나 길고, 다음날 새벽까지 버티는 것이 그에게는 너무나 큰 고통이었기 때문이다. 뼈에서 느껴지는 고통과 경련에서 오는 통증 때문에 어떤 자세를 취해도 편하지가 않았다.

잠자리에 들 시간이 되면 두 명의 간호 수녀는 알로이시오 신부를 위해 특별히 고안된 침대에 그를 옆으로 눕혔다. 그러고는 성수를 뿌리며 행운을 빌어 준 다음 암흑과 밤의 적막 속에 그를 남겨둔 채 떠났다.

하지만 그는 겨우 한두 시간 자다가 이내 갈비뼈와 옆구리, 어깨 통증으로 잠을 깼다. 그러면 두 사람이 달려와 자세를 바꾸어 주었다. 그가 선택할 수 있는 일은 별로 없었다. 오른쪽 부분의 관절염 때문에 왼편으로 눕든지 아니면 반듯하게 눕든지 둘 중 하나만 선택할 수 있었다.

두 사람이 떠나고 나면 그는 다시 잠을 청하지만 통증 때문에 쉽게 잠이 들지 않았다. 그러다 보면 완전히 뜬눈으로 밤을 보내는 날도 있었다. 그런 날이면 순간순간 자신의 상태가 악화되어 가고 있음을 피부로 느꼈다. 기껏해야 몇 달 또는 몇 주 정도 살 수 있을 것이라는 생각이 들었다. 아무튼 그는 그 기간이 길지 않기를 바랄 뿐이었다.

알 슈월스, 여기에 눕다

—

어느 날 한 친구 신부가 알로이시오 신부에게 루게릭병 때문에 화가 나거나 절망하거나 좌절한 적은 없었는지 물어보았다. 그는 그런 적이 없다고 대답했다. 왜냐하면 운명이라고 느꼈기 때문이라고 했다.

20대 시절, 그는 대단히 낭만적이고 감상적이며 이상적인 태도로, 큰 고통과 병마에 시달리고 시련을 받고 싶다는 기도와 묵상을 한 적이 있다. 그런 고난을 거치면 정화되고 완벽해지리라 여겼던 것이다. 그는 그것을 갈망했고, 그것을 달라고 기도하기도 했다.

만일 그 당시, 루게릭병이 그 기도의 응답이라는 것을 알았더라면 그런 기도를 계속했을지 의심스러웠다. 그러나 어쨌든 루게릭병에서 오는 고통은 그가 40년 전 생각하고 기도했던 것과 정확히 같아 보였다.

한편, 고등학생 때 그는 먹는 데 정신이 사로잡혀 있었다. 먹고 싶은 욕구, 특히 단 음식을 거의 조절하기가 어려웠다. 그는 늘 이 문제로 괴로워했다. 그런데 그때 뚜렷한 어떤 소리가 들려왔다. 물론 관념적인 환청인지도 몰랐다.

'네 인생 어느 순간에 도달하면 먹고 싶어도 먹지 못할 때가 있을 것이다. 그러니 지금의 버릇을 너무 걱정하지 말라. 언젠가 마음껏 먹을 수 있는 이 순간을 그리워하게 될 것이다.'

이 내면의 소리가 거듭거듭 그의 귓전에 울렸다. 그러나 그는 그 말을 떨쳐버리고 그 자신에게 '그날은 오지 않는다. 내가 먹고 싶어도 먹지 못하는 날은 절대로 오지 않는다' 하고 소리쳤다. 그런데 그 일이 일어났다.

시간이 지나면서 알로이시오 신부는 자신이 묻힐 곳을 생각해 보았다. 사실 그에게는 자신의 육신이 어디에 묻히는지는 별로 중요한 문제가 아니었다. 하지만 그는 자신이 어디에 묻히는 것이 가난한 사람들에게 더 유익할까를 생각했다. 그리하여 필리핀에 묻히는 것이 가장 좋을 것 같다는 생각을 했다.

앞서 이야기한 것처럼 인간적으로야 부산에 묻히고 싶었을 것이다. 그가 선교지로 처음 선택한 곳이 부산이었고, 젊은 시절 그의 삶이 고스란히 흔적으로 남아 있는 곳이 부산이었기 때문이다. 하지만 그는 필리핀을 택했다. 오직 앞으로의 소년의 집 사업을 위한 결정이었다.

그는 오래전부터 마리아수녀회를 통해 국제적인 구호 사업을 펼칠 생각을 갖고 있었고, 한국보다는 필리핀이 지리적으로 볼 때 사업의 중심지로서 더 적합하다고 생각했다. 게다가 신 추기경의 말처럼 필리핀에는 앞으로도 마리아수녀회가 할 일이 무척 많았다. 반면 한국은 눈부신 경제 성장으로 단계적으로 사업이 축소될 것이었다. 이렇게 그는 죽어 묻힐 때까지 어떻게 하는 것이 가난한 사람들에게 더 유익한가를 따졌다.

그는 자신의 육신을 누일 구덩이와 '알 슈월스, 여기에 눕다. 그는 예수님을 위해 최선을 다했다'라고 적힌 묘비만 있으면 행복하겠다고 생각했다. 그것은 진심이었다.

하지만 그것은 자신의 바람일 뿐이었고, 마리아수녀회와 아이들의 유익을 위해서라면 그런 단순한 묘비만 있기보다는 좀 더 공을 들인 것이 있으면 도움이 될 것이라 생각했다.

그리하여 바뇌의 성모 기념 성당을 복제한 작은 경당을 실랑 소년의 집 한 모퉁이에 세워 주기를 원했다. 그리고 그는 그 경당의 제대 밑에 묻히고 싶다고 했다. 그가 그 경당에 묻히고 싶었던 것은 그의 욕심이 아니라 남은 사람들을 위한 것이었다.

1992년 3월 12일 목요일, 마닐라에서 미카엘라 수녀님이 전화를 해 신부님을 바꿔 주었다. 물을 한 모금 마신 신부님은 "짧게 말하겠다"는 말을 시작으로 최근 자신이 느끼고 있는 증상에 대해 이야기를 했는데, 듣는 순간 소름이 끼쳤다. 내가 듣고 기록한 내용은 다음과 같다.

"몸에 열이 오르고, 맥박이 빠르며, 탈수를 느낀다. 입 안에는 풀이 가득한 것 같고, 밤새 목이 막히고 구역질이 난다. 2~3일 동안 밤잠을 1시간 이상 자지 못했다. 눈에 염증이 생기고, 의사는 폐렴 증세가 있는 것 같다고 했다. 몸 떨림을 수반하는 근육 경련이 일어난다. 삼키는 것이 거의 불가능하기 때문에 음식 먹는 게 지극히 어렵다. 머리는 계속 가슴 앞으로 떨어진다. 체온 조절이 되지 않아 너무 덥기도 하고 너무 춥기도 하다. 노리스 박사에게 전화해서 대충 얼마를 더 기다려야 하는지 물어봐 다오."

그러고는 어떤 상황에서도 병원에 가는 건 원하지 않는다고 했다. 그리고 1957년 사제 서품을 받은 뒤 처음으로 미사를 하지 못했다고 했다. 나는 이제 신부님은 정말 하느님께 맡겨진 사람이라고 생각했다.

3월 13일 금요일, 미카엘라 수녀님이 다시 마닐라에서 전화를 했다. 신부님의 상태가 대단히 좋지 않으며, 미사뿐만 아니라 말도 제대로 할 수 없다고 했다. 전날 신부님이 내게 전화로 말을 할 수 있었던 것은 매우 놀라운 일이었다.

3월 14일 토요일, 미카엘라 수녀님이 다시 전화를 걸어왔다. 신부님에게 호흡 장애가 생겨 유군다 수녀님이 밤새 지켜보고 있다고 했다. 그런데 아침 늦게 신부님이 다시 말도 잘하시고 농담도 한다고 했다.

신부님은 미카엘라 수녀님에게 자신의 임종을 준비하라고 말했다고 한다. 수녀님은 내게 전화를 걸어 신부님의 임종을 알려야 할 필요가 있는 친척과 특별한 친구의 명단을 알려 달라고 했다. 명단은 이미 준비가 되어 있어 나는 곧바로 미카엘라 수녀님에게 보냈다.

3월 15일 일요일 밤, 샌프란시스코의 노리스 박사가 신부님의 상태를 알아보기 위해 내게 전화를 했다. 신부님의 상태를 이야기했더니 오랜 침묵이 이어졌다. 잠시 뒤 말을 시작한 노리스 박사는 목소리가 잠겨 있었다.

"이제 때가 되었습니다."

3월 16일 월요일 새벽 3시 30분, 미카엘라 수녀님이 전화를 했다. 폐 전문의가 와서 신부님의 호흡을 돕기 위해 코에 산소 호스를 삽입하고 갔는데 얼마 동안 삽입해 두어야 할지 모르겠다고 말했다. 노리스 박사에게 전화로 확인한 뒤 다시 통화하기로 했다.

수녀님에 따르면 새벽까지만 해도 말을 할 수 있을 정도로 상태가 좋았는데 날이 밝을 무렵 혼수상태에 빠지면서 호흡이 거칠다고 했다.

오전 6시 30분경, 노리스 박사와 전화를 할 수 있었다. 나는 미카엘라 수녀님에게 전화를 걸어 노리스 박사의 이야기를 전했다. 노리스 박사는 산소 호스는 더 이상 필요 없다고 했다. 신부님은 마지막 숨을 내쉬었다.

미카엘라 수녀님과 동료 수녀님들은 신부님의 시신을 수습했고, 한국과 필리핀에 있는 마리아수녀회 수녀님들이 모두 모여 기도하기 시작했다. 격렬했던 싸움은 이제 끝났다. 신부님은 마침내 편안하게 잠드셨다.

- 「나의 오빠, 소 알로이시오 몬시뇰」 중에서

숨쉬기 힘들다는 말에 의사가 폐렴 치료를 권하자 자신의 몸이
폐렴 치료를 받아주지 않을 것이라며 거절한 알로이시오 신부는
간호 수녀 두 사람이 지켜보는 가운데 온전히 혼자서 고통의 세
계에 머물러 있었다. 그리고 먼동이 틀 무렵, 산타 메사 소녀의 집
사제관에서 마지막 숨을 내쉬었다.

알로이시오 몬시뇰 가경자 선포
—

알로이시오 신부의 선종 이후 11년이 지난 2003년, 마닐라 대교
구장 하이메 신 추기경과 세부 대교구장 리카르도 비달 추기경
그리고 필리핀 교회는 가장 가난한 사람들에게 베푼 알로이시오
신부의 은덕을 기리고, 그의 거룩한 성덕을 인정해 그를 복자와
성인 반열에 올리기 위한 시복 시성 운동을 펼쳤다. 시복 시성 운
동을 펼치면서 신 추기경은 다음과 같이 말했다.

"소 알로이시오 몬시뇰은 진정 거룩한 사람입니다. 그가 심은
애덕의 씨앗이 꽃을 피워 많은 열매를 맺었습니다. 확신하건대

우리들, 특히 청소년들은 그를 위대한 영감의 모범으로 받들 것입니다. 오늘날 사람들에게 남을 불쌍히 여기는 심성을 일깨워줄 필요가 있습니다."

마닐라 대교구는 시복 시성 운동을 시작하기 전 필리핀 전체 45명의 주교들에게 시복 건에 대한 의견을 묻는 투표지를 알로이시오 신부의 전기와 함께 발송하고 9일 후 회신을 받았다. 3명의 주교를 제외한 모든 주교가 동의했다.

2003년 9월 15일 은퇴한 신 추기경(2005년 6월 21일 선종)의 후임자 가우덴시오 로살레스 대주교는 2003년 12월 2일, 마리아수녀회를 대신하는 시복 시성 청원인 아우구스티노 수도회 삼손 실요 리게스 신부의 청원을 정식으로 공표했다. 그리고 12월 10일 마닐라 대성당에서 교구 시복 소송 절차를 공식적으로 개시했다.

그로부터 6개월 뒤인 2004년 5월 29일, 마닐라 대교구장을 대표한 소크라테스 빌예가스 주교가 주례한 미사를 끝으로 교구 소송 절차를 마감하고 교구 포지시오(시복 사건 조사 문서)를 봉인했다. 봉인된 교구 포지시오는 로마 교황청 시성성으로 보내졌다.

교황청 시성성 보고관 키야스 신부는 교구 포지시오를 요약 편집해 시성성 포지시오를 만들었고, 이 포지시오를 검토하고 심리한 시성성 소속 신학위원회는 만장일치로 알로이시오 신부의 성덕을 인정했다.

시성성 소속 추기경과 주교단의 심리 후 2015년 1월 22일, 프란치스코 교황은 알로이시오 신부의 성덕을 인정하는 교서를 발표했다. 이로써 알로이시오 신부는 가경자(可敬者. 교황청이 시복 후보자에게 내리는 높임말)로 선포되었다.

소 알로이시오 신부의 연도별 발자취

1930년 9월 18일 미국 워싱턴에서 태어남.

1957년 6월 29일 사제 서품을 받고, 12월 한국에 들어와 부산교구 소속 신부가 됨.

1961년 모금 단체인 〈한국자선회Korea Relief.Inc〉를 만듦. 지금은 〈아시아자선회Asian Relief.Inc〉로 이름을 바꿈.

1962년 부산 교구 송도성당 주임신부로 발령 받음.

1963년 가난한 사람들을 위한 손수건 자수 사업을 펼침. 1970년까지 계속된 이 사업에 3천여 명의 가난한 부녀자들이 참여함.

1964년 〈마리아수녀회〉 창설.

1965년 가족단위 고아원 〈송도가정〉 시작.

1967년 가난한 사람들이 모여 살던 부산 아미동에 무료 진료소 세우고, 구호 사업에 전념하기 위해 송도성당 주임사제직 그만둠.

1968년 가난한 사람들을 위한 무료 교육기관 〈아미고등공민학교〉를 세움.

1969년 부산 암남동과 보수동에 무료 진료소 두 곳을 추가로 세움.

1970년 부산 서구 암남동에 첫 〈소년의 집〉 사업을 시작해 갈 곳 없는 300여 명의 아이들에게 의식주와 정규 과정의 교육을 제공. 부산 암남동에 120개 병상 규모의 국내 최초의 무료병원인 〈구호병원〉을 세움(뒤에 알로이시오 기념 병원으로 이름을 바꿈).

1973년 부산 〈소년의 집〉 개원과 동시에 소년의 집 초등학교(1976년, 서울 소년의 집 초등학교에 병합)를 세움.

1974년 부산 소년의 집 중학교(1999년, 알로이시오 중학교로 교명 바꿈)를 세움.

1975년 서울 소년의 집과 초등학교(1999년, 알로이시오 초등학교로 교명 바꿈)를 세움.

1976년 부산 소년의 집 기계공업고등학교(1999년, 알로이시오 전자기계고
등학교로 교명 바꿈)를 세움.

1981년 부랑인 시설인 〈서울시립갱생원〉을 위탁받아 운영하기 시작
(생활자의 건강 유형에 따라 〈은평의마을〉과 〈평화로운집〉, 〈은혜로운
집〉으로 나눔).
〈그리스도회〉 창설.

1982년 서울 소년의 집 안에 120개 병상 규모의 무료 자선병원인 〈도
티기념병원〉을 세움.

1984년 노벨평화상 후보에 오름(1992년에 다시 후보에 오름).

1985년 소년의 집 사업 필리핀으로 진출.

1987년 필리핀 마닐라 산타 메사 소년의 집과 소녀의 집을 세움(정원
3,500명).

1989년 3년 시한부의 루게릭병 진단을 받음.

1990년 교황청으로부터 고위성직자임을 뜻하는 몬시뇰 칭호를 받음.
필리핀 세부 탈리사이 소녀의 집 세움(정원3,300명).
멕시코로 진출.

1991년 필리핀 가비테 실랑 소년의 집을 세움(정원 3,200명).
멕시코 찰코 소녀의 집을 세움(정원 2,100명).

1992년 3월 16일, 마닐라 산타 메사의 소녀의 집 사제관에서 선종.
시복시성 후보자로 올라 '하느님의 종'의 칭호를 받음.

마리아수녀회는 소 알로이시오 신부가 선종한 뒤에도 그 뜻을
이어받아 한국과 필리핀, 멕시코, 과테말라, 브라질, 온두라스,

탄자니아에 의료시설과 정규교육 기관을 갖춘 소년의 집과 소녀의 집을 세워 운영하고 있다. 현재 2만 명이 넘는 가난한 나라의 아이들이 의식주와 무료 교육의 혜택을 받고 있으며, 마리아수녀회는 소년·소녀의 집 사업 말고도 무료병원과 노숙자를 위한 보호소와 자활교육 기관, 가난한 사람들을 위한 직업 훈련원, 미혼모 보호시설 등을 운영하며 가난한 사람들에 대한 그리스도의 사랑을 몸으로 실천하고 있다.

1995년 필리핀 세부 밍라닐라 소년의 집을 세움(정원 2,200명).

1999년 과테말라 소녀의 집(정원 1,000명)과 소년의 집을 세움(정원 1,000명). 멕시코 과달라하라 소년의 집 세움(정원 2,000명).

2001년 과테말라 마리아의원 개원.

2002년 마리아수녀회 교황청 직속 수녀회로 인가 받음.
브라질 브라질리아 무료병원인 마리아의원을 세움.

2003년 브라질 브라질리아 소녀의 집 세움(정원 1,000명).

2004년 필리핀 가비테 실랑 아들라스 소년의 집을 세움(정원 2,200명).

2005년 과테말라 소년의 집을 개원.

2007년 멕시코 찰코 탁아소와 성인들을 위한 직업 교육실을 세움.

2008년 과테말라 알로이시오 탁아소와 성인들을 위한 직업 교육실을 세움.

2009년 브라질 상파울로 상베르날도 초등학교와 탁아소 세움(정원 330명).

2010년 서울 소년의 집을 서울특별시 꿈나무 마을로 이름을 바꿈.

2011년 부산 알로이시오 힐링센터를 세움. 필리핀 밍라닐라 〈마리도티기념진료소〉가 진료를 시작함.

2012년 온두라스 데구시갈파 소녀의 집 세움(정원 700명).

2015년 소 알로이시오 신부 가경자(Venerable, 可敬者) 선포.

2017년 온두라스 아마라떼까 소년의 집 세움(정원 1,000명).

2018년 3월 아프리카대륙 첫 나라 탄자니아에 진출.

2019년 탄자니아 다르에스살람 소녀의 집 제1건물 완공 및 개원(신입생 500명). 신축건물(정원 1,000명) 착공.

2020년 탄자니아 다르에스살람 소녀의 집 신축건물 완공 예정.

Rev. Aloysius Schwartz

*이 책을 쓰기 위해 참고한 사료는 나음과 같습니다.

단행본

『가난은 구원의 징표이다』(소 알로이시오 지음)

『가난한 사람들에게 바친 열정』(지저스 로물로 라냐다 몬시뇰 지음)

『가난한 사제의 선물』(호세 알실리아 신부 지음)

『가장 가난한 아이들의 신부님』(소 알로이시오 지음)

『굶주린 자와 침묵하는자』(소 알로이시오 지음)

『너같이 좋은 선물』(박 불케리아 수녀 지음)

『사는 것이 그리스도입니다』(소 알로이시오 지음)

『소 알로이시오 신부의 기도』(소 알로이시오 지음)

『소 알로이시오 신부님과의 추억』(마리아수녀회 AL연구소 엮음)

『소 알로이시오 신부님과 함께하는 영성일기』(마리아수녀회 엮음)

『알로이시오 신부』(하삼두 지음)

『여전히 살아계신 우리 신부님』(박우택 지음)

『영혼을 깨우는 기도』(마리아수녀회 엮음)

『조용히 다가오는 나의 죽음』(소 알로이시오 지음)

『찰코의 붉은 지붕』(정두리 지음)

『친구가 되어 주실래요?』(이태석 지음)

기타 간행물과 문서

「가톨릭 신문」
「나의 오빠 소 알로이시오 몬시뇰님」(돌로레스 비타 씀)
「마리아수녀회 40년史」
「마리아수녀회 은평의 마을 30년史」
「마리아수녀회 서울 44년」
「마리아수녀회 창립 55주년 기념 문집」
「생활성서」
「소 알로이시오 신부님이 이겨 낸 여러 가지 시련」(박우택 씀)
소 알로이시오 신부의 미발표 글
젤뚜르다 수녀님에게 보낸 알로이시오 신부님의 편지

영화

「오 마이 파파」(박혁지 감독, 2016년)

가장 가난한 사람들의 아버지

소 알로이시오 신부 평전

초판 1쇄 찍음 2020년 11월 1일
초판 1쇄 펴냄 2020년 11월 5일

지은이 안동권
펴낸이 김선영
펴낸곳 책으로여는세상

출판등록 제2012-000002호
주소 (우)12572 경기도 양평군 강상면 강상로 476-45
전화 070-4222-9917 | **팩스** 0505-917-9917 | **E-mail** dkahn21@daum.net

ISBN 978-89-93834-52-9(03230)

책으로여는세상
좋·은·책·이·좋·은·세·상·을·열·어·갑·니·다